深井英五著

回顧七十年

岩波書店刊行

精義入神以致用也
利用安身以崇德也
易經

序

本書は、親族等の間に殘し置くつもりで書き始めたものである。然るに囘顧を進めて日本銀行在職中の經歷にまで及んで見ると、私の役割は微少ながら、大局調理の內情を窺ふべき資料にして未だ世間に知られざるものもある。それから公刊の意圖を以て全體の調子を改めた。日本銀行の施爲、施設を玆に詳悉することは出來ないが、私が特に濃厚の關係を有つた事項に就いては、自己の立場を宣明すると共に、問題の核心と四圍の事情とを稍〻詳しく解說した。或は一己の囘顧と云ふよりも、寧ろ貨幣史の一部として微細に亙つた點もある。旣刊の拙著「通貨調節論」及び「金本位制離脫後の通貨政策」は、理論を主として、之が根據たるべき事實の外貌を援用したのであるが、本書に於ては、事實の內面經緯を主として、其の說明に必要なる理論を交へた。表裏合體すべきものである。

私の一生に於て、年限から云へば、日本銀行在職が最も長いけれども、內面生活から云へば、終始日本銀行關係の方面に跼蹐したのではない。廣く人生の諸相に關心した。自己省察の行路も平坦ではなかつた。是等は回顧の中に入つて私自身には重きを爲すものである。世間の關心に値ひしない點も多からうが、外面生活と分離すべからざる關係もある。私錄の延長として出來た著述の雜駁なるを寬恕されたい。

「人生觀の歸趨」と題する一章には、幼少より晩年に至るまで、人生に就いて考へて見た所を要約した。哲學から拔け出た人生觀と云はれるかも知れない。向上の途に際限はないから、若し大方の鉗鎚を受け得れば望外の幸である。

昭和十六年九月二十日

深井英五

目次

第一章　幼少時の環境と心情

私は上野國高崎に於て、舊藩士深井景忠の第五男として、明治四年十一月二十日に生れた。今、柳川町岡源別館となつて居る門屋敷が出生地である。此の屋敷は私の少時に賣拂はれ、一家擧げて龍見町の小屋に移つた。

父の名は新戸籍上では景（したふ）であるが、藩士としての舊名八之丞景忠の方が郷黨の間によく知られて居た。舊藩に於ける地位は、本祿百二十石、加祿三十石で、小藩の士としては、中の上に位する家柄であつた。

父は武藝を主とする家に生れ、尙武の素質が勝つて、殊に弓術に精進し、元治元年高崎藩が幕命によつて武田耕雲齋等の水戸浪士隊と下仁田に戰つたとき、第三番手の隊長として出陣したが、戰鬪が早く濟んで參加し得ざりしを遺憾としたと云ふ。同時に家の傳統としては珍らしく多少の吏才もあつたと見えて、離れ領地たりし銚子の奉行、城下町奉行、勘定奉行等を勤め、藩政に參與した。林子平の海國兵談や、和蘭人風說書などの寫本が遺品の中にあるから、時勢の大局にも相當の注意を拂つたのであらう。維新の際、東山道鎭撫使の軍が高崎を通過したとき、藩は巨額の軍用金を徵求せられ、到底貲力の堪ゆる所でないので大に當惑した。父は其の交涉に當り、若し軍令を十全に充たさゞるの咎を受くるならば、累を藩主に及ぼさゞるやう、死を決して責を一身に負ふの覺悟を定め、事情を說明して妥當なる程度の解決を得た。明治政府の下に於ても、地方に藩政の存續せる間、父は國益御用の名を以て藩の爲めに橫濱に往來し、生絲の輸出等貿易上の事務を取扱つた。

明治四年の廢藩置縣により舊來の武士階級は一齊に祿と職とを失つた。父は其時五十三歲であつたが、爾後全く世間から退隱して細き生計を立て、前代の遺民として固く自ら持した。愚痴も言はず、時事も論せず、只　至尊の下、四民平等の世の中になつたのだと云つて、從來の所謂百姓町人に對して直に態度を改め、對等の禮を以て接すると同時に、新時勢の顯官貴人に對して、故なく禮を厚くすることを屑としなかつた。又藩政の下に於ては涉外關係に注意して居たにも拘らず、退隱後は西洋嫌ひで押し通し、出來るだけ洋風の新式品の使用を避けた。

奇矯と云ふ程には至らなかつたが、聊か常流と異なる所があつた。それは時勢に對する態度を不言の裡に現はしたのであらう。私に殘つて居る最も古い記憶は、舊城が兵營となつて其の通行が全く禁止される前日、父が私の手を引いて其處を歩き、御城内の見納めだと云つて感慨したことである。西鄕戰爭も私の古い記憶の一つだが、それは稍〻後のことであつた。

私の生れたのは丁度父が退隱の年であつた。長兄助太郎景命は十八歲にして下仁田に戰死したが、奮鬪の勇しかりしことゝ、負傷後自刃の見事なりしことが舊藩士の間に傳へられ、父母の誇りとせる所にして、私も其の話を聞いて感激發奮した。當時の高崎藩兵は甲冑を着け、刀鎗より小銃大砲に至るまで、銘々得意の武器を携へた混合隊であつた。約三百人で千人に近い敵の通過を阻止せんとする無謀の擧であつたらしいが、景命は第一番手の働武者として弓を以て戰ひ、大勢不利の裡に挺身、敵の前進を遮り、確かに其の一人を射倒し、脚部に彈丸を受けてからも尙踞して矢を放つたまでは、戰友の目撃談として傳へられて居る。其後弓弦絕つに至つて自決したものゝ如く、敵兵通過後に收容された遺骸を檢するに、方式に適ひたる割腹は心の餘裕を示し、切斷せる殘矢は武器を敵に渡さゞるの用意を示すものとして稱讃された。後年齋藤平治郎氏著「武田耕雲齋と日本武士道」に載せられたる水戸側の記錄によれば、其の隊中の小松崎と云ふ人が下仁田の戰に於て眼と眉毛の間を矢で射られたとのことで、高崎藩兵中弓を携へたのは景命一人であつたから、正に口傳と符節を合する。殘矢は今尙私の本家に保存されて居るが、短刀を以て切つたらしく、斜の切口が頗るあざやかである。

次兄直次郎景員は幼時の私を指導した一人であるが、是れも亦十六歲にして第二番手の大砲方として下仁田に參戰した。私より二十歲も年長で、早く小學校の敎員となり、校長に進み、一生を鄕土の敎育界に捧げて相當の聲望を博した。其の校長時代に視察の爲めに來校した縣知事が土靴のまゝ玄關に昇らんとするのを、景員は遮つて上靴に更へんことを請うた。隨行の屬官は色を作して爭つたが、校長は校規を持して讓らない。暫くにして知事は笑つて校長の指示に從つた。それで深井先生の剛毅も知事公の寬容も共に偉らいと云ふ評判になつた。右は色々の挿話中の一つを擧げたのだが、以て此の兄の風格を察することが出來よう。尙一人の兄景三は私が十二三歲の頃に死んだが、手藝に巧みなるを以て自ら望んで指物屋に弟子入りをして居た。父は自立が出來さへすれば何でも良いと云つたさうである。是れは世相の變化を覺知せる父の心境と私の家庭の狀況とを察せしむべきものである。

私が多少事を解するやうになつてからの記憶によると、父は寡言沈重にして、學問及び立志の方向に就いて私に希望を示すことは殆んどなく、それは私の向ふ所と、兄景員の指導する所とに任かせ、只私の體格を弱小なりとして、護身の爲めに少し武藝を習へと注意した。又情操、行狀等に就いて殊に訓誨を與へることは少なかつたが、只貧しき生活が私の心境に惡影響を及ぼさんことを憂慮し、武士の傳統たる氣節を私に傳へんが爲めに、身を以て範を示し、事に觸れて陶冶を工夫したものゝやうに思はれる。例へば、陸軍の聯隊所在地であつた私の鄕里では、陸軍の上長官が新時代の榮勢を代表する最高の人々であつた。其の子供等は、遊戲の仲間でも恰も別種の階級に屬するものゝ如くに優遇され、「坊ちやん」と呼ばれて居た。其の呼稱は當時對等者の間には決して使はれなかつたものである。私も何心なく周圍の風習に從つて居たのを、或る時、父が聞いて、後から私を嚴しく戒めた。坊ちやんと云ふのは主筋に對してのみ使ふべき言葉である、我家貧なりと雖、卑屈の心になつてはいけない、と云ふのが父の訓戒であつた。是れは私が六七歳の頃のことで、其の深き印象は一生を通じて種々の場合に私の意氣を動かした。

母ゆひ子は同藩菅谷清嗣の女である。清嗣の父清成は藩儒として江戸の學界に出入し、藩政にも功があつた。母の外祖父には、一時昌平校の教授となり、後に江戸詩壇の牛耳を執りたる市河寛齋があり、寛齋の子にして母の伯父たる米菴は、殊に書道を以て諸侯の知遇を受け、頼山陽を白河樂翁公に紹介して、日本外史出版の爲めに斡旋した。私の生れたのは、母が四十二歳の時であつた。家道衰微に向ひたる晩年の產兒たるが故に、寧ろ其の亡きを望んだこともあると母は語つた。後に伊勢崎の中村氏に嫁した姉たい子は母に代つて私を保育したと云ふ。然しながら私の記憶に殘る頃からは、母の愛育到らざるなく、私の爲めに一身を犧牲とする心持であつたらしい。父が鐵の如く堅く固まりたるに反し、母は普通の感激性もあり、享樂趣味もあつた。父は、物慾を抑へ、心膽を練りて、貧に處するの途を私に誨へんとしたやうであるが、母は、貧しき中に慰安を工夫して、私の氣分を出來るだけ快活ならしめんと試みたやうである。私は母の慈愛に感激すると同時に、實踐の方向は父の流儀に從はねばならぬと思つた。母の愛も亦盲愛ではなかつた。私が偏屈若しくは萎縮に陷らんことを懸念して、成るべく明るい方への導かうとしたのであらう。私を匡す爲めには、孔子樣に代つて折檻すると云つて、讀み掛けの論語の書卷を以て打つたこともある。

私は上記の如き環境の裡に成長した。病弱にして小學校に入學するのが二年遲れたが、入學前に簡單の文字を讀むことは敎へられた。父に授けられて最初に讀んだ本は山鹿素行の武具短歌であつた。當時の小學校には連級試驗と云つて、二ケ年の課目を一ケ年で終了する途があつたから、之を二度通過して同年の仲間と一緒に卒業した。それで多少の自信が出來た。

明治維新の風雲に乘じ得ざりし舊藩士の子弟は、父兄の語る所を聞いて、沒落せる階級の悲哀を感ずると同時に、時勢に飛躍せんとする發奮の意氣が盛であつた。「えらくならう」、「何にならう」と云ふのが子供の仲間でも日常の話題であつた。私の父は、立身せよと云ふ風のことを少しも口にしなかつたが、自ら西洋嫌ひを標榜せるに拘らず、私の讀む西洋歷史書を覗き込んで感興したこともあり、私が基督敎の牧師に就いて英語を學ぶことを是認し、洗禮を受くることにも强ひて反對せず、基督敎主義の學校に入學するの便宜を得たことを喜んだ。頑固の裡に變通もあり、自ら新時勢に阿ねるが如き態度を示すことを好まなかつたが、內心には子女が之に順應することを希望したのであらう。母は世間並に、「えらくなつて家を起こせ」と云ふことを口癖のやうにして私を激勵した。

私の仲間の少年には、政府の大官となることを立身の目標とするものが多かつた。然し私は、藩閥の出身にあらずして官吏となるも志を伸ぶることは出來ないと云ふことを兄から屢〻聞かされて、之に共鳴した。舊同藩士の壯齡者には國會開設促進の運動に參加したものもあつたが、首領株は國事犯に觸れて蹉躓し、殘餘のものは全く意氣銷沈した。其の志を繼ぐのは痛快だらうと云ふことが、一寸私の心に閃いたが、直に其の方向に進むべき途がないのだから、一場の晝夢に過ぎなかつた。高崎の町家及び舊藩士中から横濱に出て大に商賣に成功したものもあるので、家計の經營を主とするものは、其の跡を追はんとしたが、私は其の方向に少しも關心を生じなかつた。私の子供心を惹き付けた一の目標は、法律を學んで辯護士となることであつた。姻戚の中に法律事務を業とするものがあつて三百代言と云はれるのを憤慨し、辯護士は權利を擁護する高尙の職分たることを辯じた。私は之を聞いて、それならば何等の背景後援にも賴らずして、自力で出來るだらうから面白いと極めて單純に思ひ込んだのである。然しそれは、所謂藩閥に對抗する氣分から出て來た思付で、素質の適應性又は實現の可能性を考へた上のことでないから、矢張當座の空想に過ぎなかつた。要するに何等の定まりたる目標もなく、たゞ與へられる學科が皆面白いので之に熱中し、學問を修めて置けば何かになれるだらうと思つて居た。小學校以外に私の師事した堤辰二先生が、知識の欲求を極めて重視したことも、其頃の氣分に大なる影響を與へたに違ひない。

然しながら、只學問を修めて置けば好いとしても、其の實行は固より容易でない。小學校を卒業したのは十四歳のときであつたと記憶するが、其後はどうすべきか、頗る當惑した。仲間の少年には、小學校の卒業を待たずして其頃赤坂山麓に新設された縣立中學校に進んだものがあつたが、所在地が遠いので、其處に寄宿する費用は私の家の負擔し得ざる所であつた。貸費生として前橋の師範學校に入る途はあつたが、それには將來何年か小學校の教員たるべき義務條件が附いて居たので、私は其の拘束を嫌つた。さりとて他に何等の方法もないから、先輩の勸めに從ひ、單に腰掛のつもりで小學校の授業生と云ふものになつた。是れは助教員のやうなもので、少しばかり月給を貰つたから、父や兄の世話にならずに書物なども買ふことが出來たのである。先輩の指導を受けて諸般の書を讀み、英語の修業に努め、時勢に關する談論を聽いた。然し前途の見込は少しも立たないで、焦慮せざるを得ない。其頃東京では所謂學僕と云ふものになつて、働きながら修學することが出來ると聞き、母方の伯父菅谷清允は新政府の官吏となつたことがあり、世間の事情にも多少通じて居たから、之に相談したら何處かの學僕になる途があるかと思つた。然し其の爲めに東京に出掛けることの承認を父母に求めれば、父は私の世話を義兄に依賴するやうに見えるのを嫌つて差止めるに違ひない。其處で無斷で東京へ走つた。伯父は同情を以て私の希望を聽いて吳れたが、學僕となつて身を立てると云ふ如きは極めて稀に有り得ることで、之を求むるは餘り望ましいことではないと云ふ意見であつた。伯父は、私が更に甚だしき無謀の輕擧に逸脫しはしないかと懸念したらしく、兎に角一旦歸鄉して時機を待てと勸說し、自ら私を送り、汽車に乘り込むまで見屆けて吳れた。歸鄉の後、私は行動の無思慮、無效果なりしを愧ぢて憂鬱になつたが、父母、兄、及び先輩から却て慰撫激勵を受け、相變らず授業生を勤めながら獨學を續けた。此の東京行が十五歲のときであつたと思ふ。

翌年の春、新島襄先生が群馬縣に歸省したとき、ブラウン（Browne）夫人と云ふ米國の友人から委託されて居る奬學金を支給して同志社に入學せしむべきものを物色し、私が其の選に當つた。私は小學校生徒たりし時より英語を學ばんが爲めに、高崎に於ける基督教會の牧師星野光多先生の門に入り、其の感化を受けて基督教信者となつた。私を新島先生に推薦したのは主として此の星野先生であつた。學費の一部は當人の縁故者から出す方が宜しいと云ふ新島先生の意見で、月額約五圓の內、約半額を奬學金で貰ひ、半額を教會の有志と私の家とで負擔したのである。父が一ヶ月一圓餘の學資を支辨する爲めに作つた手記計算書が後から發見された。此くして高等の學校に進むべき途が開け、明治十九年の秋、十六歳にして同志社普通學校に入學した。

尙幼少時の私に感化を與へた人の一として玆に擧げて置かねばならぬのは山下善之先生である。此の先生は舊藩士にして且つ私の兄景員の友人であり、暫く東京に遊學して鄕里に歸り、政治運動に關心しながら、自らは之に參加せず、猶興學館と云ふ塾を開いて青年を指導した。學塾と云つても特に學課を定めるのではなく、普通の漢籍、パーレーの萬國史等二三の英書及び當時の新刊書を隨意に講述し、其間に時勢に關する論議を聽かせたのである。私が幼少にして内外時勢の動向を聊か聞知し得たるは主として先生の賜物である。俳人村上鬼城は幼時他から高崎に移住した人だが、矢張山下先生及び星野先生の門に學んだと云ふことを後に聞いた。私が鬼城と文通によつて相識になつたのは晩年のことである。

第二章　同志社教育

同志社教育は廣汎にして深厚なる影響を私の一生に與へた。最も重しとすべきは、新島襄先生の感化による人生觀の生成であるが、それは後章に述べることゝして、玆には主として外面的の遭遇を敍する。

京都の同志社の創立者新島襄先生は、私の郷里に隣接せる安中の舊藩士にして、元治元年二十二歳のとき、西洋の學問を修め、世界の事情を察せんが爲めに、當時の禁令を犯し、米國の商船に密乘して函館より脫走し、其の商船の所有者たるボストンのハルディー（Hardy）と云ふ人の同情を博し、其の援助によりアムハースト大學及びアンドヴァー神學校に於て修業した。明治四年岩倉大使の一行が海外を巡歷せしとき、米國駐劄の公使森有禮氏の推薦によりて大使等の視察を助け、歐洲にまで同行した。其の緣故により早く歸朝して官途に就くことを勸められたが、一行の任務を終了せる後、米國の學校に復して業を卒へ、明治七年歸朝し、明治八年同志社を創立したのである。先生は幕末志士の氣概を以て國を憂ひ、西洋の文明を攝取して國運の進展に貢獻せんことを期し、身を挺して之に當りたるものと思はれる。其の氣概は、脱走の際及び米國着後に親父へ送られたる書簡等に明かに現はれて居る。而して當時の日本が歐米文明の物質的方面を學ぶことに熱中して他を閑却せんとするに際し、其の精神的方面を傳へ、自ら固く基督敎を信ずるが故に、之を敎育に應用して國民を感化することが、國家に奉仕する自己獨特の使命であると信じたものと思はれる。同志社は其の趣旨を以て設立されたのである。其の經營には當初米國傳道會の援助があつたに相違ないが、新島先生の人格、識見及び抱負が中心指導力として儼存したのだから、同じく基督敎主義の學校と云つても、主として外國宣敎師の流儀に從つて經營せられたものとは大に趣を異にして居た。

私が入校した頃の同志社には、普通學校と神學校とがあつた。神學校は基督敎の牧師等を養成する學部で、其の正科には普通學校を卒業せるものを收容する仕組であつた。然し普通學校は單に神學校の豫科として設けられたのではなく、一般に高等の普通教育を授けることを目的とした。實際普通學校の卒業後神學校に入るものは少數であつた。他の專門學校に進んで行つたものもあつたが、大概は直に何かに就職した。當時の社會狀態ではそれが出來たのである。同志社は基督教主義を標榜したが、信仰は全く各人の自由にして、只之に誘導する空氣があつたのみである。

普通學校の修業期間は五ケ年であつた。學課の程度は、受持教師の流儀により、或は高きもあり、低きものあり、甚だ不揃であつた。概して文科系統の學課は程度が高く、中には當時の日本に於ける最高に近いものがあつたかも知れない。私の在學の中頃に理化學校が設立され、それから普通學校に於ける理科系統の學課の程度も高くなつた。同志社が大學に進んで法學部や政治經濟學部の出來たのは、私の卒業後であつたが、私の在學した普通學校に於ても、政治學及び經濟學の科目があつて、私の級の爲めに經濟學を受持つた教師は之に力を入れた。

當時の同志社教育の特色として顯著なるものゝ一は、和漢學以外の學課に於ては英文の教科書を用ひ、教師が米國人である場合には、說明も回答も英語を以てし、試驗の答案は英文で綴つたのである。英語英文の特科は最初に少しあるだけで、各課の內容と共に英語、英文を修得するのであつた。生徒の內には當分全く要領を得ずして過ごし行くものもあつたが、米人が受持教師であるときには上級の先輩が學校の命により豫備及び復習を助けて呉れるので、段々暗闇から明るい處へ出るやうな心持であつた。

各年級の學課は比較的整然と定められて居たが、授業の仕方は教師次第で、一樣でなかつた。教師の中には、教科書の字義を解說するだけの人もあつたが、生徒の理解力などには頓着せず、所定の科目に關聯して自己の最も得意とする造詣を展開し、氣燄を揚げる人もあつた。或は必ずしも學課に拘泥せずして、世界の事情及び思潮を說話する人もあつた。生徒の方にも、教科書や教師の解說を記憶するばかりでなく、自ら考へ、又は教科書以外の書を讀み、質問を契機として教師と討論せんとする意氣込のものがあつた。其間には教師を閉込ませるのを手柄とする氣分も出來て、揚足取りや、故意の强辯に墮落する如き弊もあつたが、所謂注入教育を受けるのとは正反對で、思索力の練磨には大に有效であつた。教師も生徒と討論するのを樂しんだやうである。「同志社ローマンス」と云ふ書物に、私が地動說を否認し、天動說を固執して教師を梃摺らせたと云ふことが記してある。其の通りの記憶はないが、私も屢〻教師と討論したものゝ一人で、それにより學問の修業上多大の益を受けたと思ふ。二年生のときにプラトーの

「共和國」の英譯を圖書室から借り出さうとしたら、圖書係の米人教師がそれは難かし過ぎる、學校の本をおもちやにしてはいけないと云つたので、之に反抗して意地を通したこともある。

學課以外、生徒の間に大小種々の仲間があつて、或は修養に努め又は研究を共にし、或は校内演說會を催ほし、或は手記の論文集を閱覽室に出展すると云ふやうなことが盛に行はれた。其の傾向を大別すれば、精神家、事業家、思想家、文學派などゝ云ふのであつた。然し固より截然たる區別があつた譯ではなく、私は諸種の仲間に交つて居た。是れ亦練磨の爲めに頗る有益であつた。

要するに當時の同志社教育は、教師と生徒との氣分に就いて云へば、單なる授業ではなく、心と心との接觸による切瑳琢磨であつた。昔の儒者の塾と云ふのがこんなものであつたらうかと私は思つた。只學課等の様式は概して米國流であつた。さうして主として英書を讀んだ。國文及び漢學に當てられた時間は少なかつたが、教師には造詣の深きを思はしめる人が居た。當時文學熱が盛であつた爲めに、和漢の書を讀むことは隨分多かつた。和歌を詠む仲間もあり、漢學の教師に科外の講義を聽く仲間もあつた。私は此の如き雰圍氣の裡に五ケ年を過ごし、明治二十四年二十一歳の時に卒業した。其の間諸方面に渉つて修養の機會を與へられ、英語、英文を一と通り理解し、獨逸語の初歩を學び、聊か偏倚ではあつたが高等の普通學を修め、國際的視野を拓くの端緒を得たのである。

教師の內、學問の上で私に深い感化を與へたのは、歴史に因みて古今東西の思潮を説いた浮田和民先生、理化學の授業中に哲學を語つた下村孝太郎先生、日本人たるの自覺を保持して世界思潮の理解に努むべきことを勸說したるグリーン(Greene)先生、經濟學、政治學を敎へて社會機構の根本問題に論及せるラーネット(Learned)先生、心理學等を敎へながら哲學への關心を誘つたバックレー(Buckley)先生、漢文を簡明に解說し去り、質問者があれば、敷衍して首肯せしめたる坂田丈平(警軒)先生、獨特の教授法を以て英語を教へたケディー(Cady)先生等である。ケディー先生は、私が家庭の都合で學資に差支へたとき、雜用の報酬として資金を補助して呉れた。日本人と歐米人との交通を斡旋し、相互の理解を深めることに數十年を捧げて有名になつたデントン(Denton)女史は、女學校の教師であつたが、私の英文修業を助けて、卒業の後にまで及んだ。

私と同時に同志社に居た人の内で、教師としては小崎弘道先生、金森通倫先生等があつて精神上に感化を與へ、上級生には安部磯雄氏、徳富健次郎氏(蘆花)、津下紋太郎氏等があり、下級生には山室軍平氏、古谷久綱氏、三宅驥一氏、近藤賢二氏等があつた。徳富健次郎氏は、私の入學直後、特に注目して親切にして呉れた。同級生の內、私と互に砥礪することの最も多かつたのは丹後宮津の人、平田久であつた。彼は夙に操觚者たらんことを志し、卒業後國民新聞社に入つたが、大成に至らずして逝いた。基督教文學に多大の業績を遺したる柏井園、組合教會の牧師として重きを爲せる今泉眞幸、日本古代語音組織考の著者北里闌、横濱高等工業學校の最初の校長たりし鈴木達治、比較的小規模の貿易を多方面に開拓して表彰を受けたる田中助左衞門、時計製造業の開發に貢獻したる中島與三郎、川上一座の新派俳優として頭角を表はしたる三谷寅之助(藝名三上繁)等が同級生の內にあつた。

第三章　人生觀、基督敎、新島先生

鄕里に在りし幼少の時に於て、私の心境の發育に最大の影響を與へたのは、父景忠の外には、堤辰二先生であつた。同先生も前掲の山下善之先生と同じく、舊高崎藩士にして、兄景員の友人であり、東京の高等師範學校に學んだ後、高崎の小學校々長であつた。私は小學校在學中、課外に漢學を敎へて頂く爲めに先生の私宅に通つたのである。然るに先生は、當時日本に傳はりし歐米の思想を吸取するに努め、廣く諸般の飜譯書、講述書等を讀み、學藝を立身の手段と考ふる所の俗流を超脫し、所謂知識慾の滿足を希求する人であつた。隨て單に和漢學を敎へるばかりでなく、私を話相手として、半ば獨語の如くに、自己の涉獵する所を語り、書架の書籍を自由に取出して讀むことを私に許した。私は其の感化を受け、一時處世の問題を閑却して、學問に專念するやうになつた。歐米文化を窺ふの端緖は實に先生から授けられたのであるが、其の說話中に、萬物の本體を窮め、知識を統一する哲學と云ふのが學問の頂上である、我れ考ふるが故に我れ存すと云ふのが近世哲學の發端であると云ふことを聽いた。玆に謂ふ所の近世哲學の發端はデカルトの思索を指したものであることを後に知つたが、當時は其の意味を理解する由もなく、只先生の云はれる學問の頂上に達して見たいと思つた。是れが哲學への關心を私に植付けたのである。哲學に關聯して井上哲次郎、外山正一兩氏の名を堤先生から聞いた。

其頃日本では歐米輸入の唯物論が盛に流行して居た。堤先生の知識は百科全書的で、物質科學及び社會學の上では進化論に立脚して居たが、哲學の上では、全然唯物論の影響を受けず、寧ろ唯心論、主觀論の方に傾いて居たやうである。後から思ふに、是れは陽明學の素地と相通ずる所があつた爲めかも知れない。勿論かやうなことは私の後から想像する所であるが、兎に角先生の片言隻語が當時流行の唯物論とは異なつた方向に私を導いたのである。

又堤先生は、自ら英語に通ぜざるを遺憾とし、私には是非之を學べと勸めた。私は其の勸めに從つて星野光多先生の敎を受けるやうになつたが、更らに之を機緣として一たび基督敎を信じたことは私の一生に於ける大事實の一である。星野先生は矢張群馬縣の沼田より出で、横濱に於て米國宣教師と交はり、其の敎を受けた。さうして私の從兄萱谷正樹（前掲淸允の子）の知人たりしことを後から知つた。先生から傳へられた所の基督教は、狹く統一せられたる米國風の教理と先生自身の宗教的體驗とに立脚するものであつた。私が洗禮を受けたのは多分十四歲の時であつたと思ふ。當時信仰の友として最も親密であつたのは、同藩士にして同齡の長坂鑒次郎である。彼は後に同志社神學校に學び、組合教會の牧師となり、敬虔熱情を以て教化に力を效しつゝある。

星野先生との接觸が捷く私を基督教に歸依せしめたのは何故であらうか。當時の自覺は只單純に基督教を眞理と認めて信仰したのだが、今から顧みて其の因緣を考へて見るに、時勢の波にさらはれて失墜せる武士の貧しき家庭に生まれ、父の感化によつて氣位ばかり高く、其の矛盾に惱んで居るところへ、堤先生の哲學談の影響も加はつて、何か安心立命の基礎たるべき理念を求めつゝあつたのだらう。人生の根本的心構へたるべき訓誨や格言を種々斷片的には聞いたが、纏つた世界觀又は人生觀として最初に私の逢著したのは基督教であつた。神を父とし、人類を同胞とすると云ふ倫理的世界觀が先づ私の心を惹き付けた。それから植村正久氏の「眞理一斑」等を讀んで其の思想上の根據を求めた。秩序ある萬有の窮極原因は、盲目的の物力にあらずして、靈的存在たる造物主でなければならぬと云ふ所謂意匠論の推理で神の存在が證明されると思つた。神靈を第一次的存在と看れば、萬物の本體を把握せんとする哲學上の希求も滿足される。それは堤先生の語りたる唯心論的哲學と共通する所もある。此の大綱に感動して信仰が起つたのであらうと思ふ。尤も基督教會の信條中には理性に牴觸するが如きものもあつて、之を受入れるには多少の摩擦を感じたが、信仰の燃ゆるときには、總て高遠なる神の意圖によることゝして一應片付けられた。而して基督教と理性とを調和する所の思想を構成し、之を世に傳ふることが私に恰好の仕事であるとして、其處に生存の意義を發見したやうに思つた。此の時に同志社に入學する途が開けたのだから、喜び勇んで之に赴いたのである。

私は新島先生から每月奬學金を手交される關係にあつて、一般の在學者よりも多く先生に接觸した。之を幸に鼓吹激勵を受けんことを期待したが、先生は兼ねて聞いて居たやうな熱烈の態度を私に對しては示されなかつた。溫情は感受したが、談話は概して淡々たるものであつた。或は私に對して格別關心がないのかと思つたこともある。然るに先生の歿後奬學金のことを八重子夫人に尋ねたとき、「褏は平生屢〻あなたのことを話して居ました」と始めて聞かされた。

後から想像して見るに、先生は私の生ひ立ちを聞き、其の頃の心情を洞察して、之に適應する薫陶を施されたのであらう。先づ期待に反したのは、信仰に關する談話の少なかつたことである。是れは私が既に熱心なる信者であることを認めたからであらう。次ぎに一般修養に就いても、一生は長いから急がずにやれとか、健康を害せぬやうに注意しろとか云ふやうな話が多かつた。庭の果物を枝付のまゝで手折つて下さつたり、休暇の旅行費を與へられたりしたこともある。或る時、賄食に甲乙の區別が出來たので、私は乙の方を選んで其の月は先生から頂く學費をそれだけ減らして宜しいと申出でたら、それは間違つて居る、健康には榮養が大切だと注意された。かやうなことは、私が家庭の影響により偏固な神經質になつて居るのを匡正して、少し緩潤の心持になるやうに導かれたのであらう。

其の間、折に觸れて、先生は特に私を訓誨する如き態度を以てせず、寧ろ自己修養の體驗を語るやうに、人生の心構へを說き示された。私の心に殘つた印象を要約すれば、第一には、自己の信念に立脚しなければならぬ、附和雷同や、誤魔化しではいけないと云ふことであつた。第二には、單に自己生活の爲めに働くのではいけない、世の中の爲めになるやうに心掛けなければならぬと云ふことであつた。「世の中の爲め」と云ふのが先生の常用語であつたが、此頃謂ふ所の奉仕の觀念に該當すると思ふ。世の中の爲めになると云ふのは必ずしも大事業を成すのみに限らない、分に應じてそれ〲の途があると云はれた。第三には、何か仕事をしなければいけないと云ふことであつた。仕事と云ふのも廣い意味で、思索研究の如きも其の內に含むと云はれた。先生の趣旨は、仕事の種類の如何を問はず、世の中との接觸を必要とし、獨善高踏を戒しむるにあつたと思ふ。此に實行家たる先生の面目も窺はれて、第一の心構へを多少緩和し、第二の心構へを實現する爲めの融通性を認むるが如き趣がある。卽ち基本の要諦は信念に立脚するにあるが、第二次的の點に於ては實行上の手段として妥協折衷の程度も亦考慮さるべきことゝなるのである。

固より先生が上記の如く順序を立てゝ話されたのではない。私の解釋が多分に交つて居る然しながら「自己の信念」、「世の中の爲めに盡す」、「仕事をする」是等三つの言葉を屢〻先生の口から聽いたことは確かである。それが訓誨ではなく、先生の胸中を吐露される如く聞えたので私は一層深く感動した。神を父とし、人間を同胞とする教理の應用として、私の實踐的人生觀の基礎が出來たのである。

基督教の信仰に就いては新島先生の公開說教を聽き、其他先輩の鼓吹を受けて默想に耽つた。激越の言動を以て仰山に熱信を表示する人々には共鳴し得なかつたが、共に祈り、互に所感を語る仲間を作つて靜かに修養した。

哲學に關しては、鄉里に於ける堤先生の感化により、一知半解ながら多少の素地が出來て居た上に、當時の同志社に於ては哲學を語ることが一の流行であつたから、私の關心は益々濃厚となつた。約翰傳等の思想から出發し、中世學僧の思索を經て體系を成した所の基督教々理には希臘の哲學が多分に取り入れられて居るので、哲學は信仰の思想的表現であるが如くにも考へられた。それで私は信仰上の修養と哲學上の思索とを表裏分つべからざるものとして、之に勵精したのである。

然るに段々考へ詰めて行くに隨ひ、當時の基督教會が不可缺とする教理に就いて疑惑が續出した。先づ私を惱ましたのは、耶蘇を人間界に於ける神の顯現とする信條であつた。それは處女姙娠と云ふが如き奇蹟の傳說に對する疑惑を意味するのではない。所謂奇蹟などは悉く抹消しても信仰を保持するに差支ないと、私は疾くに思つて居た。然しながら耶蘇卽ち神であると云ふ思想は基督教々理の中心である。之を否定すれば教理の體系が崩れる。而して私は之を餘りに粗朴なる妄斷と思ふやうになつたから、大に困まつたのである。只耶蘇の自覺には此の信條の基礎たるべきものがなかつたと云ふ說もあるから、ルナン等の解說せる如くに之を淸算し去り、耶蘇を單に一聖人として、其の教へたる一神的、倫理的宇宙觀だけを信仰の對象とすることも出來得べき筈だと考へた。當分は其の段階に留まつて思索を續けた。然しながら信仰は思想にあらずして心の熱である。熱の源たる傳統の權威がなくなつて、其の教理を單なる思想として檢討すれば、矛盾又は不合理らしく見ゆる點に對して不安が擴大される。强ひて之を理性と調和すべく試みるのは徒勞のやうに思はれて來る。倫理的宇宙觀は崇高なる詩的着想として、又實踐上の發動力として、大に意義があるけれども、意志と感情とを以て宇宙を主宰するが如き神の存在を之が基礎とすることは容易に首肯し得ない。其處から思索上の難問が幾多湧出するのである。元來思索的態度を以て宗教を看るのが間違ひであるかも知れぬ。人間の認識及び行動は理性のみに立脚すべきでないから、思索の經路によらずして直觀的に宗教を信仰する人があるならば、殊にそれが倫理的宇宙觀と相伴ふならば私は固より之を排斥しない。進んで之を尊重したい。只私一個としては成るべく矛盾を克服して安住の境地に立たんことを欲したるが故に、種々の段階を經て、基督教及び普通の意味に於ける一般宗教の傘下に留まり得なくなつたのである。

右の心境の變化は同志社卒業の前年頃から卒業後の一二年に亙つて漸次に進展した。宗教と理性とを調和せんことを期した所の思索は逆の結果を生じ、私の數年間心に懷きたる念願は破滅したのである。私は失望落膽せざるを得なかつた。新島先生の脊顧は私が基督教信者たりしことに基因したに違ひないから、先生に對して相濟まぬと云ふ感が深刻であつた。然るに旣に先生逝去の後であるから、報告して諒解を求むる由もない。私は實に甚だしく煩悶した。或は宗教の定義及び基督教の教理を微妙に解釋し、或は信仰と理性とを全然別個の範疇に屬せしめ、心境の變化に拘らず依然として基督教信者たる名分を標榜すべき途も考へて見た。其の例とすべきものも多くある。然しながら自己の信念に立脚せよと誨へられた所の先生は決して此の如き糊塗を嘉みせられないだらうと確信した。それで、普通學校入學のとき心中に豫定せる進路を變じ、神學校に入ることを止めて同志社を去り、其後或る時、最早基督教信者と稱し得ざることの諒解を郷里の所屬教會に求めて立場を明かにした。

同志社卒業後の私は當分明白なる目當なしに種々の經路を彷徨した。其間尙哲學上の思索を續けたが、主觀論的傾向が極端に走り、眞理及び人生價値の標準に就いて全然懷疑に陷つて仕舞つた。同時に當面の生計を如何にすべきやの問題にも心を勞し、神經衰弱になるか、又は大脫線をするかも知れないやうな心持になつた。それが靑年の危機たる二十三、四歲の時であつた。結城禮一郎氏が蘇峯先生古稀祝賀文集に發表した民友社金蘭簿中に私の名もあつて、指定項目の下に、得意は無し、趣味は無し、主義は厭世、希望は寂滅と書いてある。多分入社後間もなき頃のことで、少し茶目氣分も交つたのであらうが、自棄に傾いた懊惱の心境が現はれて居る。其の間母に心配を掛けることを惧れて自戒もしたが、私を危機から救つた所の主因は、嘗て新島先生から誨へられた所の實踐的人生觀であつた。私は「仕事をしなければならぬ」と云ふ訓言を想起して之に邁進すべく決心したのである。假令人生價値の規準は徹底的に判らなくとも、行住坐臥、一々理由を糺すの遑はない。現存する社會の常識と自己の直觀とを調合し、環境の遭遇に應接して出來るだけの實踐を期すべきのみと觀念した。必ずしも方向を豫定して焦慮することなく、廣い意味の實行本位に立脚する。而して之と相竝んで「世の中の爲めになる」と云ふ訓言は固より私の心に浸みて渝らない。基督教の信仰に就いては新島先生の期待に背いたが、人生の心構へに就いて先生に負ふ所は廣大である。平凡でもあり、又薄志とも云はれるだらうが、餘り深く考へずに當面の實踐に重きを置くと云ふのが、私の人生觀として一應固まつた。更らに其の合理的根據を求めんとして思索に還つたが、それは後年の事である。

附言、堤先生、新島先生及び下村先生に就いては尙詳しい記述が拙著「人物と思想」の内にある。

第四章　新釋基督教

私がまだ同志社に在つて、耶蘇を神とする教義に疑を懐き始めた頃、獨逸から傳はつた普及福音教會では、從來の信條なるものに拘泥せずして基督教の眞髓を宣揚せんとする新解釋を鼓吹して居た。米國から傳つたユニテリアン及びユニヴァーサリストの兩派も之と方向を同じくした。英國にも類似の思潮があつて、特に之を標榜する教派の發生には至らないが、其の趣旨を筋書に織込んだハンフレー・ワード夫人の小說「ロバート・エルスミーヤ」が讀書界の大評判になつた。教祖を神とせずとも基督教の信仰は維持されると云ふのが其の主たる主張であつた。同志社出身長老の一人たる横井時雄氏は多分東京の何れかの教會の牧師であつたと思ふが、何かの雜誌で其の梗概を紹介した。尤も之に對して意見は示さなかつた。同志社に於て私の親接した金森通倫先生は、當時既に東京に移り番町教會の牧師であつたが、基督教の新解釋を公表して世を驚かし、次で番町教會を辭して前記獨米系の三派に接近した。私も、ルナンの「耶蘇傳」や「ロバート・エルスミーヤ」の影響を受けたに相違ないが、私の思想の變轉は我國に於ける上記の運動とは關係なしに進展したのである。然しながら既に思想の變轉を來たし、而して尙宗教と理性とを調和するの望を捨てざりし時に於ては、新釋基督教の運動に參加するのが、一番初志に近いと思つた。金森先生からは曩きに所謂正統基督教信仰の鼓吹を受けたのだが、其後圖らず新らしき方向を一にすることになつたので、同志社卒業後先生の紹介により、普及福音教會の經營する新教神學校に入學した。それが明治二十四年の秋であつた。

私が遂に此の段階に留まり得なかつたことは前章に述べた通りで、宗教に對する最後の執著も空に歸したが、新教神學校に於ける約一ヶ年半の在學は、別の方向に於て私に多大の益を與へた。私が教授を受けたのは基督傳を眼目とせる新約聖書の拔萃釋義と哲學史とであつた。哲學史は既に獨習せる所を詳しくしたゞけであつたが、所謂高等批判の方法による新約釋義は私に新境地を開いた。殊に之を擔任せるシユミーデル（Schmieder）先生は學識に於ても人格に於ても凡庸を拔いて居たと思ふ。研究の目標は耶蘇が自己の使命に就いて如何なる自覺を有つて居たかを檢討するにあつた。其の內容にも感興したが、銳利にして精細なる古文書考證の方法は特に私を啓發した。それによつて一般に歴史を讀むときの心構へが改まつた。文書の背景及び含蓄に愼重の注意を拂ふ習慣は此の時の修練に負ふ所が多い。それが後に契約の作成援用又は外交文書の取扱の上で大に役に立つた。又石垣を積上げる如く、煩瑣と思はれる程緻密な獨逸流の學風に書籍以外接觸したのは、他の方面にも應用し得べき收穫であつた。又學校の講義は英語で聽いたのだが、獨逸人の仲間に交つて居たから、獨逸文及び獨逸語實習の機會を得た。

新教神學校在學には右の如き副産物があつたけれども、宗教に對する根本的の見解及び基督教信仰の基礎たるべきものに就いて新たに得る所はなかつた。宗教に就いて教へられる所は、西洋哲學者の多くが、有神論に結び付けて各自の構想を表現すべく工夫したのに類するものであつた。其の間私の思想は同志社在學中に發芽せる方向に急進し、宗教に對する熱は益〻冷却した。さうなつて見ると、依然基督教信者と稱して在學するのは甚だ心苦しい。それで心境を告げて退學の許を乞うた。シュミーデル先生に對しては、新島先生に對する程の濃厚なる關係はないが、私の方で畏敬の念を生じ、先生の方からも私に特別の注意を向けて居たらしいので、先生の感情がどうであらうかと頗る心配した。然るに「それは惜しいことだが已むを得ない、是れからあなたはどうする積りか」と云ふのが溫情を込めた先生の挨拶であつた。「目下何も定まつた見込はありませぬ、只自ら欺くことなく境遇に應じて最善を盡して見たい」と答へたら、先生は更らに「あなたは定まつた仕事を爲すべき人だ、彼此屋になつてはいけない」と訓戒した。私は心からの感謝を以て之を銘記した。

其後三十年、獨逸が通貨價値崩落によつて困窮せるとき、シュミーデル先生の慰問の爲めに舊弟子等が或物を贈呈した。私も之に名を列したところが、先生から細字で書いた端書の返事があつた。其中に「あなたは考へるたちの人だつたが、どうなつたかと思つて居た、近狀を聞いて喜ぶ」と云ふ言葉があつた。接觸の期間は短かく而して先生の期待に背いた所の私が此の如く先生の記憶に留まつたことは、意外でもあり、非常に嬉しかつた。其の端書は日本銀行で受取り、机の側の手文庫に收めて置いたが、大震火災のとき燒失したのは實に惜しい。

尙新教神學校關係の先輩中に三並良氏があつた。氏は數十年新釋基督教に終始し、病の爲めに身體が不自由となつてからも、文筆を以て宗教、哲學、社會等に關する所信を發表することを死に至るまで止めなかつた。私は退學の後も長く交を續け、益を受けたことが多い。宗教を信ずる能はざることを告白したとき、氏は「宗教を信ぜずと言明する人の中に却て宗教家らしい人がある」と云つた。

第五章　蘇峯門下

同志社に於ける同級の友人平田久は、卒業直後から國民新聞社員となつて居て、私が基督教信仰の動搖により一身前途の方向に就いて迷つて居るときに蘇峯德富猪一郎先生に紹介して呉れた。それが明治二十五年の末か、二十六年の始めであつた。蘇峯先生は、私がまだ哲學に執著のあるを察し、元良勇次郎先生の庇護と指導とを受けて生活費を稼ぎながら研究に進む途があるかも知れぬと云ふので、其の事を依頼して下さつた。元良先生は一時同志社に在學したことがあり、米國留學の後、東京帝國大學教授として心理學を講じ、嘖々たる名聲を博した。私は先生の談論に親接して啓發される所が多くあつた。精神物理學なるものゝ要領を聽いて、實驗的心理學の一端を知つた。殊に私を感動せしめたのは、人間に對する一般的の考へ方である。即ち人間は社會として實在するものにして個人は抽象に過ぎないと云ふのが先生の力說する所であつた。之によつて團體生活に重きを置くの傾向は私の心に深く刻印せられた。此の如く思想上に大なる益を受けたが、元良先生の庇護の下に生活費を稼ぐ途は發見されない。

其處で徳富先生の考案により、外國新刊書の要領を小册子に綴り、毎月一册づゝ民友社から出版して生活費を得ることになつた。それが一年程續いた。其間私は元良先生の外、同志社緣故の先輩たる中島力造氏、大西祝氏、同鄕の松本亦太郎氏等とに接觸して、哲學の方面に思索を進めようと努めたが、出版册子の題材を選ぶ爲めに涉獵の視野を廣くすると同時に、民友社に出入して其の空氣に觸れた影響もあつて、政治の方面に趣味を生じて來た。徳富先生からは、寧ろ國民新聞社員にならぬかと勸められた。必ずしも普通の新聞記者たることを期待しない、必要の場合には如何なる方面にも出動させるが、大體後方に在つて政治、法律等の學問を研究して置いて貰ひたいと云ふことであつた。それで明治二十六年の末頃から國民新聞社及び民友社に出勤することになつた。謂はゞ捨扶持の讀書生の如きものであつた。月給は少ないが書物を多く買つて貰つた。徳富先生は私を新聞記者として用ふべきものとして採用したのではなく、何か變り種として進路を拓かせようと云ふ好意に出でたに違ひない。私は感激して之を受けた。

其頃私は既に環境に適應する實踐本位の人生觀に傾きつゝあつたから、所與の仕事に全力を注いで勉强した。先づ德富先生の期待する政治、法律等の學問の修得に努めた。其の爲めに獨逸文の練習を續け、佛人宣教師リニョール（Ligneur）神父を師として佛蘭西文及び佛蘭西語を學んだ。神父はスコラ學僧の典型とも云ふべき人にして、私は語學の外に其の思索の流儀に感興した。それから新聞記者たる立場を利用し、又は德富先生の紹介により、學界の諸大家に接觸して學問の方向と讀むべき書籍とに就いて指示を受けた。政治に關して歷史及び理論の書を雜讀するの外、法理學、國法學及び國際法を特に研究の題目とした。其の間特に親切なる指導を與へられたのは、我國法學界の長老穗積陳重男と、國史に立脚して國法學を說き、陸軍大學で國際法を講ずる有賀長雄氏とであつた。穗積男からは一般理義、道德、習慣等と制定法との關係并にそれ〴〵の分野に就いて敎へられた。國際法學會の我國に創立せられたとき、私は有賀氏の勸めによつて其の準備に參し、發起會員中に加へられた。私が練習の爲めにウエストレーキの國際法に關する一著書を譯述補註し、之に我國條約改正の歷史を附加して「國際法要論」と云ふ題名を以て出版したとき、高橋作衞氏は東京帝國大學の講壇に於て格別の好意を以て之を學界に紹介した。

紙上の仕事としては、國民新聞及び「國民之友」に論說及び外國に關する記事を書いた外に、名士の訪問、議會記事、從軍出張等普通に記者のすることを隨時に手傳つた。最後には外報部長を擔任した。私は何でも一生懸命に努力した積りだが、成績から云へば自分でも甚だ不滿足であつた。只私自身の修養の爲めに得る所は頗る多かつた。先づ一般的に云へば、世間表裏の臭を嗅いだ。次ぎに、日淸戰爭の前後に亙る時勢の變遷に新聞記者として應接したことである。國內政爭から國際關係に重點が移つた。それが國家本位の現實主義を私の心に植付けた。次ぎに、諸方面の大家に早く接觸する機會を得た。其の內には普通の新聞關係以上に進んだものもある。巨頭としては、最初に大隈重信侯の包容圈に入つた。國民新聞の關係を離れた後も接觸を斷たず、侯の日本史論英譯を出版するに付、私は倫敦に在つて出版者との交涉に當つた。後に眷顧を受けた松方正義公、山本達雄氏(後の男)等への近接も、其の端緒は新聞記者時代に發して居る。靑木周藏子が外務大臣たりしとき、東京駐劄の主要國公使等に紹介して呉れたので、外交團と接觸の途が開けた。社員及び社友中の先輩には人見一太郞氏、阿部充家氏、森田思軒、竹越與三郞氏、山路愛山、德富健次郞氏等があつた。同輩には前掲平田久の外、古谷久綱氏、國木田獨歩等が居た。

國民新聞社及び民友社に在る間私にとりて特に重要なる事柄として擧ぐべきものが三つあった。第一は、日清戰爭に際し通信員として大本營地廣島に出張し、次で關東州に渡り從軍記者となつたことである。記者としては成績を擧げ得なかつたが、軍部に多くの面識が出來て、軍の空氣に觸れた。殊に廣島に居る內に當時參謀總長小松宮殿下の下に參謀次長たりし川上操六中將（後の大將）に屢々面接し、非公式に外國關係の用事を依囑され、其の緣を以て一時陸軍の臨時雇となつた。是れも德富先生が、私に新らしき經驗を得せしめんが爲めに誘導し且つ推薦された結果に外ならない。當時陸軍には英語の知識が充分でなかつたので、川上中將の爲めに調査、飜譯、外國人の應接等を手傳つたのである。中將の使として一度伊藤博文公に面接したのも私にとつては仕合の遭遇であつた。折柄他に來客があつたらしく、旅宿の空虛な控室に引見されたが、疊の上に英文の書類をひろげ、俯伏點檢して處々の意味を質した公の無造作なる態度に感興した。新聞關係のものが軍屬として大本營に出入するのは不都合だと云ふ物議が內部に起つたさうで、臨時雇は暫くにして解かれたが、依然川上中將の旅宿に出入して非公式

に用を辨じた　其の關係からして私の一生中に珍らしい挿話が出來た。明治二十八年の春、軍の總司令部が旅順口に進發するとき、川上中將は私にも同行しろと云ふ。國民新聞社からは德富先生が總司令部附記者として行くことになつて居たから、私には記者として割り込む餘地がない。乘船人員が大變むづかしいさうだが、どう云ふ資格で行くのですかと訊いて見ると、「普通の時間より早く船に乘り込んで居ろ、船が出て仕舞へば向ふへ着く、向ふまで行きさへすればよい、大生が萬事心得て居る」と云ふことであつた。大生と云ふのは中將の副官たる大佐であつた。私は怖かつたけれども混雜に紛れて乘り込んだ。德富先生と同室に私の寢所が用意してあつた。然し將校等の食堂に出ることは出來ないで、獨り下士官等の食堂に行くのであつた。然るに船が六連島を離れてから大生大佐が私の處へ來て、「君大變なことが起つた」と云ふ。後年の元帥總理大臣寺內正毅伯が、當時は少將か、中將で運輸通信長官とか云ふ職に在つた。船の上では其の方が參謀次長の川上中將より權力がある。其處で大生大佐の云ふには、「君が乘船名簿になくして乘つて居ることがどうかして寺內にわかつた。それで寺內赫として怒つて人員點呼をする。名簿にないものは皆海の中へ棄てゝ仕舞ふと云ふ譯だ。驚いたね。こゝに居てはいけない。川上中將の從者が一人名簿に書落してあつたと說明するから、此の腕章を附けて、下に引込で居て吳れ」とのことである。其の腕章は馬丁や小使の附ける御椀のやうな形の赤い切布であつた。其の仲間に交つて點呼を濟ませたが、其後は腕章を取はづして以前の通りに寢食した。誰も咎める人はない。何だか狐につまゝれたやうであつたが、甲板等に出歩くことは遠慮した。上陸の後資格がなければ都合が惡いので、更めて國民新聞の從軍記者として認めて貰つた。寺內長官もほんとうに私を海へ抛り込む積りではなく、川上中將の副官として幅をきかせる大生大佐に一拶を與へたのであらう。私が日本銀行の理事に就任したのは、寺內伯が總理大臣の時であつた。何かの折に此の事を話したら「さういふことがあつたよ、あれにはいろいろ譯があつてね」と苦笑した。其後私が副總裁の時に、松浦海軍中將といふ方から聞いた所によれば、其の人が當時少尉で寺內長官の命を受けて私を探して步いたのださうだ。是れが潛つた行動をした私の唯一の經驗である。

國民新聞社員たりし時に於ける重要なる事柄の第二は、德富先生の歐米巡遊に隨行したことである。明治二十九年の春に出發して翌年夏の始に歸朝した。總て行動を先生と共にしたので、獨自の遭遇として囘顧中に擧ぐべきものは殆んど無いが、歐米に就いて學ぶ所を實感的にした修養上の益は大きい。トルストイと面談し、私に宛てた署名入りの寫眞を貰つたことは、永く記念として殘る。國際法學の大家たるオックスフォルド大學のホルランド（Holland）教授とは、私が其の著書を讀んで居たので話題も多く、後まで續く關係を生じた。タイムス新聞の編輯次長を數十年間勤續して特異の經歷を作つたキャッパー（Capper）と云ふ人は德富先生と一見して意氣投合し、私も共通の接遇を受けた。而して私は其の後數囘英國へ行つたので、手紙にも談話にも敬稱なしに名を呼び合ふやうな親しき間柄となつた。後年日露戰爭中の外債募集に當り、私は其の事務に參加して、主たる擔當者高橋是淸氏に此人を引き合はせた。タイムスが率先して我國に好意を表したのは其の配慮による所が多い。高橋氏も之を認め、先方は格別社會上の地位もない人だのに、或る時小村大使と共に其の私宅晩餐への招待を快諾し、同氏が日本に來遊したときに厚く歡迎した。德富先生と一英人との友誼が十年後に我國の爲めに或る役に立つたのである。

第三には、英文雜誌 The Far East の發行である。月刊で明治二十九年の二月から三十一年の七月まで續いた。德富先生の發案によつたのであるが、編輯は私に一任された。日本の思想及び事情を外國へ宣明すると云ふ立前で、私は社說及び時事に關する短文を綴り、外部に依囑せる寄稿の論說、敍記等と共に掲載した。古谷久綱氏、後に立教大學の教授となつた根岸由太郎氏等が社內で助力し、外部に援助者、聲援者も多く、日淸戰爭後日本人の所說により日本を知りたいと云ふ氣運が起つて居たので、漸次海外への賣行も增加しつゝあつた。新聞記者として役に立たなかつた私も是れで一つの立場が出來るかと思つて心血を注いだのである。

然るに國民新聞社及び民友社の事業整理を必要とする時運に際會して右の英文雜誌は廢刊された。基本事業の如く見えた「國民之友」さへ廢刊され、國民新聞だけを維持することになつたのだから、固より已むを得ない。只私としては力を落とすことを免かれなかつた。德富先生の私に對する親切は少しも渝らず、國民新聞の外報部長と云ふ肩書を與へられた程であつたけれども、直接に新聞に貢獻し得る所は少なくして、何時までも捨扶持の讀書生で居ることには忸怩たるの感もあつた。社の爲めにも、自分の爲めにも、轉身の必要があるのではないかと思つた。德富先生は此の心境を看取せられたものゝ如く、明治三十三年の夏、大藏大臣松方正義公（當時は伯）の祕書官たらんことを勸められた。思ひ掛けぬことであつたが、既に松方公との間に内打合はせも濟んで居たらしく、私の一般的心構へは、執著なく到來の環境に善處するにあつたから、卽座に之を受けた。其の時の總理大臣は山縣有朋公であつた。

仕事の上に於ける德富先生との關係は是れで一段落となつたが、心情に於て門下生たる關係は絕えない。先生も續いて私の進路に就いて配慮せられ、身邊に重要の遭遇あるときは助言、後援、斡旋を與へられた。愈々國民新聞社員たることを止めるときに、左の詩を書いて送られた。

春鴻秋燕非人力　明月淸風長隨我

是れは私の心境を道破したものとして書齋に揭げてある。倘昭和十四年病後靜養中に、多年德富先生から受けた手紙を整理裝幀したら、十一卷二帖の大部數になつた。

第六章　大藏省から日本銀行へ

松方公には日清戰爭中廣島で面接したるを始めとし、其後公の功業の一たる金本位の制定に關し外國人より通信し來るものゝ多かつたとき、之に對する應酬を手傳つたことがある。然しながら公は私を好く知つて祕書官に採つたのではなく、德富先生の推薦又は依賴に應じたものらしい。間もなく內閣が更迭したので私の在官は明治三十三年の七月から十月まで、僅かに三ケ月餘に過ぎなかつた。其の間別に擧げて記すべき事歷はない。只官廳の中を覗くと同時に新たに面識が出來た。松尾臣善氏（後に男）、阪谷芳郎氏（後に男）、水町袈裟六氏等とは此の時から接觸した。日本銀行の高橋是淸氏、木村淸四郎氏に始めて出逢つたのも此の時である。

大藏大臣祕書官を退いた後、或る時山縣內閣の法制局長官たりし平田東助氏（後の伯）は、山縣公が私の來訪を希望して居ると傳へた。是れも全く期待しなかつたことだが、固より喜んで之に應じた。在外の知人から送つて來る雜誌の論文等を飜譯して貰ひたいといふことで、之を端緒として公に近接し、日露戰爭後財政困難の時に、經濟情勢に就いて屢〻所見を求められた。浪人の際には飜譯の謝禮もあつて、生活費の一部となつた。

前途の進路に就いては、平田東助氏、加藤高明氏（後の伯）等から具體的に就職又は一時的仕事の勸誘があつた。加藤氏は駐英公使たりしときに倫敦で面接したのを緣として、私を外交方面に引き出さうとしたのである。然しながら直に正式の經路に入る譯には行かない。私は專ら松方公と德富先生とに依賴して成行を待つて居た。閑で居る間に成した一つの仕事は、大藏省の依囑により英文の財政經濟年報創刊號の樣式及び文言を立案したことである。

かやうにして一ヶ年弱を過ごした後、日本銀行へならば松方公の斡旋により就職が出來ると云ふことを德富先生から話された。私の第一希望ではなかつたけれども、謝して之を受けた。此の時も既に內打合はせが濟んで居たものと見えて直に年俸傭となり、二三ヶ月の後、卽ち明治三十四年の十月に調査役たる辭令を貰つた。其の時の總裁は山本達雄氏であつた。明治三十二年の日本銀行の內紛により重役及び上級行員の多數辭職した後であつたから、私の爲めに就職の餘地が殘つて居たのだらう。然しながら日本銀行へ外部からの橫飛びは珍らしいことださうで、實に松方公及び德富先生の斡旋と山本氏の好意との結果に外ならない。

　山本總裁からは主として調査を以て行務に貢獻せよと望まれた。副總裁高橋是淸氏に挨拶に行つたら、「あなたは學問が好きださうで、結構だが、後には仕事がして見たくなるかも知れない」と意味深長の言葉があつた。私は兎に角山本總裁の希望に副ふべく努力せんことを期した。學問としては、從來政治の一部として關心を有つた所の經濟學に主力を注ぐことにした。同時に實際に適切なる調査の成績を擧げる爲めに經濟界の人と交はり、事情に通ぜんことを期した。それには今迄の經歷により便宜を得る所もあつた。

　營業局長木村淸四郎氏、檢査局長小野英二郎氏、祕書役土方久徵氏等は親切に行內を引廻はして吳れた。小野氏は同志社關係の先輩である。談論の相手として最も手答へのあつたのは文書局長伊藤欽亮氏、檢査役井上準之助氏、調査役井上辰九郎氏、三年程後に大藏省から轉じて來た調査役片山貞次郎氏、後に豐國銀行及び昭和銀行頭取となつた生田定之氏等であつた。行員中に同志社の同級生大八木義雄及び同志社出身の藤田軍太氏があつて、それぞの立場から行內の樣子を話して吳れた。

日本銀行に於ける勤務の經過を、必ずしも年次によらずして摘錄すれば、檢査局（後に分れて調査局及び檢査部となつた）及び營業局の調査役、並に祕書役、外事部主事、及び國債局長と云ふのが大正二年頃までに私の歷在した地位である。其の間山本總裁は明治三十六年の秋に退職し、松尾臣善男、高橋是淸氏を經て、三島彌太郎子が總裁になつた。私は明治三十五年に日本銀行員として松方正義公の外遊に隨行し、日露開戰の明治三十七年より四十年までの間、外債募集事務の爲め三回副總裁高橋是淸氏に隨行して外國へ出張した。經歷中には頗る興味の多いものもあり、世間との接觸は廣くなつたが、要するに特殊の任務に追ひ廻はされて、業務の本流の外にあつた。就職のときに主として調査に從事するやうに希望されたのだから、其の後の經過は寧ろ當然である。然しながら經歷の重なるに從ひ、自己の本分を擧げて世の中の爲めに盡すの途は何れにありやと云ふことを考へざるを得なくなつた。專ら學問に沒頭して世を益する成績を擧げるのも、實行を主として之に力を注ぐのも、それ〳〵有意義の事業であるが、實行の機關に屬しながら中途半端の立場に彷徨するのでは自ら安んじない。今の儘で漫然と年を過ごすならば、單に食祿を受けて安泰に一生を終ることに歸するであらう。環境の避くべからざるものもあるが、自主の機能の發動すべき餘地もある筈で、全く之を沒却し去るべきでない。丁度四十歳を少し超えたところで、まだ轉身の餘地のある内に、どちらかに方向を一定したいと思つた。其の頃行内制度改正の問題があつて、國債局は廢止となるべき模様であつた。其處で三島總裁及び副總裁水町袈裟六氏に心境を打ち開け、若し日本銀行業務の本流に參與するやうに向き得ないならば、制度改正の實現以前に辭職したいと申出でた。暫く待つて呉れと云ふことであつたが、どうせ不徹底な慰諭を受けるに違ひないと思つて腹を極めて居た。十年以上日本銀行に勤務した御蔭で、同志社卒業後又は日本銀行就職前に比すれば一身上いくらか自由の立場にあつたので、環境の如何により轉身を實現すべき計畫も心に抱いて居た。其の間私が日本興業銀行の理事に轉出すると云ふ噂が新聞に出た。何處かでそんな評議があつたのかも知れぬが、私の關知したことでない。然るに制度改正發表の直前に私に營業局長を命ずると云ふ内示があつた。意外であつたが、それならば日本銀行に留まつて實行の方面に努力を續ける甲斐があると思つて、眷顧を謝して之を受けた。私が一應退職の腹を極めたとき、高橋是清氏には海外隨伴以來特に眷顧を蒙つた關係があるので之を報告した。高橋氏は場合によつては已むを得まいと答へた。後から聞く所によると、木村清四郎、土方久徵の二理事は私を營業局長に推薦したと云ふことである。營業局長に就任したのは大正二年十一月で、其後一時調査局長を兼任したこともあり、大正七年四月理事を命ぜられた。其の時の總裁は矢張り三島子、大藏大臣は勝田主計氏、總理大臣は寺内伯であつた。三島總裁は理事に推薦することを内示するときに、仕事をするものは議論に勝つてはいけないと私に注意した。世界戰爭は私が營業局長たりし時に始まり、理事の時に及んだ。理事就任の頃理事の一人が每月半分づゝ大阪支店に出張することになつて居たので、私は數ヶ月間之に當つた。又巴里講和會議、華盛頓軍備制限會議及びジエノア經濟會議に帝國政府全權委員の隨員として參列した。戰後反動期の財界動搖、關東大震火災、昭和二年の金融動亂等が理事在任中の顯著なる事件であつた。其の間三島總裁は病歿し、井上準之助氏、市來乙彥氏、更らに又井上準之助氏が總裁となつた。

私が副總裁を仰付られたのは昭和三年六月である。此の時は總裁井上準之助氏が辭任し、副總裁土方久徵氏が之に代り、私が理事から副總裁に進んだのである。其の時の大藏大臣は三土忠造氏、總理大臣は田中義一男であつた。副總裁在任中に於ける我が經濟界の最大事件は金解禁及び再禁止である。滿洲事件の生起及び五、一五事件にも遭遇した。倫敦國際經濟會議には帝國政府全權委員の一人として參列した。

總裁を仰付られたのは昭和十年六月である。淸水賢一郎氏は同時に理事から副總裁に進んだ。其の時の大藏大臣は高橋是淸氏、總理大臣は岡田啓介氏であつた。昭和十一年二月二十六日の事件で高橋氏は歿し、岡田內閣の後を承けて廣田弘毅氏が總理大臣に、馬場鍈一氏が大藏大臣になつた。私は昭和十二年一月廣田內閣辭職の後直に辭表を提出し、二月新內閣成立の後に聽許せられた。日本銀行に在職すること實に三十六年餘である。

日本銀行在職中私が特に濃厚の關係を有つた事項は逐次後段に於て記述することゝし、玆には經歷の梗概を擧げて置く。

第七章　父母の死去

父は明治二十四年五月二十五日七十三歳にして郷里の兄景員の家で死去した。私は同志社に在つて重態の報に接し、在學五ヶ年中に溜めた書籍を好意の學友に買つて貰つて旅費を拵へ、急遽歸郷した。六月が卒業期であつたが、時日も切迫して居るし、受驗の爲めに京都に歸る旅費の調達も覺束ないから、遺憾ながら其儘學校を止めることになるかも知れぬと申出でたところ、下村孝太郎先生は卒業生の中から私を逸するのは如何にも忍び難いとして、教授會の評議に掛け、其の結果特別に通信受驗を許されることゝなつた。父は私の歸郷を見て先づ卒業に差支ないかと訊いたが、右の次第を話したら、それは思ひも寄らぬ特典だと云つて感激した。私に逢ひたくもあり、卒業の妨げとなるだらうと云ふ心配もあつたらしく、是れで最早心殘りはないと云つた。家計は益〻苦しくなりつゝあり、「記置」と云ふ遺文に、遺骸は家例により石蓋付の瓶に納むべきも棺及び葬儀は無用と書いてあつたが、舊藩以來の緣故者もあり、兄も小學校々長として人望があつたので、父の臨終及び葬儀に集る人が多く、流石に藩政下の要路にありしものたるの名殘を留めた。菩提寺の和尚は維新後に於ける父の心境を理解して居たのか、戒名を知足院と付けた。

母から聞く所によると、父は平生「お前は英五に養はれることになるだらう」と母に語つたさうである。私にはそれに就いて生前何も云はなかつたが、簡單な遺言の内に私に宛てゝ、兄上は子供が多いから母上を扶養するやうに心掛けよと書いてあつた。私は固より之を心掛けて居たので、前途を計畫すると同時に、成るべく早く母を養ひ得るやうになりたいと焦慮した。新教神學校では僅少の學費補助があつた上に宣教文書の飜譯や獨逸宣教師に日本語を教へることなどを頼まれて多少の收入もあるやうになつたので、前途の見据はつかないが、下宿代りに小さい家を借りて母を迎へた。六十歳を超えた母が當分婢女もなしに炊事等を營み、一ヶ月十餘圓の經費で過ごした。國民新聞社に勤務するやうになつてから、辛うじて小婢を置き、次いで曾根氏に嫁した姉かつ子が寡婦となつて一緒に住むやうになつたので、貧しいながら母の身邊は氣樂になつた。母は初め私の新聞に從事することを餘り喜ばなかつたが、後には政論壇場にあると云ふことを誇りとした。大藏大臣祕書官の官邸に住んだとき、暫くでも門構の家に起居したことが大に母の心を慰めた。私が日本銀行に就職することとなつたので、母は全く安心したが、其の年の九月二十七日七十二歲にして急病で死去した。私には心殘りが多いが、母は晩年の境遇に滿足して居たやうである。基督教信者となつたのは私より後であつたが、死に至るまで信仰を渝へなかつた。

第八章　松方正義公の知遇

私の一生に於ける進路の方向を決したる最大契機として擧ぐべきものが三つある。一は、新島襄先生の眷顧により同志社教育を受けたること、二は、德富蘇峯先生の指導により國民新聞の門を經て世の中に出たこと、三は、松方正義公の知遇により大藏省及び日本銀行に就職したことである。人生の心構へに就いては新島先生に負ふ所が最も多く、學究的傾向から移つて社會の實勢に關心を有つやうになつたのは主として德富先生の感化により、財政經濟の方面に實行の立場を與へられたのは松方公の御蔭である。

松方公には祕書官を止めてから益〻親しく近接した。推輓も受けたが、經歷談を聞いて益したことが甚だ多い。事實は大概公の正傳中に收めてあるから、茲には主として、私の修養に資した二三の點を擧げる。

私の聞いた所を綜合するに、公は重要事件に逢著する毎に、學生が教科書を學ぶやうな態度を以て根本の理義を檢討し、平凡と見ゆる大綱を把握して方針を決定したやうである。又一時に諸方面に著手せずして、一方面の目鼻の付いた後に他の方面に移ると云ふのが公の流儀であつたらしい。又各人處世の段階に於て時々分に應じて努力の方向を妥當に定めなければならぬ、殊に所命の遂行を專一とすべき場合と、自己の所見を以て貢獻すべき場合とを克く心得なければならぬと云ふのが、公の訓言の一であつた。公に教へられた古賢の格言中に「靜定功夫試忙裡、和平氣象看怒中」と云ふのがあつた。

公は外國語を解しないが、世界の大勢に通じ、外國人との交際を好んだ。それ〳〵の場合に當面必要の知識を吸收し、肯綮を把握した。東京駐在の外國使臣を始め、外客の公を訪問するもの頗る多く、公は屢〻午餐を催ほして之を接待した。公と外國人との接觸に私の參加した場合が頗る多い。其の內私に最も深刻な記憶を殘したのは、日英同盟締結直後に於ける露國公使イスヴォルスキー（Isvolsky）との會見である。此の人は後に外務大臣となつた。私は公の依囑に依つて通譯に當つた。劈頭公使は不安の氣色を呈し、今日は多分令息の內の誰方かゞ通譯されるだらうと思つて來たのだが、此の通譯者は如何なる人か、と訊いた。多分私を外務省の人ではないかと感じたのであらう。私は一寸てれたけれども、其の通りに傳へたところが、公は通譯者の何人たるかを告げ、自分の信用する通譯者はあなたも信用して呉れ、と答へた。それで公使は安心したらしく、隨分突込んだ話になつた。表面は日英露の關係殊に日英同盟の眞意に就き公の所見を質したのだが、其の間日英同盟を冷却せしめ、又は嘗てビスマルクが露佛を對象とする獨墺伊同盟の公然存在するに拘らず、露國と祕密協定を結んで二重保險の外交政策を行つた如き情勢に日本を導く隙はないかと探りを入れたものゝ如くであつた。公は當時の我が國策の線に沿うて微妙の點を巧みに應酬し、日英同盟の不動なること、日露の關係は露國側の態度さへ妥當ならば何等憂ふべきものなきことを堂々と說いた。私は活ける外交史に接するが如き感があつた。

序でに、輕重は比較にならないが、之に似た一挿話と云ふべきものが後年にあつた。それは日露戰爭の後、日本が佛國から外資を輸入すべく試みた時の事であつたが、アルベール・カーン（Cahn）と云ふ二流の佛國金融業者が渡來して公を訪問した。此の人は日本證券類の仲繼賣却に於て相當の成績を擧げたが、基本的引受者の仲間に入り得ないのを不滿として、當時の日本政府及び日本銀行の施爲を猛烈に非難した。通譯者であつた所の私が、日本銀行員として國際金融上の仕事を擔任して居ることを先方は知らなかつたのである。公は其の人の盡力を多とするも、我が當局者に對する批評は首肯し得ないと直言した。私は通譯者として關知したことを一切他言しなかつたが、他山の石として自分の仕事の參考とした。

私は上記の如く公の對外接觸に參與して居たので、其の歐米巡遊の一行に加はることゝなつた。日本銀行は公の依頼によつて私に命じたのである。明治三十五年の初春に出發して秋に歸朝した。大藏省主税局長目賀田種太郎氏（後に男）、前文部次官木場貞長氏、及び公の令息五郎氏が一行中にあつた。觀光及び一般視察を目的とする旅行であつたが、日英同盟締結後に於ける我が對外國策の進展に聯繫する所があつたと私は思つて居る。巡遊の事歷は公の傳中に入るべきもので、玆に詳記すべきでない。只日本銀行及び私の一身の爲めに多少の意義があつたと思はれる遭遇だけを擧げることゝする。

私は主として、財界及び新聞方面に對する公の接觸に參與し、又は代つて之に應接した。當時日本の金本位制定が經濟上の顯著なる事實として世界の注目を惹いて居たので、其の立案及び施行を擔當せる松方公を迎へて之を話題とする人が多かつた。殊に米國ではまだ貨幣制度が確立しないで、論議の紛糾せる時であつたから、適切なる實際問題として日本の事例を知りたいと云ふ氣分が濃厚であつた。私は米國に於ても歐洲諸國に於ても、公の談話を通譯するの外、日本の貨幣及び銀行制度に就いて質問を受け、之を說明するのが面白い仕事の一であつた。又公には、其の創設せる貨幣制度の維持に關聯し、各國中央銀行運營の實情を知らんとする希望があり、私は山本總裁から、隨行の機會を利用して日本銀行の爲めに出來るだけ此の點を調査することを命ぜられて居た。特に獨逸に於ける政府と中央銀行との關係に就き實情を知りたいと云ふのが山本總裁の希望であつた。私は公の會談に參して大綱を把握し、別に先方の然るべき當局者と單獨に會見するの便宜を求めて足らざる所を補つた。誰の云ふ所も一致したのは、目前の便宜を主とする財政經濟上の資金需要を充たすことゝ、前途を見透して、貨幣制度の信用を維持することゝは、往々にして背反する、それを妥當に調和する爲めに最も苦心すると云ふことであつた。是れは後年に至るまで深き印象として私の心に殘つた。日本銀行で稍〻重き責任の地位に就いてから、私の終始商量した問題は此の妥當なる調和を如何にすべきやと云ふにあつた。

倫敦に於て、私は松方公の關係とは別に、先年德富先生に隨行したときの知人を訪問した。タイムス新聞のキャッパー氏は、松方公の經歷、殊に　至尊の優遇を受くる元老としての地位を詳しく聞き取り、之を外報部長サー・ヴァレンタイン・チロル（Chirol）に傳へた。それからチロルは公を來訪して懇談を遂げ、歐洲大陸の要地に於けるタイムスの通信員に訓令して、當該國の事情を公に說明せしめた。只巴里に居るブロウヰッツ（Blowitz）だけは氣位が高いので、訪問を命ずる譯に行かない、會見の形式は彼に任せなければならぬと云ふことであつた。果して彼は公と私とを午餐に招いた。八十翁たる彼は、大藏大臣、總理大臣の經歷ある松方公に向ひ、外國人が日本を稱讚するのは子供扱にして居るのだから喜んではいけない、ほんとうにえらくなればさう樂には行かないと、劈頭に喝破した。公は之を首肯し、巡遊中に聞いた最も剴切なる話の一だと、後から私に語つた。公とブロウヰッツとの會談に就いては拙著「人物と思想」の中に詳しく敍してある。

尚私は往年の縁故によつてオックスフォルド大學のホルランド教授を訪問し、今回は松方公の一行中にあることを告げた。其の後教授は私を返訪し、若し松方公が招きに應じて來校されるならば名譽法學博士の稱號を贈りたいと云ふ同大學の意向を傳へ、公の內意を訊くことを依囑した。理由は日本の貨幣制度整理確立の功績と云ふことであつたので、公は之を快諾した。名譽學位を受くるものは、式日の前夜推薦者たる教授の私宅に宿泊するのが慣例だと云ふことで、公はホルランド教授の客となつた。畑違ひの國際法學者が財政經濟上の理由による學位贈與の推薦者たるのは頗る面白いと思つた。私は學長が羅甸語で式辭を述べるのを聞き、又同日校內に希臘語の演說會があると云ふから、好奇心を以て之を傍聽して、薩張判らぬが所謂古典氣分を味ふことが出來た。

ケムブリッジ大學のウエストレーキ教授には、曩きに其の著書の飜譯に關して通信したが、今回更めて高橋作衞氏の紹介を以て面會した。又穗積陳重男の依賴により、日本の祖先崇拜に關する英文著書を持參して屆けた。教授は私の「國際法要論」の一部たる日本條約改正史を讀んで見たいから英文に譯して示して吳れぬかと希望したので、格別の長篇でもないから、歸朝後間もなく之を果した。

松方公に隨行したので、上記の如き副産物もあつた。又外國人及び外國在留の日本人との面識も多く出來た。高楠順次郎氏は松方公と同時に名譽文學博士の稱號を受けたので、私とも相識となり、私は長年に亙り、佛教及び印度哲學に關して啓發せられた。チロルとの關係は日露戰爭中の外債募集にまで亙りて密接を加へた。嘗て大藏次官たりし米國のハムリン(Hamlin)と云ふ人も此時からの面識だが、後に聯邦準備院の幹部員となつて日本銀行との交渉に當つたこともあり、廣く社會の諸方面に地歩を占めて居たらしく、其後數回私が米國に行つたとき、些末なことにまで亙つて親切な相談者となつて吳れた。

第九章　高橋是清氏に隨伴せる外國勤務

松方公に隨行せる外國巡歴から歸つた後、即ち明治三十五年の秋より約一年間私は日本銀行に於て主として調査事務に當つた。明治三十六年の十月に山本總裁は退職し、松尾臣善氏（後に男）が大藏省理財局長から轉じて之に代つた。其の十二月に私は祕書役を命ぜられた。其の頃日本銀行の祕書役と云ふのは、專ら總裁に隨伴して雜用を辨ずるものではなく、重役會の機關として人事及び機密事項を取扱ふものであつた。當時日露の關係は既に緊迫を告げ、日本銀行は政府と財界との間に立ち、內々準備を進めつゝあつた。微職ながら聊か其の裏面の消息に觸れたのは、私にとつて貴重の經驗であつた。然しながら其の期間は甚だ短かく、明治三十七年初頭に於ける日露開戰後副總裁高橋是清氏が外債募集の任務を帶びて歐米に出張することゝなつたとき、私は祕書役の儘で隨行を命ぜられた。二月二十四日に橫濱を出發し、米國を經て倫敦に赴き、明治三十八年にも同三十九年にも一旦歸朝して又出張し、明治四十年五月十日の歸朝に至るまで三ヶ年有餘の間、高橋氏の行動に伴つて其の大部分を外國に過ごした。私がそれに選ばれたのは、松方公から高橋氏に勸めた爲めだと云ふことを後に聞いた。高橋氏は英語の出來るものならば誰でも宜しいと云つて無造作に應諾したと云ふ。

日露戰爭に關聯せる外債の募集は固より高橋氏の事績である。私としては單に下働きとして事務を取扱つたに過ぎないが、實際の仕事の執行に携つた最初の體驗であつた。高橋氏とはそれまで一行員として副總裁に對する普通の接觸があつたに過ぎないが、外國出張には唯一の隨行者であつたから、段々打開けた話を聽き得るやうになつた。横濱正金銀行支店の一二行員が外邊の事務を手傳つて吳れたけれども、機密の事項、殊に本國政府との交涉に屬することは、細大を問はず高橋氏と私との二人だけで處理した。後に高橋氏と同じ任務に當つた人が數名の事務員を揃へて執行したことを、最初は首腦者と一隨行者とで片付けたのである。私は文書の起草、代理應接、暗號電信等から微細の事務に至るまで手當り次第に取り捌いた。徹夜に近いことも度々あつた。然し普通の隨行者に期待せられる雜用は殆んど全くなかつた。一番困つたのは字の拙いことである。高橋氏は云ふまでもなく、交渉の計畫、市場の觀察、條件の商量等に力を注いだが、事務が私の手に餘るときは暗號電信や文書の淨書の如き細事にまで自ら手を染めたこともある。二年目からは日本銀行の行員が代理店たる横濱正金銀行監督の爲めに駐在することゝなつたので、いくらか加勢を頼むことも出來たが、それ等の人々は外に任務があるのだから、外債募集の方は矢張私が主として事務を擔當した。私は食卓で居眠りをする程に疲勞したこともあるが、兎に角無事に濟ませた。外國側の交渉相手で懇意になつた人々は、私を過勞望郷の可憐兒と呼んで同情して吳れた。望郷と云ふのは結婚後間もなく出張したことを聞いて揶揄したのである。かやうな狀況であつた爲めに、私は低き地位にあつたに拘らず外債募集の表裏に觸れ、高橋氏の腹中機略も大概察知することが出來た。それが手本として修養に資したことは云ふまでもない。尙私は大きな仕事が如何にして出來上つて行くかと云ふこと、并に實行の爲めには細事と雖、調査、研究、立論等の場合と異なつた緊密なる注意を要することをしみ〴〵と會得した。實に是れが私の心構への上に於ける一の轉機であつた。

單なる隨行者たりし私の回顧中に高橋氏の事績を長く述べるのは釣合を失することでもある

し、又高橋氏の傳記資料として私の提供し得べきものは、別に拙著「人物と思想」の中に詳しく擧げてある。然しながら私が受けた修養上の影響を語るにも、事績の概要だけは併記して置かねばならぬ。

財政經濟上から云へば、日露戰爭の遂行を可能ならしめた因子として、外債募集の成功は最も重要なるものゝ一であつた。其の戰費の決算は約十五億圓にして、戰時中數囘に出來た外債は額面八千二百萬磅（概算八億二千萬圓）であつた。卽ち戰費の半額以上は外債によつて賄はれたのである。而してそれだけ外國から軍需品其他の物資を輸入し得たるが故に國內經濟にも國民生活にも窮屈を感ぜしめずに濟んだのである。尙戰後明治三十八年より四十年に亙り戰時外債の借換及び戰後經營の爲めに額面四千八百萬磅（概算四億八千萬圓）の外債募集があり、それも高橋氏が外國側との交涉を擔當した。是等を合計すれば、日露戰爭に關聯して高橋氏の擔當せる外債募集は額面一億三千萬磅（概算十三億圓）となる。此の計數は金一匁を五圓とする當時の貨幣の單位によるのであるから、之を今日の金の價格によつて換算すれば四十億圓近くになるのである。開戰直前の明治三十六年末に於ける正貨準備が一億一千六百萬圓に過ぎざりしを想へば、當時に於て戰爭關係外債の規模の如何に大なりしかを察し得るであらう。

我國は日露戰爭前にも多少外債募集の經驗があつたけれども、それは東洋に支店を出して居る英國の銀行を相手とする小規模のものであつた。大規模にして且つ其の成否が國運の消長に重大の關係を有する所の外債募集は日露戰爭の爲めに始めて試みられたのである。其の後外債募集は頗る盛に行はれたが、其の地盤を開拓したのは高橋氏であつた。先づ英國側との交渉が纏まり、米國及び獨逸が逐次之に參加し、講和直後には佛蘭西をも包含して、所謂國際的募債の型が出來たのである。其の大開展は畢竟英國に於ける最初の成功に淵源する。而して當時は日本の勝利を希望するものも前途に就いて寧ろ不安を懐いて居たのだから、高橋氏の苦心は實に深刻であつた。

高橋氏の最も愼重に考慮したのは、誰を交渉の相手とし、誰を表面の發行者として立てるかと云ふ點にあつた。大規模の募債に於いては、限られたる一方面の資力を當てにすることは出來ない。一般市場及び投資者から資金を吸收するやうに工夫しなければならない。問題は吸收の門戸を何處に求むべきやにある。日本に對する同情は濃厚であつたから、諸方から一應の接觸を求めて來て、選り取り自由のやうに見えた。然しながら輕率に一方に向つて交渉を進むれば、他の感情を害するかも知れない。又最大有力者に對し交渉を開始して不調に歸すれば、他の方面では之に對抗することを嫌つて容易に相手になつて呉れない。隨て最初の交渉者の提示する條件を甘受して纏めざるを得ぬことゝなる。是等の事情を商量したる上、高橋氏の決定したる方針は、從來日本と取引關係のある香港上海銀行及びパース銀行に横濱正金銀行倫敦支店を加へたる三行を表面の發行團とし、ロスチアイルド家、カッセル（Cassel）家、ベーリング兄弟商會等を裏面の大口下引受者とするにあつた。發行團の銀行は起債界に於て格別有力なる顏觸れではない。大口下引受者たる三家は起債界の大有力者であつた。其處で香上、パース二銀行に向つて交渉を開始し、同時にロスチアイルド家及びカッセル家と密接に往來し、若し二銀行が應諾しなければロ家又はカ家に轉向すべき氣勢を示した。二銀行は日本の爲めに盡力を辭せずと云ひながら確定を躊躇して居たが、此の氣勢を見て引受を決心した。彼等が發行者となることは從來の取引關係によるものであるから當然の成行として何れの方面にも反感を生ぜず、有力なる諸家の後援もあるので、一般投資界の人氣を集め、最初の成功を來たしたのである。

明治三十七年五月始に發表せる第一回募集に關し英國側との交涉が四月下旬に纏まりたる後米國側の參加により發行額を增加することゝなつたが、是れはカッセル家が裏面に於て米國側の首腦者シッフ(Schiff)氏を誘導せる結果と信ずべき理由がある。明治三十八年の募集に獨逸側が參加したのにはシッフ氏の斡旋があつた。其の後更らに佛蘭西が參加したときには、倫敦ロスチアイルド家の一族たる巴里ロッチルド家が發行者となつた。佛獨の參加には政治上の理由もあつたに違ひないが、最初英國に於ける發行團及び後援者の構成が廣き基礎の上に出來て居たので、それ〳〵の緣故により順調に地盤の擴大が行はれたのである。

倫敦ロスチアイルド家は佛蘭西の參加と同時に巴里ロッチルド家の希望もあつて、發行團中に名を列することゝなつた。カッセル家は終に表面に現はれなかつたが、戰後の財政は戰時中より一層困難になるかも知れない、若し諸方面の行き詰つた場合には自分が一肌脫いで盡力しようと高橋氏に語つた。最初の發行團の次ぎに後援者たる三家が控へ、更らに最後の用意としてカッセル家が控へて居た。要するに高橋氏の計畫は三段構への陣法に類するものであつた。

果して明治四十年春の戰後募集に當ては、佛蘭西側との交渉が紛糾し、ロスチアイルド家を含みたる英國發行團も躊躇逡巡した。其の時高橋氏は彼等と手を切つて別に計畫する所あらんとする決心を示し、それによつて英佛團を承服せしめた。別の計畫と云ふのは實現の必要を見るに至らずして濟んだけれども、頗る飛躍的のもので、高橋氏の腹中に於てはカッセル家に期する所のものがあつたに相違ない。三段構へは之を用ひずして效を奏するの役に立つたのである。世間の批評は表面の發行團の構成、發行條件の得失等に集中したが、高橋氏の最大苦心の存する所は別にあつた。條件を出來るだけ有利にする爲めには固より最善の努力を爲したのであるが、當時の外債募集は、出來るか、出來ないかの境目に立つて居たので、賣店で選擇買ひをする如き容易の業ではなかつたのである。此の間高橋氏は腹藝を演ずるに必ずしも豫じめ政府の承認を求めず、深刻なる責任上の覺悟を以て進んだ。最後に從來の英佛關係者と手を切つて、別の計畫を立てんとするときには、若し失敗すれば腹を切ると私に語つた。

私は此の如き舞臺の樂屋にあつて裏面の苦心の如何に大なるかを知り、何事も單に表面のみを見て輕々に批評を下すべきにあらざるを思ひ、仕事の大小に拘らず邁進の氣魄と共に周到なる用意の必要なることをつく〲と感じた。

尙私の聊か驚いたのは、對外任務を遂行するに對內關係の甚だ難かしいことである。全く想像して居なかつた譯ではないが、實際は想像以上であつた。高橋氏に於ては、中間報告が極めて少なく、相手方との交涉が一段落に達したときに案を具して承認を求める。事後の說明は殆んど無い。人手が足りないので充分に屆き兼ねたばかりでなく、それが高橋氏の流儀であつた。其の結果かも知れぬが、政府との意思疏通は充分でなかつた。行詰りかけたときに、寧ろ解任を請ふと云ふ態度で押し切つたこともある。私は電信文の按配等で出來るだけ緩和に努めた。內では松方公及び井上馨侯の支持が有力であつたらしく、桂總理大臣も結局高橋氏にやらせる外はないと腹を極めて居たやうである。然し私は、廣き場面の仕事に於ては、相手に對する用意と同時に仲間の折合の肝要なることを痛感した。高橋氏も中間歸朝により意外の誤解のあつたことを知つて、其後は報告を詳しくするやうになつた。

高橋氏は著眼銳利にして往々人の意表に出で、又困難を冒して所信に邁進する勇氣があつた。さうして所信を表現するに概論的、總括的の言辭を以てした。故に言論は頗る放膽に聞えたが、實行の手段順序に於て極めて細心なりしことは上記の通りだ。又反對意見を猛烈に擊退する人だと云ふのが、日本銀行及び横濱正金銀行の行員間の評判であつた。私が隨行を命ぜられたときに其の點を用心しろと注意して呉れた人もあつた。然るに私の實驗した所によると、自分の見解と異つた說を聞くときは卽座に反擊するけれども、時を更めて別の角度から進言すれば、前言を忘れた如く冷靜に聽取し、採るべきものを採るに吝かでなかつた。單に機械的に事務を處理するだけでは、或は長期の單獨隨行に堪へなかつたかも知れぬが、私は終始愉快に、張合好く勤務することが出來た。始めの內は私を祕書（Secretary）と呼んで居たが、或る頃から助役（Assistant）として他へ紹介するやうになつた。

此の三年間の外國勤務中に接觸した人の數は隨分多い。それも亦私の一生に於ける收穫の一である。正金銀行支店長としては、紐育に今西兼二氏、次で一宮鈴太郎氏があり、倫敦には山川勇木氏、次で西卷豐佐久氏、巽孝之丞氏があり、何れも外債關係に於て私の同僚の如きものであつた。林董伯及び小村侯には英國に於て、金子堅太郎伯には米國に於て近接した。高楠順次郎氏は末松謙澄子の隨伴者として倫敦にあり、私との交りは益〻厚くなつた。日本銀行からは代理店監督役として吉井友兄氏、柳谷卯三郎氏及び小野英二郎氏が倫敦又は紐育に來た。監督役付書記の中では、後に朝鮮銀行副總裁となつた横部實之助氏と昭和銀行頭取になつた大塚伸次郎氏とが最も多く外債募集事務を手傳つて吳れた。大分合同銀行頭取になつた藤田軍太氏は高橋氏の最後出張のときに私と共に隨行者となつた。

高橋氏に隨伴して接觸せる外國人は英、米、獨、佛金融界の巨頭を始めとして頗る多數であるが、玆には私と特別の關係があつた人だけを擧げる。先づ倫敦タイムスの外報部長チロル氏及び編輯次長キャッパー氏は私との緣故によつて早く高橋氏と接觸し、紙上に於て日本の外債募集を支持するの端を開いた。同紙の經濟部次長ハートレー・ウォザース(Withers)氏は屢〻高橋氏及び私を訪問した。此の人は後に「貨幣の意義」(Meaning of Money)と題する著書に於て英國金融市場と國際金融との關係を解說し、一躍世界的の名聲を博したのであるが、外債募集の時から私と特に親密になり、其後文通を續け、巴里講和會議のときに牧野伯の依囑を私から取次で、戰後經濟の見透しに就いて調査及び意見を提出して貰つた。

後に香港上海銀行の取締役會長として國際金融上の大立物となつたサー・チアールス・アディ

ス(Addis)は當時まだ支配人級で、私と同程度の事務を取扱つたから自然懇意になつた。同氏の地位の上るに隨ひ、其の連絡によつて我が國際金融上の所作に便宜を得たことが多い。講和會議のときも、ジエノア經濟會議のときも、之と話合つた。

倫敦の株式仲買人と云ふのは、資力に於ても、社會上の地位に於ても、中々有力のものであるが、日本の外債募集を聲援した仲買人の中に、カッセル家の關係者ヘンリー・ラミー・ビートン(Beeton)と云ふ人が居た。此の人が或る宴會の席で日本文化に關して私に質問した。多分月並の話題以外に社交を賑はす積りであつたと思はれるが、私の應答に感興し、尙詳しく訊きたいことがあると云つて、屢〻往來するやうになつた。ケムブリッジ大學の出身で、英國社會諸方面の事情に通ずるの外、貨幣學上に一隻眼を有し、諸般思想上に造詣の深い人であることが後から判かつた。私は多年此の人と文通を續け、又倫敦に行くときは必ず往來を重ねて益を得た。

其の他高橋氏の關係を端緒として接觸又は文通を續け、私に益を與へた人は、米國に於ける日本外債發行團の首腦者たりしクーン・ローブ商會主シッフ氏、同商會の組合員ポール・ウオーバーグ(Paul Warburg)氏、米國ナショナル・シチー銀行のヴァンダーリップ（Vanderlip）氏、獨逸に於ける日本外債の發行に主として斡旋したるハムブルグのマックス・ワールブルヒ(Max Warburg)氏、倫敦のアンソニー・ロスチアイルド（Anthony Rothschild）氏等である。アンソニー・ロスチアイルド氏は一族中の年少者であつたが、後には其の從兄たる家長を助けて業務上の實際首腦者となつた。是等の人々に就いては後段に記述すべきことがある。

もう一つ、私には此の外國勤務の副產物があつた。それは美術、殊に繪畫に對する趣味の發生である。倫敦滯在中、忙がしいときには三面六臂も欲しい程だが、必ずしも常に用事がある譯ではない。只何時電報が來るかも知れず、他からどんな交渉が起るかも知れないから、私は宿直者の態度で待つて居た。宿所の自室で讀書することが最も多く、短時間公園を散步したが健康上何か變化を求める必要を感じた。國民繪畫館が近くにあつたので、用があれば直に呼びに來て貰ふ手筈を定めて置いて、其處で時を過ごすことも少なくなかつた。藝術評論家として高名なるイー・ティー・クック（Cook）の同館案內書を讀みながら一點每に細かに觀た。其の案內書にはラスキンの所說が多く引用してあつたので、其の大著「近代畫家論」に遡り、鑑賞の對象たる展覽品と照らし合はせながら讀んだ。更らに深く入つてラスキンの審美論に就いて考へて見た。是れが端緒となつて他の審美學說をも窺ひ、其の後は歐洲に於ける他の繪畫館の古畫や時々の新作品を、普通の觀光者以上の興味を以て鑑賞するやうになり、歸朝後本邦及び支那の繪畫を同一の態度で多少研究した。私の內面生活はそれだけ範圍が廣くなつたのである。

第十章　在外資金の處理

(一)　在外資金の由來

明治四十年の春に外國から歸つた後、私は先づ營業局調査役として、次いで新たに設けられたる外事部主事として、數年間外國關係の事務を擔任した。戰後經營の爲めに政府、公共團體、事業會社等の外債募集が引續いて行はれたので、内に在つて非公式に其の相談にも與つたが、職務として取扱つたのは在外資金の處理である。我國の在外資金利用は諸外國の魁を爲したるものにして、貨幣制度史又は通貨政策史上の顯著なる事實である。ケインス、カッセル等の貨幣學の大家も之を研究の對象として居る程である。而して其の端を開きたる三十餘年前の時代は今を距ること既に遠く、記述が自由になつたから、特に私の關係した事實を稍〻詳細に擧げることゝする。

外債募集は窮極外國から物資を輸入する爲めに必要とせられるのであるが、我國の實情に於ては外債手取金を以て直接に外國物資を購入する場合は少なく、起債者は外債手取金を爲替銀行に賣つて國内圓資金に換へ、之を財政上又は事業經營上の支拂に充て、其の結果として起る貿易輸入決濟の爲めに爲替銀行は其の在外資力を使用すると云ふ道筋になるのが普通であつた。小額の取引ならば、此の道筋により起債者と爲替銀行との間だけで決了するが、外債手取金が巨額である場合には、爲替銀行は、外貨資金の代りに内地に於て交付すべき圓資金を調達することの困難なるが故に之を引受け得ない。其處で日本銀行が介在して外債手取金を買取り、内地通貨たる銀行券を發行して其の代金を支拂ひ、輸入決濟の爲めに必要を生ずるときに外國爲替を賣渡すことになるのである。日露戰爭中の政府外債に就いても、其後の諸種外債に就いても、手取金處理の爲めに日本銀行の介在を常とした。隨て外貨資金の買取から其の賣渡までの間、日本銀行は之を外國に保有する。それを在外資金と云ふのである。嘗て其の一部を正貨準備に充當したこともあるので在外正貨と云ふ用語も出來た。

以上は外債募集によつて起る取引の波動を、輸入決濟に關する方面から見たのであるが、其の波動には別に通貨政策上から見るべき方面がある。外債募集は窮極外國物資を輸入する爲めに必要とせられるのであるけれども、日本銀行が其の手取金を買受け、在外資金として之を保有することになれば、在外資金買受の爲めに發行した銀行劵が發行高の內に含まれて居るから、銀行劵に對して兌換の請求を受けたときには在外資金を利用して之に對處するの外はない。其の點だけを見れば、在外資金を以て金本位制を維持するとも云ひ得るであらう。外債募集手取金が在外資金となるのだから、金本位制維持の爲めに外債を募集したとも云ひ得るだらう。此に外債募集と通貨政策との不可分關係を生ずるので、外債募集は兩刄の劍だと云はれる所以である。

金本位制維持の爲めに外債手取金を利用するとして、其の最も單純なる道筋は、日本銀行が買取りたる外貨資金を當該國の金貨又は金塊に換へて本邦に現送し、兌換を請求するものに本邦金貨を交付するにある。兌換請求の理由が貿易輸入超過其他國際收支決濟の爲めであるならば、金兌換を受けたるものは之を外國に現送する。此の道筋によれば、外債手取金が金貨又は金塊として往復するのである。第一次世界戰爭の前には、多數の國に金本位制が施行されて居り、殊に貿易及び金融上の主要國たる英米が實際金兌換及び金の出入を自由にして居たから、我國も金の現送及び金兌換を現實に行はんとすれば、それは固より不可能の事ではなかつた。然しながら上記の道筋によつて外債手取金を處理すれば、金現送の爲めに費用を要し、其の大部分は結局本邦側に於て負擔すべきことゝなる。

又巨額なる外債手取金を悉く現送すれば覿面外國金融市場を窮屈にするから、更らに外債募集を續行せんとする場合に都合がわるい。それで倫敦出張中の高橋是清氏からの進言もあつて、外債手取金を外國に保有し、之を對外支拂に充てることゝなつた。卽ち日本銀行は外債手取金を政府から買取り、銀行券を發行して其の代金を支拂ひ、又は政府貸上金と振替相殺し、而して貿易輸入超過決濟の爲めに對外支拂の必要を生ずるときは、日本銀行に於て外國爲替を爲替銀行等に賣渡し、外國に保有する資金を拂出すと云ふ仕組である。此の仕組は日露戰爭後に多く行はれた民間外債募集の場合にも適用された。

當時此の仕組の採用されたのは、日露戰爭中の外債募集に關し、金の現送を避ける內約が附いて居た爲めだと風說され、之を信ずる人も多かつたやうだが、それは大に事實と違ふ。英國の外債發行銀行團は急激なる金の現送により金融市場に波動を起すことを成るべく避けるやうに希望した。然しながら金の現送を全く差控へると云ふが如きことは先方も求めなかつた。我方としては、元來外債手取金の大部分は結局外國に於ける支拂に充てらるべきものであるのだから、必ずしも之を現送するに及ばない、支拂の必要の起るまで外國に存置する方が寧ろ有利である。其の點に於て先方の希望と我方の都合とが大體一致する。高橋氏は、其の事情を言明した。然しながら本邦資金を外國に存置することは非常の場合に蒙むるべき危險を伴ふのみならず、其の頃はまだ國內兌換の爲めに金を必要とすることもあるだらうと思はれたから、現送に關して何等拘束を受けることは出來ないと念を押してあつた。高橋氏の擔任した募集にはさやうな條件又は內約は全く無かつた。只我方で差支なしと認める限り、先方の希望をも參酌して外債手取金を外國に存置し、爲替賣渡の經路により漸次に之を對外支拂に充てたのである。

（二）　爲替賣渡相場の規準

其頃世界の爲替決濟は殆んど全く倫敦に集中されて居たから、廣く對外支拂に充てらるべき在外資金は倫敦に保有するのが一番便宜であつた。米佛獨で募集された外債の手取金も大部分は程なく倫敦に移された。それは現送によらず爲替作用で容易に出來たのである。さうして輸入超過決濟の爲め、又は金本位制維持の爲めに日本銀行で賣渡す所の外國爲替は、其の必要が何れの國に對する支拂關係から起つても、倫敦向とするのが我方にも相手方にも便宜であつた。

此の外國爲替賣渡は、私が外債募集の爲めに外國に出張して居る内に日本で開始せられた。二度の中間歸朝に際し、其の賣渡の取扱方を訊いて見たところが、判然と定まつた方針も標準もなく、我が對外爲替相場が餘りに低下に傾くときには、時々の狀況に應じ、主として橫濱正金銀行の意見を參酌して賣渡すのであつた。賣渡先は外國銀行の本邦支店及び正金銀行自身であつた。外國銀行の支店では隨分勝手な要求を提出したらしく、某行の當事者は或る時相場の相談が調はなかつたら、それでは金を現送輸出すると云つて兌換を請求した。我方でも全く金が無いのではないから、已むを得ずとして一旦金を引渡した。然し急に評議が一變して、新橋停車場へ金を運ぶ途中から外國銀行の使を引戾し、先方の要求せる相場で外國爲替を賣渡し、金を戻納して貰つたと云ふ珍談もある。必ずしも外國銀行の云ふなりになつたのでもないが、先方の腰の強いときは其の要求を容れ、正金銀行も概して之に均霑することになつて居た。

私はこんな話を聞いて、何とか外國爲替賣渡の方針及び標準を立てなければならぬと思つて、倫敦滯在中に多少の調査を試みた。在外資金の利用は其の後各國中央銀行操作の一として大規模に行はれるやうになつたが、日露戰爭の頃に於ては多少之を實行した國もあつたらうと思はれるけれども、それは單に補助的に利用すると云ふ程度に過ぎずして、其の取扱は極祕にされて居たやうである。當時の英國は優越の債權國であり、倫敦は殆んど唯一の爲替決濟中心地であつたから英蘭銀行は其の營業上の手心により世界の資金を呑吐すべく、固より他國に特別の資金を設置して之に賴るの必要はなかつた。大規模に在外資金を利用して金本位制を維持したのは、帝政時代の露西亞を除いては、多分日本が最初であつたらう。交戰中及び其の直後に露西亞の實情を確むる途はないから、私の調査には實例として參考に資すべきものゝ收穫がなかつた。只英領印度及び蘭領印度に施行されて居た所の金爲替本位制には幾分我國の實情に似た點がある。是等に就いては公刊の文獻も多い。私は之を研究した。ケインスのIndian Finance and Currency は在外資金利用の根本趣旨を解説したものとして最も多く私を啓發した。然しながら金爲替本位制に於ては、金兌換を行はず、只金本位國に對する法定の爲替相場を以て貨幣單位の價値とする。例へば英領印度の場合に於ては、爲替上の英貨一志四片が印度の貨幣單位たる一留比の價値となるのである。隨つて個々の取引に於て在外資金を賣渡すに如何なる相場を以てすべきやと云ふ問題は起らない。然るに我國の貨幣制度は金爲替本位ではなく、金本位であつた。金二分の價値が貨幣單位一圓の價値であつた。金兌換によつて通貨の價値と金の價値とが同一に維持される。在外資金を利用するにしても此の制度は動かない。只金兌換の代りに倫敦向爲替を賣渡すのである。此の代用は强制的でなく、相手方との商談によつて協定しなければならぬ。隨て其の相場を如何にすべきやと云ふ問題が起るのである。

私が倫敦滯在中の研究と歸朝後の實情調查とによつて到達した所の結論は、金輸出現送點を大體の目安として日本銀行の爲替賣渡相場を考定すべしと云ふにあつた。當時圓貨と磅貨との金比價は二志零片十六分の九で、現送費用を大きく見積れば、輸入現送點は二志零片八分の七、輸出現送點は二志零片四分の一となる。是れが當時日本銀行に於ける假設的計算であつた。普通の市場取引に於ける爲替相場は時々國際收支の狀況によつて兩現送點の間を上下し、我が支拂超過が巨大にして市場の相場が輸出現送點を突破せんとするに至れば、金輸出現送を目的とする兌換請求が起る。日本銀行の爲替賣渡は其の代用たる操作であるから、輸出現送點を目安として相場を考定するのが合理的である。現送も爲替も、倫敦に於ける實收が同一の計算になるならば、電信で卽時に磅貨を受取る爲替の方を有利とすべき筈である。輸出現送點に該當する相場を、相手方に於て不滿とすべき理由はないのである。

然るに爲替賣渡を日本銀行に請求する外國銀行支店は、金兌換の請求を差控へるのを日本に對する好意なりと自稱し、其の好意の代償として成るべく有利の爲替相場を獲得せんとした。中間にあつて日本銀行の相談に與る橫濱正金銀行は、爲替銀行の買持外貨餘剩を他銀行に賣却する場合、卽ち市場の銀行間取引と、日本銀行の爲替賣渡とには大に趣旨の異なるものあるを重視せず、日本銀行は外國に巨額の資金を保有して居るのだから、そんなに相場を嚴しくしなくも好いではないかと云ふ氣持であつたらしい。要するに、市場相場に引付けて在外資金賣却相場を決定するやうに助言した。日本銀行側に於ても、爲替相場を低くするのは對外信用上面白くないから、在外資金を利用する以上は相場を高く維持する手心を以てすべきであると云ふ意見もあつた。それで徹底せる方針はなく、個々の場合に對處したのである。概して輸出現送點より餘程高い相場で賣渡して來た。

右の內、外國銀行支店の態度に就いては今日となつて最早何等の言議をも必要としない。日本銀行側の一部に於ける意見及び正金銀行の氣持に就いては、當時私の考へた理義を述べて置きたい。第一、國際收支の改善によつて爲替相場の高くなることは望ましいが、輸入超過の時に於て金輸出現送點まで爲替相場の下落するのは已むを得ない。只輸出現送點を割るに至れば、金本位制を傷けるから、在外資金の利用は之を防止するの趣旨を以て爲すべきである。第二、在外資金は豐富なりと雖、それは貿易によつて獲得したのでなく、外債募集によつて調達したのだから、爲替銀行の買持剩餘の如く寬大に處分すべきでない。第三、相手方にとつて金輸出よりも有利なる相場で爲替を賣渡せば、金輸出の引合はざる市況の下に於ても、爲替の買人は出て來る。されば國內保有金と在外資金とを併せたる我が對外資力はそれだけ早く消耗する。第四、在外資金による決濟を金輸出以上に便宜にすること、及び爲替相場を不自然に高く維持することは、貿易上輸入を奬勵し、輸出を阻害するに等しい。外債募集は結局必要なる物資を輸入せんが爲めであるけれども、爲替取引上に於て輸入に便宜を與へれば、不必要なる輸入も之に均霑する。金輸出現送點を割つて金本位制を傷くるに至らざる限り、爲替相場の低きは國際收支改善の爲めに寧ろ望ましい。

（三）　外國銀行との對抗

私は此の意見を提げて、大藏省及び日本銀行の内に唱へ、正金銀行と折衝した。正金銀行は日本銀行と外國銀行との間に介在し、日本銀行の爲めに助言して呉れたには違ひないが、計算上の利害は外國銀行と一致する立場にある。其の時正金銀行側に於て主として交渉の相手となつたのは山川勇木氏と戸次兵吉氏とであつた。高橋是淸氏は日本銀行副總裁で正金銀行頭取を兼ねて居たが、兩行間の事件に關しては自ら進んで意見を表明せず、部下の交渉に任かせ、最後の決斷を松尾總裁に待つと云ふ大體の態度であつた。或時高橋氏は私に向つて雜談的に、正金銀行との交渉が大分猛烈ださうだが、成るべく圓滿に纏めて呉れと云つた。私は之に應へて、

「正金銀行が日本銀行よりの爲替買受者である場合に、相場の高低による損益の上から云へば兩行の利害が反するけれども、私は日本銀行の區々たる利益を主張するのではない、我國の經濟政策の一部として考へて居るのだから、若し其の見地よりして教へらるべき點があるならば、充分承りたい」と云つた。高橋氏は「今そんな難かしい話をするのではない」と云つて打切つた。

先づ私の意見に同意を表したのは大藏省理財局の國庫課長長島隆二氏であつた。最後に松尾總裁は私の意見の合理的なることを認めた。然しながら之を實行に移すには、正金銀行だけを外國銀行支店より不利な立場に置く譯に行かぬから、先以て外國銀行支店を承服せしめなければならぬ。私は、現送點の計算を成るべく先方に有利なるやうに緩和し、之を以て強く押せば、最初は意地づくで多少の現送をするかも知れぬが、結局折れて來るに違ひないと論じた。松尾總裁は、道理は其の通りだが、嘗て外國銀行支店では手を燒いて居るから輕々に著手し得ないと云ふ。それでは、在外資金の一部を金に換へて本邦に現送し、國內金保有高を充實し、外國銀行支店が金兌換を請求しても不安なく之に應じ得るやうにして置いて、而して後强硬の態度を以て外國銀行支店に應接しようと云ふことになつた。現送費を掛けるのは馬鹿々々しいやうでもあるが、經濟政策を妥當に遂行する爲めには、それが必要であつた。又國內金保有高を相當に充實して置くことは、非常の場合の準備として萬全の途である。

此くして比較的短期間に當時としては巨額の現送を行つた。我國では東洋方面の特殊事情による金兌換が常にいくらづゝかあつたので、それによる內地金保有高の減少を補ふ爲めに外債手取金の內を少しづゝ現送し來つたことはあるが、國際收支決濟の爲に必要とせらるべき大口の金兌換は在外資金を利用する外國爲替の賣渡を以て之に代用して來た。然るに大口の金兌換請求にも應じ得る力を備へて置かなければ、相手方に乘ぜられて自由の操作を爲し得ないことを體驗したから、現送によつて內地金保有高を大に增加し、金兌換でも外國爲替でも相手方の選ぶ所に任せ、其の代り爲替賣渡の相場を我方の判斷によつて決定すべき地步を占めたのである。

右の準備の出來た後、某外國銀行支店から爲替賣渡を受けたいと云ふ請求のあつたときに、我方から其の相場を指定した。それは現送點の計算を妥當に緩和したもので、先方にとつては現送よりも有利たるに違ひないと信じた。然し從來よりも餘程不利であつたので、先方は之を拒絶して、兌換を請求し、横濱まで金を運んで行つた。然るに其の翌日更らに略〻同額の爲替賣渡を請求し、相場は日本銀行の指定せる通りで宜しいと云ふ。其の請求にも應じたところが、爲替の代金を拂込むに當つて、前日兌換を受けた金貨を提供した。曩きに我方で一旦拒絶した先方申出の相場を復活して金を戻して貰つたのに反し、今度は先方から金を戻して、一旦拒絶した我方主張の相場を容受したのである。

是れで日本銀行が金兌換の代用として外國爲替を賣渡すときには金輸出現送點を規準として相場を決定すると云ふ方針に當該外國銀行支店を承服せしめ、それが慣行として一般に適用されることゝなつた。此の方針は、大正六年の金輸出禁止により現送點と爲替相場との關係が切斷せられるまで基本的に持續せられた。時としては特殊の理由により爲替相場を高く維持する爲めの手心を加味し、必ずしも現送點の計算に依らずして外國爲替を賣渡したこともあるが、それは我方の自主的發動にして、外國銀行支店に引摺られると云ふ形は、上記の經緯により全く無くなつたのである。尙現送點の計算に就いては、時の事情と當該銀行の立場とにより多少の差異を生ずべき餘地が殘るので、香港上海銀行は或る時自行の實際取扱振を詳しく開示して懇談したから、我方でも、好意を以て之を考慮に入れた。同行が爲替取引範圍の廣い爲め、金銀現送の年額巨大にして運賃、保險料等の上で頗る有利の立場にあることは諒とすべく、其の實情を知つたのは、上記の折衝の副產物として我國の爲めに益があつた。

尙在外資金賣却相場の決定方が前記の如くに落著したことは、我國の外國爲替相場の建方の上に一時期を劃したとも云へる。日清戰爭後高橋是淸氏が橫濱正金銀行の役員となつた頃に於てさへ、香港上海銀行の橫濱支店は我が爲替市場に於て指導的の地位を占め、正金銀行は香港上海銀行の動向を推察し、之を酌量して自行の相場を立てると云ふ實情であつた。是れは私が高橋氏から聞いた直話である。高橋氏は之を遺憾として、其の在職中正金銀行の立場を强化するやうに苦心工作したさうである。日露戰爭になつてから、政府が巨額の外債募集金を收得し、正金銀行を經由して之を處理したので、我が貿易の發展と相俟つて正金銀行の爲替市場に於ける實力大に增進し、漸次香港上海銀行に代つて指導的立場を占むることゝなつたのだが、本章に述べたる在外資金賣却相場の決定は其の段階の一である。外國銀行支店の要望する相場で在外資金を賣つて居た間は、それが輸出現送點に代るべき相場の限界點となるので、正金銀行も之に追隨するの外はない。然るに日本銀行が獨自の見解に立脚する計算を以て在外資金賣却相場を決定するやうになつたので、爲替市場を指導すべき基礎條件の一が我方に歸した。日本銀行は在外資金の賣却によつて爲替市場と接觸するやうになり、必ずしも正金銀行の助言のみに依らず、外國銀行にも引摺られずに賣却相場を決定したから、爲替市場に於ける有力の要素となつた。而して日本銀行は其の見解を立つるに當り、成るべく正金銀行と協議を遂げ、取引の實行を正金銀行に委任したから、正金銀行の指導的立場はそれだけ向上したのである。

尙貨幣制度上に於ける在外資金の理論に就ては拙著「通貨調節論」中に詳說してある。

第十一章　事務細片

（一）國債發行方法

第二次桂內閣の下に於ける明治四十三年の四分利國債發行は、外資輸入の爲め我が金融市場の緩和せるを機として五分利國債を借換へ、國庫の負擔を減じ、金利水準の低下を圖つたものである。尙早論も中々有力であつたらしいが、時勢先導の意味を以て斷行に決し、未熟の市場及び投資界を先導するのだから、發行の方法に新機軸を出さなければならぬと云ふので、倫敦市場の發行方法を大に採り入れることになつたと聞いて居る。それまでの我が內國債發行にはそれぐの判つきりした應募誘導方法の仕組はなく、只一般に募集を公開し、財界有力者にはそれぐの事情を酌量して特に應募勸誘の內談をするのであつたが、政府及び關係銀行家は高橋是淸氏から倫敦市場に於ける下受の方法を聞き、大體之に倣はんとしたのである。私は當時外事部主事の職にあつたが、右方針の決定せられた後、松尾總裁及び高橋副總裁の內命により、引受銀行團の依囑を受けて其の構成を助け、日本銀行國債局と團との間を斡旋することゝなつた。團中の銀行家には澁澤榮一子、添田壽一氏、安田善次郎氏、園田孝吉氏、豐川良平氏、早川千吉郎氏、池田謙三氏、小山健三氏、志立鐵次郎氏、町田忠治氏等が頭株として居た。池田成彬氏、串田萬藏氏等は營業部長として議に參した。

事情が違ふから倫敦の方法を其儘に適用することは固より出來ない。其時に出來た仕組は、一般應募の結果を見た上で、不足の殘額を引受團が引取ることゝし、豫じめ團內各行の負擔割合を定めて置いて、其の負擔に屬する引取の條件は日本銀行との契約により一般應募よりも有利にするのである。而して引受銀行團が發行を聲援し、應募を勸誘すれば、有力銀行の資力と一般市場及び投資者の資力とを併せて吸收し得るだらうと云ふ見込であつた。實際さやうな效果はあつたに違ひないが、我國の一般投資界にはまだ資力が充實して居ないので、引受銀行團の負擔として引取るべき分は隨分大きかつた。又團中の銀行は各自の關係筋に應募を勸誘してもそれが直接に自行の負擔を減ずることにならない。主として是等の理由により此の方法は最初から圓滑に行はれなかつたが、一般應募の條件よりも特別引受者の條件を有利にすると云ふ仕組は此時から國債發行上に公認されたのである。民間の起債方法は益〻此の線に沿うて發達した。

民間起債に於ては、主として證券業者が發行團たる金融機關との間に豫じめ協定する特別の條件にて社債等を引受け、之を廣く販賣するのだから、其の關係は單純であつた。卽ち一種の取次販賣にして、各自賣行の見込あるだけを引受ければ宜しい。それで發行毎に條件を如何にすべきやの問題はあるが、仕組は大體圓滑に實行されたのである。然るに國債發行に於ては、日本銀行が政府の爲めに發行を取扱ひ、引受銀行團の各銀行は、一般應募を勸誘すべきと同時に、自己資力を以て奮發して發行國債を保有すべきことを期待されて居るのだから、其の關係は頗る複雜であつた。引受團を單なる取次者として取扱ふべきでないから、矢張一般應募の不足殘額を引受團で負擔する下受の方法を曲りなりに續けた。然し發行毎に種々の問題が起つて、其の都度臨機の解決を試み、最初の仕組が段々に歪められた。何とか仕組を立て更へなければならぬと云ふ感想が日本銀行にも引受團にも高まつたので、私は大正六年營業局長勤務のときに取次と下受とを折衷せる方法を立案した。それは引受團との下受契約を廢し、其の代りに團中各銀行をして額を定めて應募を豫約せしめ、豫約による應募には一般應募よりも有利なる條件を與へ、各行の勸誘による應募は銘々の豫約額内に組み入れ得ることゝしたのである。同時に日本銀行の取引先銀行は、引受團に加入せざるものと雖、應募豫約を爲し得ることゝした。即ち引受團は發行條件の內示を受くる點に於て特殊の立場を有するだけで、條件公表後一般募集開始までの間に豫約を爲し得る範圍は廣くなつた。日本銀行は其の廣い範圍に向つて勸誘を爲すべき便宜がある。又豫約の外に證券業者等に手數料を交付して應募取次を爲さしむる途も擴大した。斯くして有らゆる方面の資金を吸收せんことを期したのである。此案は先づ理事木村清四郎氏の贊成を得て重役會を通過した。始めは仕組が込み入つて居ると云ふ非難を受けたが、慣れるに隨て圓滑に施行され、昭和七年日本銀行引受發行の方法に轉換するまで繼續した。

國債發行の取扱に關聯して私に證券市場及び投資界の事情を説明し、最も多く益を與へたのは株式仲買人小池國三氏であつた。

（二）　爲替送金の便法

私は先づ國債局長として、次で營業局長として日本銀行の取引先及び一般公衆と廣く業務上の接觸を有つやうになつてから、通貨政策上及び金融政策上の趣旨方針に反せず、又信用を維持する爲めの堅固なる取扱振りを侵さゞる限り、出來るだけ相手方の便宜を圖ることを心掛けた。取引の實體に於ては必ずしも相手方の希望に從ふ譯に行かぬが、手續上の事に就いては、充分に相手方の都合を參酌すべきだと思つた。日本銀行は經濟界及び一般社會に缺くべからざる通貨を發行するの特權を行使し、全く他に競爭者なき立場に居るのだから、事務上の手續の如きは、相手方に於て大概日本銀行の要求する通りに追從して呉れる。然しながら日本銀行側に於て之に陶醉して獨善、無反省に陷つてはならない。殊に過去に必要の理由があつて出來た慣行でも、事情の變化に拘らず徒らに固執すべきでない。時宜に從ひ眞實の得失を計量して妥當の取扱方に改めなければならぬ。此の心持を以て自ら督勵し、私の地位に於て出來るだけ之を他に及ぼさんことを努めたのである。

右の一例として記憶に殘つて居るのは、當座勘定付替の問題である。從前取引先銀行が日本銀行本支店所在地間の爲替送金を依頼するときは、甲地の日本銀行に於ける當座勘定に對して小切手を振出し、之を代金として乙地への爲替を取組み、乙地に於て其の爲替金を受取り、之を其の地の日本銀行に於ける當座勘定に振込むのであつた。之を甲地の當座勘定から乙地の當座勘定へ付替けることにすれば、兩地に於て取引先の手數が大に省ける。私が營業局長に就任してから間もなく、右當座勘定付替の方法を開始して呉れぬかと云ふ相談を手形交換所委員長池田謙三氏から受けた。市中銀行間に於ては數年來之を實行して大に便宜を感じて居ると云ふことであつた。私は尤もなことだと思つて、先づ關係局に合議して見たところが、それは既に幾度も請求されたが、取引先の手數が省かれるだけ日本銀行の內部に於ける手數が煩雜になるから承諾しないことに極まつて居るのだと云ふ。市中銀行では營業競爭上各自の取引先の便宜を圖る必要があるし、銀行仲間としては爲替を依頼することもあり、依頼されることもあるので、結局手數が平均するが、日本銀行は依頼されるのみの立場に居るのだから、市中銀行間に行はれる方法を採用するには及ばないと云ふのが其の理由であつた。段々調べて見ると、內部の手數は幾らか增すに違ひないが、反對の理由とすべき程とは思はれなかつた。其處で私は事務の實情を具して關係局及び重役會を說いた。細事ではあるが、取引先に對する態度の問題に觸れるから、熱心に主張したところが、營業事務の上で營業局長が差支ないと云ふから其の意見を納れようと云ふことになつて、規程の變更が行はれた。其の後年處を經て當座勘定付替は日本銀行事務上の常識となつた。

（三）　利率裁量の權限

事務上の案件で、もう一つ擧げて置きたいことがある。日本銀行の局長、支店長等の委任權限は隨分嚴密に規定されて居たが、私は成るべく之を廣く解釋した。權限內の案件と雖、重役會の方針に從つて裁量すべきは勿論であるが、自ら裁量範圍を狹くして責任を避けるのは事務を活かす所以でないと思つた。其の一例は貸出に公定步合以上の高率を適用する規程の運用である。規程には高率適用の趣旨及び限界を定めてあるが、其の外に細かい指令がないから、規程の限界內に於ける實行上の裁量は當務者に任かせられたものと私は解釋した。然るに私が營業局長に就任したときには、調査局長が支店長等の協議に應じて作成した細かい取扱方が累積し居て、それは重役會に報告してあるから、强制力のあるものと看做されて居た。私は之に反對して、其の取扱方なるものは重役會の指令でないから參考の目安たるに過ぎないと解釋し、本支店の步調を整へる爲めに成るべく之に從ふべきも、場合によりては必ずしも其の拘束を受くべきでないと主張し、終に重役會に經伺して私の意見を確認して貰つた。實際强き警告を與ふるの必要を感じたときには一般の取扱方よりも手心を嚴にし、情狀の酌量すべきものあるときには之を寬にしたことがある。

第十二章　通貨政策上の心構

通貨政策に關する私の所見は、通貨の本質及び職能に關する研究と共に、拙著「通貨調節論」、「通貨問題としての金解禁」、及び「金本位制離脫後の通貨政策」に詳述してある。其の思想は日本銀行勤務の諸段階に於ける體驗を經て成熟したのであるが、其の萠芽は直接日本銀行に關係なき政治、社會及び經濟の思索中に早くより發生し、營業局長に就任した頃には旣に大體の方向があつた。常に廣き社會の問題の一部として之を商量したのである。

私の所見は何々主義とか、何々說とか云ふ如き標語を以て表示し、又は簡單なる言辭に要約し得ない。元來通貨の處理に固定の尺度を設け、之を普遍的に應用することは期し難い。只通貨政策の一般的目標と、時々の事情に應じて之に對處すべき心構へとを考へて置くべきのみである。其の一般的目標は、通貨及び資金を供給すると同時に通貨の信用を維持するにありと私は信ずる。通貨の信用が全く失墜するのは稀有のことだが、絶無ではない。物價の連續的激騰は其の先驅を爲すものである。假令通貨の信用を傷けるに至らざるも、物價の甚だしき變動は經濟の運行及び國民の生活を不安にするから、通貨政策上出來るだけ其の防止に努めなければならぬ。それには通貨發行權による資金の供給を妥當に節制しなければならぬ。然るに資金の供給は多いだけ目前便利であるに違ひないから、通貨政策の一般的目標の二方面は往々にして互に背反する。其の間妥當なる調和を工夫するのが通貨政策上の心構へであらねばならぬ。調和折衷の按配は時々の事情に應じて變化すべく、それによつて一般的目標の下に於ける一時的の特別目標が定まる譯である。時としては二方面中何れかの一方に偏倚し、極端の場合には他方を閑却することも亦已むを得ぬであらう。如何なる場合に如何に按配すべきやに就いて普遍的の規準は立て難い。それで複雜なる商量を要することゝなるのである。

私の諸著は右商量の基礎たるべき資料を整理し、其の道理を解說したのであるが、餘りに多岐に亙るから茲に反復しない。只上記の一般的目標は時々の事情に對處すべき指針であるから、尙少しく其の意義を敷衍して置きたい。

中央銀行の運營上、何よりも先きに記憶して置かねばならないのは、中央銀行の職能中には普通の銀行と軌を一にせざるものゝあることである。普通銀行の資源は主として預金として社會から吸收したものであるから、資力のある限り之を何かに運用することが銀行自體の爲めにも必要であるし、又運用によつて之を社會に還源することが公益上からも望ましい。只其の資源に限りがあるので運用が掣肘される。然るに通貨發行の權能を有する中央銀行の資源は、無限ではないが、普通の銀行に比すれば絕大であるから、用途さへ妥當であれば、いくらでも資金放出を爲すべきであると云ふのが廣く流布する感想であつた。然しながら是れは中央銀行の職能と普通銀行の職能との間に差異のあることを無視したものである。中央銀行の資源は社會から吸收するものでなく、通貨發行權によつて自ら創造するのであるから、其の放出に就いては直接用途の得失以外に、通貨增發の廣汎なる影響の得失を考へなければならない。中央銀行は廣い意味に於て銀行業であるけれども、普通銀行とは大に職能を異にするので、狹き意味に於て一國內に同業者と云ふべきものはない。普通銀行の規準を以て中央銀行を律せんとするものあるが故に、屢〻見解の紛糾を來たすのである。

中央銀行が通貨及び資金の大供給者たることは何人にも判かる事實だから、一般世間は之を認め、之を重視する。政治上の理由又は經濟上の事情により其の供給の豐かならんことは常に要望せられる。然るに通貨の信用が如何にして維持されるか、又物價と通貨との間に如何なる關係があるかは日常表面に見えないから、全然之に氣付かない人が多い。多少の理解はあつても目前の事情に囚はれて之を度外視せんとする人もある。私の掲げたる通貨政策の一般的目標は此の偏倚偏重に對して反省を促がすのである。然しながら他方には、通貨の信用の維持を至上とし、之が爲めには何事をも犧牲とすべきやうに考へる人がある。更に甚だしきに至つては、金本位制の如き特定の通貨形態を不可缺とし、他の事情を顧慮せずして之を固守せんとするものもあつた。是れ亦偏倚偏重と云はねばならぬ。私の支持せんとする通貨政策の目標は何れの偏倚も不當なることを指斥して居るのである。元來通貨は國力の實體でもなく、其自身の爲めに存在するにもあらずして、國家經營、國民生活、經濟活動等に奉仕すべきものであるから、目的觀から云つても之を至上とすることは許されない。又實際の作用から見ても、通貨政策上の施爲によつて他の方面を自由自在に引き廻はすことは出來ない。通貨の作用は寧ろ一般國情に順應するの外なきものである。只原則としては通貨の信用の維持が國力の運營を圓滑ならしむる爲めに望ましいから、之を相當に重視して他の事情との調和を圖るべきと同時に、之を顧慮するの遑なき緊切の場合あることを記憶すべきである。

日本銀行は、財政の處理、產業の幇助、財界の救濟等の爲め寬大なる資金の供給を要望されることが多い。行內に於ても個人としては氣前好く之を應諾して活躍すべしと云ふに傾きたる意見を持した人もあつたらうが、大體に於ては、中央銀行の資金放出は輕々に爲すべからざるものだと云ふ空氣が優位を占め、常規による放出の門戶を狹くし、臨機特別の貸出等には手續を極めて愼重にして、世間及び相手方の要望に對處した。特別の取扱は、事情已むを得ずと云ふ理由を附して決定する慣行であつた。此の如くして通貨發行權の行使は自然に節制され、結果に於ては概して中庸の宜しきを得たやうである。當事者各自にはそれ〴〵の理由があつて、之を綜合せる決定が此の結果を齎したに違ひない。然しながら全體としては外部に對して說明すべき理由が薄弱である。それで、資金放出の要望を充分に滿さないときには、頑迷だとして非難され、事情已むを得ずとして資金を放出した結果が後に物價等の上に面白くない影響を生ずるときには、放漫であつたとして非難される。孰れも腹藝で押切るの外はない。勿論中央銀行の施爲には、直に外部に對して説明すべからざるものが多いけれども、少なくとも自覺的にはもう少し理由を徹底して置きたいと、私は思つた。只傳統によつて門戸を狹くするのでもなく、已むを得ざるによつて之を廣くするのでもなく、何れの場合にも時宜に應ずる妥當の理由に立脚したい。例へば中央銀行の資金放出を商業金融に限ると云ふが如きことは、近時の實情に於て到底具現すべからざることとなるが故に、徒らに其の建前を固守して多くの例外取引を爲すよりも、實情に應じて取引方法を擴げる方が合理的であらう。産業金融の如きも、固定に陷らざる限り、其の疏通を圖るは中央銀行の考慮すべき所であらう。臨機特別の取扱は、已むを得ざるが故に之を爲すにあらずして、其時の狀況に鑑み、妥當の理由あるや否やによつて決定すべきであらう。さすれば必要の場合には責任を以て理由を說明し得るであらう。私は之を志して通貨政策を研究したのである。微力にして所見の具體化したものは尠ないが、多少空氣の轉換に貢獻したと信ずる。

第十三章　外債政策の行詰

私が營業局長に就任したのは世界戰爭開始の前年の末に近い時であつたが、其の頃日露戰後の經營が正に一轉機を劃せんとして、國内及び對外の兩方面に警戒すべき事態が現はれた。卽ち日露戰爭後は諸般の經營を遂行する爲めに大に外資を輸入したのだから、國内金融は事業の勃興及び景氣の發揚に拘らず概して靜穩に經過し、時に緩慢の徵候を呈することさへあつた。然るに外債の根據たるべき經濟開發の可能性には、外國側から見れば一應の限度なきを得ない。又外國市場も國際政治上の不安の爲めに窮屈になつたので、我國の外債募集は漸次困難になつて來た。さりとて朝野の經營計畫は急轉回を爲し得ないから、資金の調達に焦慮するものが多く、金融の趨勢は繁忙に傾いた。之に對處すべき日本銀行の施爲に就き、私は營業局長としての地位相應に新鮮の興味を以て努力したが、此の方面に於て特筆すべき重大の案件はまだ生起しなかつた。他方對外關係の方面に於ては急に何等かの措置を要する問題が迫つて居た。

日露戰後の經營に於て貿易上の輸入超過を外債によつて賄つたことは第十章に述べた通りである。然るに外債の募集が困難になつても、國內の事業計畫及び國民生活は急に縮小しないから、輸入超過は依然として續いた。之を決濟するには、在外資金及び內地保有正貨を以てするの外はない。輸入超過の結果は正貨準備の減少として現はれた。卽ち日露戰爭中に八千萬圓臺に落ちた所の正貨準備は、其の後外債募集金を以て補充された結果一時二億四千七百萬圓にまで達したが、大正二年六月末には二億千九百萬圓に下つた。之に對する兌換劵發行高は三億七千百萬圓にして、準備率の外觀に於てはまだ心配するには及ばない。然しながら正貨準備外に保有せる在外資金の減少は更らに著しかつた。而して外債による補充の途が絕えんとしつゝあるので、此の勢が進むときには對外仕拂の困難を來たし、延いて兌換制度の維持が不可能になるだらうと云ふ悲觀說も唱へられ、何人もそれを國家の重大事として對策の必要を痛感したのである。貨幣制度の變更によつて國家經濟の面目を一新すると云ふやうなことは當時全く考慮に上らず、如何にして兌換制度を維持すべきやと云ふことが單一の問題であつた。さすれば對策としては貿易上の輸出增進による正貨の吸收と輸入防遏による正貨支拂の節約とによつて國際收支を改善するの外に妙案のあるべき筈なく、內外諸般の施爲を之に集中すべきであつた。直接、間接之に關聯せる案件は頗る多岐に亙つたが、玆には其の詳說を省く。對內的金融政策の方針を括言すれば、引締りの傾向に對し特に人爲的の緩和策を講ぜずして大體自然の趨勢に任かせると云ふに歸するが、是れは金本位制の下に於ける定石である。只對外關係に於て、正貨拂出上の手續に就き、調査局長片山貞次郎氏と私とが一致して、多少の特色ある意見を主張した。其の梗概は左の通りである。

戰後經營の爲めに外資を利用し得たときに於ては、第十章にも述べた通りに、政府及び民間の外債手取金の大部分を一旦日本銀行の保有としたから、政府の海外支拂に要する外貨は右保有金の內を以て賄ひ、爲替市場の取引外に置かれて居た。隨て爲替銀行は各自の取扱に係る輸出手形手取金の全部を輸入資金に充て、尙足らざるときには在外資金の賣却を日本銀行に求め、又は正貨を輸出する實情であつた。然しながら既に外資輸入が困難となつた上は、政府の海外支拂資金も早晩輸出貿易手取金の內から供給を受くるの外なきに至るべき筈である。必要に迫つて急轉回を餘儀なくせらるれば、其の際に混雜を起こすであらう。又政府の海外支拂を爲替市場の外に置けば、爲替銀行の輸入貿易金融がそれだけ樂に出來るから、自然輸入に便宜を與へることになるだらう。それは輸入防遏の方針に反することである。されば日本銀行在外資金のまだ比較的豐富である內に政府の海外支拂を爲替市場の取引中に混入せしむる趣旨を以て、横濱正金銀行の輸出手形手取金の內から其の資金を供給せしむるの途を開くべきである。是れが私達の主張であつた。大正二年に於ける輸出は六億三千二百萬圓、輸入は七億二千九百萬圓にして、政府の海外支拂は、公表の計數なきを以て今之を精確にし難いが、私の記憶によれば五千萬圓乃至六千萬圓であつた。卽ち私達の案を徹底せしむれば、輸出手形手取金の約一割を政府海外支拂の爲めに先取りすることゝなる。横濱正金銀行は我國にある內外爲替銀行中の最大有力者であるけれども、輸出手形の全部を取扱ふ譯でないのに、政府及び日本銀行と特殊の關係ある故を以て、政府海外支拂資金の供給を全部負擔せしめられることになれば、同行にとりては隨分苦しい事に相違ない。果して同行側では强硬に反對した。日本銀行側に於ても、私達の案は難きを强ふるものだと云ふ意見があつた。其處で兩行の間に自由話合を行つて歸著點を求むることゝなつた。横濱正金銀行側に於ける相手は主として副頭取井上準之助氏であつた。

私達の案に對する正面の反對理由は二つあつた。第一、爲替業は輸出入を併行的に扱ふことを必要とすると云ふ。必要とまで押進めては誇張だが、成るべく併行的なるを望ましいとすることは固より首肯せられる。然しながら日本銀行の在外資金が無くなれば、否でも應でも、輸出手形手取金の內から政府海外支拂を調辨しなければならぬ譯で、情勢は其處へ進みつゝあるのだから、豫め其の實行に著手して急變を避ける方が宜しいと、私達は主張を敷衍した。第二、輸出手形手取金の內から先以て政府海外支拂金を提供し去れば、輸入資金の不足は一層甚だしくなつて、それだけ多く在外資金の賣却を求め、又は正貨を兌換輸出しなければならぬことゝなる。さすれば正貨保持の見地に於て格別得る所はない。若し又横濱正金銀行に於て在外資金の賣却請求及び正貨輸出を差控へるならば、之を遠慮せざる外國銀行支店が輸入手形を多く取扱ふことゝなり、横濱正金銀行の立場を不利にすると云ふ。私は此の反對理由を首肯しない。若し諸方面に於ける國際收支改善の方策が效を奏せずして、輸入超過が持續するならば、兌換停止に至らざる限り、在外資金の賣却又は正貨輸出によつて收支の差額を決濟するの外はない。

横濱正金銀行に對しては、政府海外支拂資金提供の負擔をも考慮に入れて、決濟上の便宜を與ふることが當然である。只國際支拂の重要一部たる政府海外支拂を爲替取引の外に置けば、國際收支の大勢を爲替市場に反映せしめず、本邦爲替銀行と外國銀行支店とを通じて不當に輸入の便宜を大にすることゝなる。此の狀態を改めんとするのが私達の案の狙ふ所である。外國銀行と雖、在外資金の請求又は正貨の輸出は最後の手段とするのであるから、輸入爲替の取扱が横濱正金銀行から彼等に移る傾向を呈すれば、それだけ其の手許が窮屈となつて輸入防遏の一助たるべき筈である。

日本銀行と横濱正金銀行との自由話合は右の如き商量の線に沿うて行きつ、戻りつ、數ヶ月に亙つた。終に大正三年七月の十何日に於て、横濱正金銀行は暫定的に一ヶ年千五百萬圓だけ政府海外支拂資金を輸出手形手取金の內から提供すべきことに意見の一致を見た。卽ち最初片山氏と私との主張した趣旨が原則として認められ、漸次之を實現すべき端緒に就いたのである。其の日井上氏は午後早くから日本銀行に來て圓卓會議に列し、午後八時過に會談を了した。

然るに其の翌月の始に世界戰爭が勃發し、國際貿易も國際金融も一時全く混亂に陷つたので、横濱正金銀行は其の一旦諒解せる所を實行し得ず、日本銀行も之を諒した。次で形勢一變し、我が輸出貿易の躍進を見て、政府及び日本銀行の保有する在外資金が大に増加したから、其の内を以て政府海外支拂資金に充つるの舊態に戻り、開戰直前に大苦心を經て成立せしめたる取極は無用に歸した。然しながら私達の主張せる趣旨が一旦兩行の間に認められたことは無意義でない。十餘年の後、金解禁の實行に當り、同様の問題が提起せられて、横濱正金銀行は多少の難色を示したが、紛糾なく政府海外支拂資金の調達を引受けた。時勢の變化もあつたが、議論は既に盡きて居たのである。其の時井上準之助氏が曩きに正金銀行副頭取として反對したことを、大藏大臣として強く主張したのは奇縁と謂ふべきである。

第十四章　第一次世界戰爭中の金融通貨政策

(一)　倫敦に於ける短期借入金の處置

外債による日露戰後の經營が漸次行詰りに向ひつゝありしことは前章の中に述べた通りである。大口の長期外債募集が困難になつてから、金融業者の中には倫敦に於ける各自の取引先銀行から短期の融通を受けて其の資金を日本に爲替送金し、之によつて國內金融の疏通に資するものが多くあつた。それ故に大正三年八月世界戰爭の勃發したときには、如何にして倫敦に於ける短期借入を返濟すべきかと云ふのが當面急切の問題となつたのである。

開戰の前に倫敦は國際金融の中心として大なる役割を演じて居た。同時に英國は殆んど總ての國に對して受取勘定超過の立場にあつたから、世界中から倫敦に爲替送金して債務の辨濟に充つるのが常態であつた。爲替送金を爲すには、爲替の賣手、即ち倫敦に於て資金を渡して呉れる相手がなければならぬ。平生は其の相手を見出すことが頗る容易で、大概圓滑に需給の平均を得る。それを國際金融の中心たる働らきと云ふのである。此の如き狀態が數十年間續いて其の働らきが益〻盛になつて居たところに、國際金融上の警戒又は準備を爲すの遑なくして戰爭になつたので、倫敦向の爲替取引は一時停頓した。其の事情は單に疑惧の結果と云ふよりも一層複雜であつた。後には倫敦に資金を保有することの安全を疑惧するにより爲替取引が不圓滑になつたが、開戰直後の停頓には別の原因があつた。疑惧の爲めに倫敦から資金を引揚げんとするのとは反對に、債務辨濟の爲めに倫敦へ送金せんとするものが多かつたのである。而して國際金融上倫敦に資金を保有することの最も便宜なるは數十年來の體驗であるから、偶〻倫敦に資金を保有するものは之を大切にする氣分が濃厚で、前途の見透しが着かなければ一層之を手離すことを惜しみ、隨て倫敦向送金需要者の相手方となつて爲替を賣るものがなくなつた。爲替に代るべき金の現送は海上危險の測り知るべからざる爲めに一時全く杜絕した。英國自體の金融業者も外國からの送金による仕拂を受けることが出來ないので、新たに融通を與ふる餘裕が少なくなつたのみならず、自己の債務を果たすにさへ窮屈を感ずるに至つた。つまり外國からの送金困難により、其の影響が將棋倒しのやうに金融界の全面に及んだのである。其處で一時仕拂猶豫令が施行されることになり、之が解かれた後も倫敦への送金は當分窮屈の狀態を脫し得なかつた。

此に於て開戰前倫敦の取引先銀行から短期融通を受けて居た我國の金融業者は順次其の期限の近つくに隨ひ、平生の如く之を更新繼續するの困難なるべきを懸念し、而して普通の爲替送金によつて之を辨濟するの途なかりしにより、日本銀行から在外資金の賣却を受けんことを希望するものが多かつた。日本銀行は眞に事情の已むを得ざるものありと認めた場合には其の希望に應じたが、固より豐富の在外資金を保有して居た譯ではないから、成るべく其の使用を節約しなければならぬ。希望者の側では、倫敦市場に於て日本の信用を失墜するの惧ある大事件だとして昂奮する。私は營業局長として之に應接した。當時我國の對外支拂能力は枯渴に近づき、短期融通によつて一時を過ごしつゝあつたのだから、其の大部分を急遽に返濟するには實力上の困難があつたに違ひない。然しながら開戰後當分倫敦に送金することの不自由は實力の如何に拘らず何處にも共通に起つたのだから、我國に限つてそんなに心配するには及ばない。手續上の送金不自由を理由として融通の更新繼續を交渉すべきである。已むなくんば擔保を處分して吳れと云ふまで腹を据ゑて交渉したら、先方も大概我方の希望を容れるであらう。擔保は概して日本筋の英貨債券又は日本政府の內國債であつたから、急に之を處分して債權を囘收することは容易でない。隨つて市場の落着くまで融通を延期する方が債權者にとりても有利なるべき筈である。私は此の筋合を說いて、冷靜に交渉を試むることを勸めた。日本銀行が在外資金賣却の請求に充分應じないから、此の勸告に從ふの外はない。中には甚だしく不安を感じ、私の勸告を亂暴だと非難するものもあつたが、交渉の結果は案外良好で、倫敦の債權者は大概氣易く融通の延期を承諾した。市場の落着いた後は、先方も概して從來通り取引を持續することを希望した。此の如くして時を經過する間に、戰爭の結果として日本の輸出貿易が躍進し、外貨資金の獲得が增加したから、倫敦市場の短期融通を返濟することは樂々と出來るやうになつた。又其の種の融通を必要とする理由もなくなつたのである。

右に述べた所は、今から顧みれば一挿話たるに過ぎざる如く思はれるけれども、日露戰後經營の對外的行詰りが第一次世界戰爭の勃發によつて切迫し、其の戰爭の進行によつて好都合に轉回するに至るの間、難關通過の苦心の如何なりしかを語るものとして意義を認むべきであらう。

（二） 世界爲替市場の混亂と我國の爲替相場

開戰直後世界爲替市場の混亂に際し、我國が如何に對處したるかは、第十章の在外資金處理と共に、貨幣制度の大に變化したる今日に於ても尙歷史的の興味が多い。通貨及び爲替に關する一般研究の資料たるべきものである。

問題の核心は對外爲替相場の基準を如何にすべきやにあるが、此の點に就いて往々誤解があるから、先づ其の意義を明かにして置かねばならぬ。爲替相場の基準と云ふのは、諸外國に對する爲替相場を建てるに當り、先づ某一國に對する相場を考定し、之を基準として他の諸國に對する相場を算出するのである。某一國に對する相場を他の諸國に對するもの丶基準とするので、我國通貨價値の基準とするのではない。我國通貨の價値は、主として我方に於ける貨幣制度の運營及び一般經濟狀態によつて決定せられ、之を外國通貨と對照するときに爲替相場として現はれる。其の基準なるものは、諸外國に對する關係を妥當に調整する爲めの便法に過ぎない。爲替本位と稱する制度は一國通貨の單位を外國通貨により制定するので、此の場合にも基準と云ふ言葉が用ひられる爲めに混同誤解が起るのであらうが、我國は未だ嘗て爲替本位制を採りたることなく、又私の關知せる限り、事實に於ても外國の通貨を我國通貨價値の基準としたことはない。

近頃の如く國際經濟圈の割據對立が顯著である場合には、一般に爲替相場を調整するの必要は減少し、隨て爲替相場基準の重要性も稀薄になつたが、世界的に經濟活動を進めんとする時代に於ては、基準により爲替相場を調整することが、貿易其他の國際取引を圓滑にする爲めに最も便利であつた。さうして對英相場を基準とすることが世界一般に便利とする所であつた。窮極の原因は英國の經濟的優越にあつたに違ひないが、直接の動機は何れの國も取引上之を便利としたことである。我國も開國以來其の慣行の內に入つた。日英米の三角關係を以て例示すれば、先づ日英相場が相互需給の關係により決定せられたる上、其の相場によつて百圓を倫敦に送金し、之に該當する磅を更らに英米相場によつて紐育へ送金すれば何程の弗に代るかを算出する。それによつて日米相場が定まる。之を爲替相場の裁定と云ふのである。實際の相場は日米間需給の關係によつて裁定相場を離れることがあるけれども、其の差が甚だしきに至ることはない。何故かと云へば、若し其の差の甚だしき相場を主張するものがあるならば、之を不利とする相手方は日米直接爲替によらずして倫敦を經由して米國に送金し得るからである。此くして諸外國に對する爲替相場が略〻共通に調整されるのである。さうして日英米に金本位制が有效に施行されて居るならば、基準たる日英相場も、中間の英米相場も、裁定による日米相場も、各現送點を甚だしく逸脱することはない。さやうの逸脱の場合には、爲替取引の代りに金の現送が行はれるからである。當時の平價卽ち貨幣の金比價は日英一圓に付二志零片十六分の九、英米一磅に付四弗八七仙、日米百圓に付四十九弗八五仙にして、現送點は之に僅少の運送諸費用を加減したものである。

開戰直後には、前段にも述べた通りの事情で、世界の諸方面より英國への送金需要が多く、海上輸送は危險でもあり、急の間に合はないので、英米爲替相場は一時七弗にまで暴騰した。

磅貨の價値が弗貨に比して高くなつたのである。若し平時の裁定計算を我が爲替相場に適用すれば、大幅に對米を引上るか、大幅に對英を引下ぐべき筋合であるが、當時は全く混亂の狀態で、實際の取引は極めて少なく、裁定計算も實際當てにならないから、大體開戰直前の相場に据置き、只我國が仕拂超過の狀態にあることを考慮して、對英、對米共に小幅の引下を行つた。差向き英米間の大動搖を無視し、不徹底ながら靜觀警戒の態度を執つたのである。

然るに稍〻時を經るに及び、英米爲替相場は、開戰直後と反對の方向に動き、甚だしき低落を示した。是れは一時に輻湊した對英送金の需要が一應片付きたる上、軍需品購入等の爲めに英國が仕拂超過の狀態に轉じたからである。開戰の翌年、卽ち大正四年に入つてから氤高下の裡に現送點を下廻はり、下半季には最高四弗七七仙、最低四弗五一仙に落ちた。此の時に至つては、爲替相場は動搖せるも取引は大體故障なく行はれ、金の現送も不安ながら全く不可能でもなかつたから、最早英米相場の動向を無視して我國の爲替相場を建てる譯に行かない。裁定計算の作用が復活したのである。而して英米相場下落の原因が英國の仕拂超過にあることを見ても、又金本位制の施行が英國よりも米國に於て比較的有效なることを見ても、我國としては基準を米國に移すのが合理的であつたらうと思はれる。さうすれば、日米相場を大體從來の見當に据置き、日英相場を大幅に引上ぐべきことゝなる。それは圓貨の價値が磅貨に對して騰貴したと看るのである。我が輸出貿易は既に大進展に向つたから、右の如き相場の建て方は國際收支の狀態とも一致する。然るに市場に於ける相場の動きは反對の方向を採り、日英相場を大體從來の見當に据置き、英米爲替の低落に準じて日米相場を大幅に引下げた。卽ち大正四年六月に、對英は二志零片十六分の七、日米は四十八弗四分の三であつた。圓貨の價値は磅貨に對して變らず、弗貨に對して下落したと云ふ見地の表現である。それが貿易狀態の正しき反映であるや、否やは暫く措くとしても、對米四十九弗以下は現送點を既に下廻はるものであるから、日米平價を全く無視したもので、我國貨幣制度の上から見れば甚だ不體裁である。體裁論は構はぬとしても、爲替相場の不合理なる爲めに實際米國へ向け金の輸出現送が起つた。金輸出月額は戰前の大正三年一月より八月迄の間最低三十五萬圓、最高二百二十二萬圓に過ぎなかつたのに、大正三年九月より大正四年十月迄の間最低百十萬圓、最高七百九十八萬圓に上つた。開戰直後には倫敦に於ける短期借入金返濟等の必要もあつたから、金の流出も怪しむに足らぬが、其の後輸出貿易の增進にも拘らず、大正四年の中頃に至つて尙其の勢が停止しなかつたのは、どうしても國際收支の狀態からは說明が出來ない。其處で私は爲替相場再檢討の必要を日本銀行の內部で唱へ、大藏省及び正金銀行に向つて非公式に論議を試みたのである。私の主張は、先づ日米關係を考慮して對米爲替相場を建て、之を基準として對英相場を裁定すべしと云ふにあつた。世間でも金流出の原因に就いて囂々たる議論があつたが、爲替相場基準の點に觸れるものはなかつた。私は內部審議に附してある意見を他に漏らすべきでないから、苦笑して世間の論議に應接した。

尤も其頃はまだ大藏省又は日本銀行から立ち入つて爲替相場に關與する慣行はなかつた。只大體の趣旨に就き正金銀行と協議し、又在外資金の處理方によつて爲替相場に影響を與ふることを期したのみである。爲替銀行に云はせれば、相場は市場の需給によつて定まるので、大勢は人爲を以て如何ともすべからずと云ふ。我國の爲替銀行は、多年の慣行により、日英相場を基準とすることは動かすべからざるものと思ひ込み、中には之を爲替の原理と云ふものさへあつた。英系銀行が此の見地を支持するは云ふまでもない。私に云はせれば、それは原理ではない。數十年來の世界情勢の下に於ける適用である。開戰後相當の時期に情勢の變化を認め、之に對應すれば、單に爲替相場上の原因により金の流出を見るが如き奇態を生ずるには至らなかつたであらう。旣に發生した狀態を急激に轉回するのは、出來ることでもないし、望ましいことでもないが、過去の慣行に膠著する偏見を改め、漸次に舵を採り直すべしと云ふのが私の具體的主張であつた。

爲替市場の慣行以外に、私の主張に對する反對意見は、日米相場を現送點の見當に据置き、之を基準として日英相場を引上ぐるは、我が爲替相場の位置を一般的に高くするものにして、それは輸出貿易奬勵の見地から不利益だと云ふにあつた。然しながら其の時の我が輸出貿易進展には物資需給上の强力なる原因があるのだから、合理的なる爲替相場の上騰により阻害されることはなからうと私は主張した。

要するに議論は二つに分れて、ぐづ〳〵に時を過した。理事片山貞次郎氏は、私を支持する方に傾いたやうであつた。其の内に一つの驚くべき事實が現出した。それは、已むを得ずと稱する理由を具して日本銀行から金の兌換を受け、之を米國に現送しながら、他方倫敦に於て在外資金を日本銀行に賣却すべく提供し來つたものゝあることである。それは外國銀行ではなかつた。此に於て爲替相場の不合理なることが實證されたのである。爲替相場の上では對英、對米が裁定計算により調整されて居るけれども、米國まで爲替によらずして金を現送すれば、百圓に付日米相場と日米間現送との差額約一弗が利益として浮く。之を米國で在外資金として賣却しては餘りに露骨だから、更らに英國に爲替送金して提供したのであらう。日英相場は日米相場と均等に調整されて居るから、磅貨を賣つても日米間現送の利益は其の儘に收められるのである。大藏省も、日本銀行も、正金銀行も、此の金輸出者の所爲に憤慨し、それから私の主張が、單なる學究說又は體裁論でないとして傾聽されるやうになつた。廉立つた決定を見た譯ではないが、趣旨は關係者の間に諒解された。差向き在外資金の買受は必ずしも市場の爲替相場によらず、特に事情を考慮して相場を決定することゝし、間隙に乘ずるの餘地なからしめた。

此くして漸次舵を採り直す心構へになつた處に、實勢の大波が來て、議論の有無に拘らず問題を解決した。即ち我が輸出貿易は益〻增進し、米國も戰時景氣による物資大需要の爲め我國に對して輸入超過となり、他國向の我が輸出にして紐育に於て決濟せられるものも增加し、需給の關係により日米爲替相場は上騰せざるを得ないやうになつた。若し其の際米國が金の輸出を自由にするならば、爲替相場は平價より少し高き現送點の見當に止まり、我國への金流入が起つたであらうけれども、米國に於て成るべく金の流出を避けんことを希望し、終に輸出禁止を行ふに至りたるを以て、日米爲替相場は現送點を遙かに突破して、五十二弗を超えた。爲替相場が現送點見當に進んでから、勿論我國よりの金流出はなくなつた。日英爲替も同じ事情による需給の關係から上騰に向ひ、二志二片十六分の五に達した。而して英國は大正四年末より英米爲替相場を四弗七五仙見當に維持安定したるが故に、裁定計算は簡單になり、實際上基準が何れにありたるかは格別重要の問題ではなく、日英、日米概して併行的に上騰したのである。只對英相場を原理的に基準とすると云ふが如き觀念は何時となく消失した。

英國は戰時中金本位制の形體を維持し、只手心を以て金の輸出を制限して居たが、戰後大正八年正式に金本位制を離脱した。略〻同時に米國は戰時中に停止したる金本位制を囘復した。其の時から我が爲替相場の基準は端的明白に對米に移つた。大正十四年英國が金本位制を再建してから、英米は貨幣制度上同等になつたが、貿易決濟上の便宜の爲めに、對英相場が基準として漸次重きを加へつゝあつた。昭和六年英國が再び金本位制を離脱したときに、爲替相場は直に對米に移つた。昭和八年の恐慌後貨幣制度を不明瞭にしたとき、對英相場が基準に戻つた。是等の場合に、基準が何れにあるかを如何にして判定すべきかと云ふに、或る變動の起つた際、其の直前に於ける日英相場を一應其の儘に据置き、其の後英米相場の動きにより日米相場を裁定算出すれば、即ち日英相場が基準となつたのである。基準たる日英相場は一應据置くけれども、必ずしも之に固定するのではない。一般の事情により變動の可能性はある。是れが通貨價値の基準と異なる點である。變動した日英相場から日米相場を裁定算出すれば、矢張日英が相場の基準である。

以上は私の日本銀行在職中に起つた變動に就いて云ふのである。其の間日本銀行と正金銀行との間に爲替相場に就いて協議する慣行が漸次成立したが、協議は簡單に濟んだ。或る時は夜中に外電を接受し、翌朝出勤前に正金銀行頭取兒玉謙次氏と電話で方針を決したこともある。基準移動は既に爲替市場の常識となつたのである。當初の議論紛糾を顧みて隔世の感なきを得ない。更らに經濟圈の割據により事情の變化しつゝあるに當り、舊慣墨守の警しむべきことを思ふべきである。

（三）　産業の振興と金融の疏通

世界戰爭中には、勃發直後金融の梗化を防止するに努めたるを始とし、續出せる波瀾による金融界の不安、株式市場の混亂等に對處する施爲が多くあつた。個々の案件は、取扱方に就いて徽妙の注意を要したが、大勢に影響を及ぼす程度に至らずして逐次に經過した。只全局に亙る問題は、戰爭の刺戟によつて躍進せんとする産業の爲めに如何にして資金を調達すべきかと云ふにあつた。

當時多くの方面から日本銀行に希望する所は、産業資金の爲めに大に門戸を開放すべしと云ふにあつた。直接産業資金の貸出を求めたものは少なかつたけれども、種々の方法により他の銀行等を經由し、日本銀行から産業資金を供給すべしと云ふのが普通の要望であつた。日本銀行は容易に逢ひ難き好機に於て金融上我が産業の伸張を幇助するの切要なるを認めた。日本銀行の資力を以て其の需要に應ずるのが最も捷徑であることも明かである。然しながら其の頃は臨機の暴利取締以外に行政的物價統制と云ふ如き通念はない時代で、物價の調節を通貨政策上の職能に歸するのが通念であつた。産業資金は固定を免れざるものであるから、通貨發行權による日本銀行の資力を無制限に之に振り向ければ、通貨の大增發を來たし、物價の暴騰を誘ふの危險がある。又戰爭による刺戟は恒久的なるを期し難いから早晚反動の來るべきことを記憶しなければならぬ。産業資金の調達が餘りに容易に出來れば、不健全なる設備の膨脹を來たして反動の慘害を一層甚だしくするであらう。自國の軍事行動の爲めには、後日の困難を顧慮するの遑なく、目前焦眉の需要に應ずべき場合もあるだらうが、主として外國に物資を供給する爲めの設備には、將來の推移に就きて愼重の注意を拂はなければならぬ。日本銀行は此の見地よりして産業資金の爲め一般的に門戸を開放することを避けた。日本銀行には資力上の制限が殆んどないから、一たび門戸を開放すれば、適度に止むることは頗る難かしい。普通金融機關は、預金を主たる資源とするものと雖、妥當の割合を産業資金に向ける餘地はある筈で、其の範圍に於て貸出先を鑑別すれば、量と質との程好き調合を得るであらう。日本銀行は自ら門戸を開放する代りに、他の金融機關が各自の責任を以て妥當の方法によりて産業資金の調達に當り得るやうに極力金融疏通の途を講じた。要するに、預金の支拂其他金繰上の必要あるときに日本銀行から融通を受くるの途を從來よりも大に擴大したのである。一例を擧げれば、日本銀行に擔保品として提供し得る社債、株式等の範圍を大に擴張したのは此の時からである。其等の施設に伴ひ、經濟活動の進展に應じて通貨發行高の增加することは當然の成行で、日本銀行は强ひて之を避けようとはしなかつた。

日本銀行の此の態度に對し、世間では不滿足を表するものも、贊成を表するものもあつたが、日本銀行の內部に於ては格別の論議もなく、大體從前の通念によつて、當面の案件を處理した。若し產業資金の爲めに日本銀行の門戶を開放したならば、一時の金融には便宜であつたかも知れぬが、戰時中の物價騰貴及び戰後の反動は一層甚だしかつたであらう。私は當時の日本銀行の態度が妥當であつたことを信じ、又營業局長として執行に當つた。然しながら大綱の決定に關し、特に私の回顧中に擧ぐべき經緯はない。

只國內金融に關する事項の內で、私が聊か特別の關係を有つたのは銀行預金協定の問題である。從前東京及び大阪の大銀行の間には預金利率に就いて道義的の申合があつたけれども、何等制裁が伴はないので、單に大體の標準を掲げるに止まつた。戰時中産業資金等の需要が盛なるに對し、日本銀行は前記の如く成るべく一般金融市場の資力を以て之を賄ふやうに誘導したから、各銀行は預金吸集に一層力を注いだ。其上に預金額の大小を以て銀行の成績を表示するものとする氣分が濃厚にあつたので、預金増加の競爭の爲めに、大銀行中に於ても利率引上の傾向が著しくなつた。申合に加入せざる多數の銀行に於てはそれが一層甚だしかつた。其の結果、一般金利は昂騰して、或は堅實なる事業の金利負擔を過重ならしめ、或は銀行資金が不健全なる方面に流れる。其處で日本銀行は有效なる預金協定を設定すべきことの勸誘に乘り出したのである。

私は大正七年の四月に理事に就任し、其後間もなく每月一二週間づゝ大阪に出張滯在することゝなつた。當時大阪の經濟界は日本銀行理事の常駐を希望したのだが、日本銀行では不取敢出張を頻繁にすることゝして之に應じ、最初に土方久徵氏が之に當り、同氏が日本興業銀行總裁に轉出した後を私が承けたのである。出張滯在の目的は一般連絡を緊密にするにあつたが、丁度預金協定の問題が起つて居て、其の取扱方が微妙であるから、私は之に關する大阪側との交渉に當つた。誰にも趣旨に於いて異議はないが、有力銀行の首腦者は制裁を付することを好まない、申合の精神を强化するに止めたいと云ふ腹であつたらしい。然しながらそれでは從來の經驗に徵して有效を期し難い。幾度か會合及び個別懇談を重ねた上、三十四銀行頭取小山健三氏が先づ贊成を表明し、東西銀行の間で具體的方法を考案しようと云ふ處まで漕ぎ付けた。結城豐太郎氏は大阪支店長として此の件に盡力した。東京では主として木村淸四郎氏が交渉に當り、併行的に進んだ。有力大銀行と其の外の銀行との關係を如何にすべきやが一番難かしい問題で、其の爲めに全部の企圖が破壞されんとする形勢を呈したこともあるが、甲種と乙種とに區別し、利率を異にすると云ふ趣旨で交渉が纏つた。乙種の筆頭たるべき豐國銀行頭取生田定之氏が其の間に周旋盡力した。此の如くして出來上つたのが、其の後永く存續する所の預金協定である。

尙日本銀行神戸支店は、私の大阪出張中に發案したものである。重役會では、大阪神戸が餘りに近距離なるの故を以て、容易に其の必要を認められなかつたが、當時海運及び貿易上神戸の經濟取引が驚くべく增大し、諸般の指數は京都を超えて名古屋に伯仲し、殊に阪神間現金輸送の毎日巨額なるに鑑み、日本銀行の支店設置により便宜を圖るの妥當なるを私は主張した。通貨發行の過大を招致せざる方法にして金融の疏通に益ある施設は大に進んで實行すべしと云ふ私の持論に立脚したのである。

大阪出張中前浪速銀行頭取永田仁助氏が細大懇切に斡旋し、有益なる助言を與へられたことを特に銘記して感謝する。日清戰爭の際廣島に於て相識となり、日露戰爭中倫敦に於て交を厚くしたる宇都宮太郎氏（大將）が師團長として大阪に居たのも好緣であつた。

（四）　輸出貿易上の金融

戰時の國內金融は規模が擴大されたゞけで、概してそれまでの通念に從つて處理されたが、躍進する輸出貿易上の金融を如何にすべきやに就ては、新たなる考案を必要とした。貿易上の金融も國內金融と不可分の關係があることは云ふまでもなく、只敍述の便宜上之を別にするのである。

爲替銀行は、各自の取扱ふ輸出入手形を成るべく平均せしめ、輸入手形の代金を收得して輸出手形の買入資金に充てるのを業務の常道とするものであるが、戰時の大輸出超過に際會しては、輸出手形の方が多いので、外國には資金が累積し、國内では輸入手形代金の收得が少ないので金繰が窮屈になつた。當分は日本銀行が爲替銀行の外貨資金を買取り、通貨を發行して其の代金を交付したから、爲替銀行の立場に於ては、輸入手形代金の收得と同じになつた。日本銀行は在外資金を通貨發行の基礎として又將來に亙る對外支拂準備として保有したのであるが、其の累增に伴ふ通貨發行の爲めに、通貨膨脹の弊害を生ずべき惧なきを得ざるに至つた。更らに通貨發行の基礎としての觀點に即して考ふるに、世界的情勢の不安なる時に當り、在外資金を引當とする部分の過大なるは金本位制の下に於ける通貨の信用を堅持する所以でない。在外資金を金貨又は金塊に換へて國内に輸送することも試みたが、途中敵艇の攻擊に逢つて沈沒したので中止した。

此に於て私は何時までも在外資金の買取を續行して宜しきやと云ふ疑問を起し、先づ之を日本銀行内に唱へた。副總裁水町袈裟六氏と理事木村清四郎氏とは之に共鳴した。兩氏の如きは夙に私と同樣の見解に達して居りながら、老成の先輩として之を表明すべき時機の熟するを待つたのかも知れない。當初行內には、正貨充實を望ましいとする見地からの反對もあつたが、形勢の進むに隨ひ、大體の意向は一致した。勿論別に代るべき方法を講ぜずして突如從來の慣行を改めることは出來ないが、在外資金の買取値段を少しづゝ安くするやうに舵を採つた。爲替相場の上で云へば、圓に對する磅及び弗の量を多くすることである。さうすると、爲替銀行側では、日本銀行が最早在外資金の買取を喜ばざるものと解し、それは輸出貿易の伸張を阻害するものだと云つて苦情を申立て、輸出業者も之に共鳴して囂々たる物議を釀した。新進爲替銀行の當事者中には、在外資金に關する理論を珍らしさうに二時間以上に亙つて私に講釋して與れたものもある。私は議論で對抗するよりは圓滑なる實行を遂げんが爲めに辛抱に辛抱を重ねて之を聽いた。輸入超過の大勢下に於て、偶〻爲替銀行の手許に外貨資金の餘剰が出來るときは、日本銀行は喜んで之を買取り、在外資金として保有した。久しからずして之を使用すべき機會が來るのだから、在外資金の買取は多々益々辨ずと云ふべきであつた。日露戰爭後多年之を慣行として貿易金融上の通念となつて居たので、論者は之を强調したのである。然しながら大勢一變して輸出超過旺盛となりし時期に至りては、通貨の狀態に及ぼすべき影響を考慮に入れなければならぬ。私は此の筋合を説明して諒解を求めたが、爲替銀行及び輸出業者の内には昂奮して日本銀行を非難するものもあつた。

尙一層視野を廣くすれば、當時の輸出超過連續に就き、通貨關係の外に、物資との關係からも、別に考慮を要する點があつた。卽ち當時輸出超過の結果として動もすれば國內物資の不足を來たさんとする傾向を呈したことである。それは國內の生産力が有利なる輸出の方面に向けられ、輸入される物資が之に伴はなかつた爲めである。其の一例たるべき米價の騰貴は、大阪等に於て暴動を惹起するに至つたが、其の原因は、好景氣による米需要の增加があると同時に、農業經營上輸出生絲の生産に重きを置き、米穀の生産を稍〻疎んじたることにあつたと思はれる。さやうの情勢であるから、若しそれが更らに進展するならば、輸出超過必ずしも喜ぶべきにあらずと云ふ見解が成立したかも知れない。私は世上の非難に對し、さやうの窮極的推理も一應商量した。然しながら當時の實情は之を主張すべき程に進んで居ない。矢張り我が商品の販路を擴張し、將來の爲めに對外資力を充實することに重きを置く所の常識に從つて施設を爲すべきであると思つた。日本銀行全體の見解も同じであつた。それで、輸出貿易の進展を阻害することなく、同時に日本銀行の在外資金保有を過度ならしめざるやうに、對策を工夫することゝなつたのである。

其の對策の第一は、爲替銀行をして、國內金融市場に於ける借入金により、出來るだけ外貨買持を爲さしむることであつた。是れには爲替銀行側に苦情もあつたが、相當程度に實行された。日本銀行は爲替銀行振出手形の再割引に就き特別の便宜を與へて之を助けた。輸出貿易に起因する手形たることを證明する爲めに日本銀行が檢印したので、スタムプ手形として市場に流通した。第二は、政府預金部資金を以て在外資金を保有することであつた。右の兩方法は世間の既存資金を吸集利用するのであるから、日本銀行が其の爲めに通貨を發行する場合の如き影響を生ぜずに濟むのである。第三は、交戰國をして、我國に於ける物資購入代金に充つる爲め、短期圓貨公債を我が市場に發行せしめたことである。さすれば差向き爲替及在外資金の關係を離れて我が輸出を持續し得る。露、佛、英の三國は此の方法を利用した。我方では、國債引受團銀行が主として之を引受け、日本銀行はそれ等の公債を擔保品として認むる等の方法により消化を幇助した。世界戰爭中日本が一時債權國となつたと云ふのは此の事である。要するに交戰國に信用を與へて我が輸出を可能ならしめたのである。其の與信は一回限りのものあり、切替繼續されたものもあるが、皆滯りなく相當の時期に返濟された。それだけ國力を將來に繰越した譯である。

第四の對策は理事木村清四郎氏の發案せる政府内外債の借換であつた。卽ち内國々債を發行し、其の手取金を以て爲替銀行から在外資金を買取り、其の在外資金を以て外債を償還すると云ふ仕組である。其の國内通貨の狀態に對する關係は、預金部買取の場合と同様であるが、對外資力の上から見れば少しく趣を異にする。預金部の保有する在外資金は、他日必要の場合に直に利用し得るやうに留保されるのであるが、在外資金を外債償還に使へば消えて仕舞ふ。遠い將來に於ける我が債務を輕減するの利益はあるけれども、戰爭終熄の後には久しからずして對外資力の缺乏を感ずることになるかも知れないから、在外資金を期限到達前の外債償還に使用するのは惜しいとも考へられる。此の見地よりして内外債借換には、始め日本銀行内にも、政府にも、世間にも反對意見が有つた。其の得失は判然黑白に分つことの出來ない問題であつたが、私は主として國内通貨政策上の見地より木村氏の發案に贊成した。對外資力の方面から考へても、嘗て夢想にも及ばざりし程の在外資金が特に工作努力を要せずして蓄積されつゝあるのだから、其の一部を以て將來の債務を返濟して置くことは必ずしも不可ならずと思料した。內外債の借換は立法事項なるが故に、政府の決意と議會の協賛とによつて成立すべきものであつたが、先づ之を推進すべく日本銀行の意向を定むるに付私は木村氏に共力し、政府等との交涉には同氏が主として當つた。中々容易でなかつたが、終に決定を見るに至つたのである。斯くして、輸出貿易の手取金を以て外債償還に充てた高は約二億圓であつた。而して其の結果に就いて後から振返つて見るに、戰時中に蓄積された所の正貨及び在外資金の大部分は戰後の輸入超過によつて必ずしも有效ならざる用途に消耗された。輸出減退の時期に入つても輸入力尙存したるが故に、國內產業の規模は縮小すべきときに縮小せず、反動の禍根を一層大にした觀がある。されば戰時中の輸出手取金の一部を、在外資金として蓄積する代りに外債償還に振向けたのは、寧ろ國家の利益であつたと思はれる。

上記の如く、戰時中の輸出超過による外貨資金を處理する爲めに種々の新考案が施行されたけれども、之を日本銀行に買取つて在外資金として保有する普通の處理方法も全く杜絕されたのではない。新考案の實行力にはそれ〳〵金額の制限及び時期の不便が伴ふので、日本銀行は輸出貿易金融に支障を生ずることなきやうに隨時必要に應じて在外資金を買取ることを拒まなかつた。只國内通貨發行高の過大に赴くことを出來るだけ防止せんが爲めに、他の方法を併用すべく工夫したのである。

本章に擧げた所の方針及び諸般施設の結果として通貨の狀態はどうなつたか。纏まりを付ける爲めに其の要項を摘記して置かう。日本銀行劵の發行高は開戰當時卽ち大正三年八月の三億五千八百萬圓から休戰當時卽ち大正七年十一月の九億三千七百萬圓に增加した。增加率は大きいけれども、諸般の經濟指標に對比して均衡を失したとは云はれない。他方、政府及び日本銀行の保有する國内正貨及び在外資金は大正三年末の三億四千百萬圓から大正七年末の十五億八千七百萬圓に增加した。此の計數は其の後更らに增加した。其の增加は日本銀行劵發行高の增加よりも遙かに著しい。此の外に爲替銀行等の保有する外貨買持も尠くなかつた。是等對外資力の增加は一時的の原因によるものであるから直に之を國内に反映せしめて通貨發行高を增加せしむべきでないと云ふのが、日本銀行の見地であつた。私も地位相應に其の具現に努力する機會を與へられたのである。

尙在外資金の處理に關聯して記憶に殘すべき一の事件がある。戰時中在外資金を獲得することは容易になつたが、之を正貨として國內に輸送し來ることは頗る困難であつた。然るに露西亞帝政倒壞の直前に當り、英蘭銀行は其の債權の代償として露西亞の保有する巨額の金の讓渡を受け、之を浦鹽まで運び來つた。さうして日本軍艦を以て之を加奈陀に輸送することを我が政府に依賴した。日本銀行は之を仲介して政府の許諾を得、其の條件として輸送さるべき金の一部を日本銀行に讓受けることに英蘭銀行の同意を得た。卽ち我方に受取るべき金を敦賀に陸揚し、其の對價として日本銀行が倫敦に於て保有する在外資金の相當額を英蘭銀行に引渡したのである。此くして國內正貨を大に充實し、戰時の不安に拘らず我が金本位制度を堅固にすることが出來たのである。浦鹽から加奈陀への輸送は二回に行はれた。第二回目には既に露國新政府が成立して積出を阻止せんとしたが、間髮を容れざるの間に之を遂げた。英蘭銀行總裁カンリッフ（Cunliffe）は一生中の最大快事の一として喜んだと云ふことである。金を輸送する我が軍艦の司令官は井出謙治氏（大將）であつた。

第十五章　巴里講和會議

（一）　財界よりの推薦

私が日本銀行理事に任命されてから國内勤務の期間長からざる內に、大正七年十一月休戰の後、講和會議に於ける本邦全權委員の隨員として巴里に出張することを命ぜられた。講和會議には經濟上の案件が多く上程されるだらうから、民間經濟上の業務に從事して居るものをも公式に參列せしむべしと云ふ世論が高く唱へられ、政府も其の希望を容れて農商務大臣山本達雄氏が其の人選に當り、山本氏は更に東京手形交換所委員長池田謙三氏、東京商業會議所頭取藤山雷太氏及び和田豐治の三氏に推薦を依囑し、三井合名會社理事福井菊三郎氏、大阪日本棉花株式會社々長喜多又藏氏及び私が之に擧げられたのである。其の外に日本郵船會社々長近藤康平氏は、船舶損害賠償の問題に關係ある故を以て、遞信大臣の指名により私共三人と同一の資格を與へられた。何れも「被仰付」の辭令を外務省から傳達された。私は日本銀行に在職するが故に指名されたのであらうけれども、右の如き推薦の經路によつたので、日本銀行は只其の職員の受命を承諾したのである。大藏大臣高橋是淸氏は日本銀行の監督者でもあり、私と個人的の關係も厚いから、何か私の心得べきことを示されたいと申出でたところが、會議に關しては特に註文すべきこともない、只今後の世界經濟の動向に注意せよ、又先年の外債募集當時の友人との交を一層敦くするやうに努めよとの希望を聞かされた。

全權委員として日本から出掛けるのは西園寺公望公（當時は侯）と牧野伸顯伯（當時は子）とであつたが、私は先發の牧野伯の一行に加はつた。拜謁及び御陪食を仰付られたのは此の時が始めてである。十二月十日日本銀行員下村如道氏を隨行者として桑港に向て出發し、年末年始にかけて數日間紐育に滯在した。牧野伯は私が松方公の外遊に隨行したときの墺太利駐劄公使で、私は其の時から知遇を受けて來た。船中で伯は、會議はどういふ風に進行するかまだ判らないが、兎に角種々の人に接して四圍の空氣を察し、之を自分に知らせて呉れと私に希望した。

（二） 紐育金融界の意氣込

紐育で私は先づ高橋氏關係の舊知と日本銀行資金預け先銀行の首腦者とを歷訪し、それ等から更らに紹介を貰つて出來るだけ廣く對人接觸に努めた。同志社出身者たる濱岡五雄氏が日本銀行代表として紐育に駐在して居て種々便宜を圖つて呉れた。舊知の內でクーン・ローブ商會の社主シッフ氏は、其の本邦渡來のときから旣に私と個人的親交が出來て居た上に、高橋氏の近狀を傳へたので大に喜んだ。氏は獨逸系の人なるが故に、頗る遠慮して居たが、自分は米國人として此の國に無條件忠誠を盡すと力强く辯明した。ナショナル・シチー銀行頭取ヴァンダーリップ氏は、高橋氏關係の頃にはまだ支配人級の人であつたが、其の後聲望隆々たる金融界の巨頭となつて居て、此の時から私と親交の間柄となつた。日露戰爭當時からの面識たるコンマース銀行の頭取アレキサンダー氏（Alexander）は日本緣故者たるを誇りとして私に接した。ファースト・ナショナル銀行重役も私を歡待して呉れたが、其の內には後に頭取となり、銀行界の長老として仰がれたベーカー氏（Baker）が居た。以上が日露戰爭中の本邦外債關係者である。新たなる接觸は紐育金融界の廣い範圍に渉つた。紐育聯邦準備銀行は世界戰爭開始後に創立され、發券銀行として既に日本銀行と密接の關係があるので、私は其の幹部と個人的にも交を結ぶべく努めた。總裁として令名嘖々たりしストロング氏（Strong）が病氣の爲め地方に靜養して居て面會し得なかつたのは殘念であつたが、取締役會長に似た地位のジエイ氏（Jay）、副總裁ケース氏（Case）等とは將來まで文通を續ける關係が出來た。モルガン商會は、日露戰爭の際には日本外債の引受に參加しなかつたが、其の後日本との關係を生じ、世界戰爭中英國の對米金融を一手に引受けて、國際金融上に壓倒的の勢力を振つて居たから、私は日本銀行の爲めに之との關係を一層親密にするに努めた。社主モルガン氏及び對外方面の主任者ラモント氏（Lamont）は旅行中であつたが、ポルター（Porter）、モーロー（Morrow）等の重役と會見を重ねた。其の外著名の人にして後まで接觸の續いたのは、チエース・ナショナル銀行の取締役會長ヘバーン氏（Hepburn）、及び政府の臨時職員として戰時の爲替調整を擔當せるケント氏（Kent）である。是等の人々は國際金融上に於ける日本の實力の增進したことを激讃し、日本との關係を益〻濃厚にせんことを希望し、私に對する接遇は何れも頗る懇切であつた。是れは紐育に於ける日本の在外資金が豊富にして、之を數多の銀行、信託會社等に分けて預けてあつた爲めであるに違ひないから、私は其の好意を感謝しながら、利害關係者の言として控へ目に聽いて置いた。只戰後日本が更らに外債を必要とする時期に入つたとき、米國金融界との關係を利用するにいくらか役に立つたと思ふ。

却說私が紐育に於て會談した人々の意見を綜合するに、戰後には復興事業及び新たなる發展の爲めに世界經濟が活躍を續けるであらうと云ふことに殆んど一致して居た。愼重に留保を添へる人と無條件に發揚する人との別はあつたが、大體の傾向は同じであつた。さうして米國は主として資金供給者として、然しながら又同時に事業の經營にも參加して、大に世界經濟の發展に貢獻するであらうと云ふ意氣込みであつた。露骨に表現すれば、米國が經濟的に世界の覇者となると云ふのである。是れは米國が巨大の天然資源と、戰勝者側として有する勢威と、最大の債權國となつた所の實力とを背景とする抱負に立脚するものであつた。

次ぎに米國大統領が國際聯盟案を講和會議に提出するであらうと云ふことが當時既に世上に傳へられ、牧野伯は特に其の成行に關心を有つて居たから、私も之に對する米國人の意向を探知すべく努めた。私の接觸したのは主として金融界の人々であつたが、其の方面に於て國際聯盟を熱心に贊成するものは一人もなかつた。之を大別すれば、全然意見の表明を避ける人と、まだ國際聯盟なるものを理解せずと云ふ人と、さやうの理想境の實現する筈はないと云ふ人と、米國が國際政治の渦中に投ずるを不可として國際聯盟に反對する人とであつた。私は相手たる人の黨派上の立場を克く知らないので、誰に對しても同じ様に質問を出して見たのだが、受けた應答は右の如くであつた。時の進むに隨ひ、民主黨側はウォルソン大統領の方針に沿うて國際聯盟を支持するやうになつたが、終に共和黨の猛烈なる反對により、國際聯盟規約を含む所の條約の批准が否決されたのも偶然ではなかつたと思はれる。

是等大體観の外に、種々具體的事項に關する情報もあつたが、餘りに煩瑣に渉るから、玆に擧げない。私は細大の所聞を全權部に口頭報告し、其の內適當の廉を日本銀行及び大藏大臣に電報した。是れは紐育に始まり、巴里、倫敦に於て續けた所である。

(三)　巴里に於ける遭遇

巴里には大正八年一月中旬に到著した。歐洲駐剳大使にして全權委員として講和會議に參列したのは、珍田捨已、松井慶四郎、伊集院彥吉の三氏であつた。西園寺公は後れて到著したが、私は會議の關係に於て始めて公に親接する機會を得たのである。私の受けた一般的感想は、公の著後全權部の訓令又は指示が一層力強くなつたことである。私が單獨に公から聞いた言葉で最も深い印象を殘したのは、我國の利益を擁護すると同時に世界の爲めに寄與する意氣を以て事に當れと云ふことであつた。

經濟財政方面の專門家としては、倫敦駐在財務官森賢吾、橫濱正金銀行倫敦支店長巽孝之丞、三菱銀行倫敦支店長菊池幹太郎、三井物產會社倫敦支店長南條金雄等の諸氏が參加した。青木得三氏、青木一男氏なども大藏省系として居た。日本銀行員では、倫敦から杉浦岼作氏、巴里駐在の安倍四郎氏及び瑞西駐在の田中鐵三郎氏が私を助けて呉れた。外務、陸海軍諸省の人々、其他公私の立場に於て巴里に集つた數多の人々と、或は舊交を厚くし、或は新交を結ぶの機會を得たことは私の今に至るまで幸とする所である。同志社の先輩橫井時雄氏は私が流行感冒に罹つて重態に陷つたとき、安倍四郎氏と共に看護等の手配を裁量し、私の精神に力を附けて呉れた。萬一の場合に遺骨を携へて歸るのは自分だと云つて居たさうである。治療に力を盡して吳れた壁島海軍々醫、那波陸軍々醫と横井、安倍の二氏とに對し、私は深き感謝を銘記する。私が病を押して輕擧せんとするのを那波軍醫が叱咤制止して吳れなかつたならば、私の生命は其時に亡くなつたかも知れない。加藤恒忠、立作太郎、奈良武次、山川端夫、岡實、畑俊六、野村吉三郎、有田八郎、吉田茂、芦田均の諸氏とは此時から續いて懇意になつた。

一月終頃に會議が開かれて見ると、多數の委員會が設けられて、先づ專門的に諸般の事項を審議することゝなつたので、隨員をはじめ、臨時に囑託を受けた人達が、それ〴〵委員會に出席せしめられた。私には賠償委員會を振り當てられたが、日本側の主席は大藏省直系の最高級者たる森賢吾氏であつた。而して私は二月上旬より約一ヶ月に亘り、病氣の爲め肝要の時期に缺席したので、特に私の關與した廉として擧ぐべきものはないが、委員會の決議には參加した。

私は元來委員會の專門的審議よりは、一般情勢の觀察の方に多く關心を有つて居た。殊に戰後に於ける世界經濟の動向を測量することに重きを置き、先づ紐育に於て試みた如く、從來の緣故と日本全權の隨員たる立場とを利用するに努めた。若し又戰後の世界經濟の機構又は運營に就き協定を爲さんとする氣運があるならば、我國としては自國の發展に重點を置くことは云ふまでもないが、之と相容るべき範圍に於て廣い見地から折衝誘導に參加すべき機會もあるかと思つて、胸中獨り考慮を廻らして居た。戰時中に伸張した我が通商上の立場と對外資力の蓄積とは、之に役立つであらうと期待した。然るに、戰後の貿易、國際金融等を如何にすべきやと云ふ問題は一應講和會議の內議に上つたけれども、各國の主張が甚だしき自己中心主義に傾き、到底有效なる協調に達すべき見込なく、勞働規約の外は單に抽象的の希望を表明するに過ぎなかつた。卽ち私をして、戰後一層深刻なる國際經濟競爭が續行されるであらうことを思はしめたのである。我國が此の情勢に對應する覺悟を定むべきことは當然の歸結であらねばならぬ。

右の次第で、私が若しやと思つて待構へた所の場面は出現しなかつたけれども、會議の傍に於て、一の面白いことがあつた。三月の始めに、病氣回復して委員會に出席するやうになつてから間もなく、米國全權の隨員として來佛中の聯邦準備院副總裁アルバート・ストラウス(Strauss)氏は私と巽孝之丞氏とを午餐に招いて、同じく隨員たるモルガン商會のラモント氏と共に私達を迎へた。ストラウス氏の云ふには、實は或る問題に就いて非公式に日本側の事情及び意見を聽きたいので、あなた方二人が一番適當な相手だと數へられ、深井さんの病氣囘復を待つて居たのだと。さうして左の質問を出した。米國は成るべく早く金輸出禁止を解いて金本位制に復歸すべき意嚮を以て調査及び準備に著手して居るのだが、それに就いて解禁後日本は紐育に於て保有する資金を金に兌換して輸出するであらうか。英佛は今米國に對して債務國であるから、問題とするに及ばない。其の他紐育に資金を保有する諸國の內で、其の金額から見て、日本が一番重要であるから、先づ其の意嚮を知りたい。是れがストラウス氏の聽かんと欲する所であつた。當時日本の紐育に於ける保有資金は、政府及び日本銀行の在外資金と爲替銀行の買持とを併せて數億弗に達して居たであらう。急に之を引出して金輸出に向けられるやうでは解禁を躊躇せざるを得ないと云ふ事情であつたらしい。巽氏は正金銀行の立場に於て一局部を知るのみであるからと云つて私に應答を讓つた。私は電報で東京に質してから精確に返事をしようと云つた所が、先方はそれにはまだ早い、今は方針未定だから、一己の見込だけ話して吳れ、間違つても責任を負はせないと云ふ。此の問題の資料たるべき事項は、私が戰時を通じて鞅掌し來つた所で、政府及び日本銀行の意向を略〻間違ひなく想像し得べき自信があつたから、直に次ぎのやうに答へた。目下日本が紐育に保有して居る資金は戰時輸出等による受取勘定超過の結果として出來たものである。それに對して内外金融上の處置は既に講じてあるのだから、將來は別とし、今直に之を引揚げて現送する必要はないと思ふ。寧ろ他日輸入超過の場合に米國に於て仕拂に充てるのが便宜である。但日本は今尙受取超過を續けて居て、其の新たなる收得資金を外國に留置することが段々困難になりつゝある。殊に在外資金を引當に通貨を發行するに對し非難もあるので、今後外國に於て收得する資金は日本へ現送しなければならぬことになるだらう。是れが私の返答の要領であつた。米國の金本位囘復は差向き我國の貿易の爲めにも、世界經濟の爲めにも歡迎すべきことゝ私は思つた。我國の國際金融上の立場に於て、將來に亙る拘束を受けることは避けなければならぬけれども、解禁直後に於て米國の事情を斟酌することは、我國にとつて不利はない。それで私見として右の如く答へて置いたのである。ストラウス氏は、克く理解が出來た、是れから他の國の意向も探り、愈ゝ成案を得た上は公式に日本に交渉すると云つて、私の返答の豫期以上に率直明瞭なりしことを謝した。私は應答の次第を直に日本銀行に電報したが、承認もなく、訂正の指令もなかつた。ストラウス氏は數週の後、解禁準備の爲めに歸國すると云ふことを私に挨拶した。米國の解禁は私の歸朝前に實行されたが、其の前日本銀行に交渉があつて、私がストラウス氏に内示した所と同じ趣旨の回答が發せられて居る。日露戰爭に際し高橋是淸氏が外債募集の爲めに苦しむのを審さに見た私は、此の遭遇によつて感慨無量であつた。

巴里滯在中の風變りと云ふべき遭遇は、米國共和黨より特派されて講和會議の推移を觀察しながら同黨の主張を宣揚しつゝあつたチアンラー（Chanler）と云ふ人との接觸であつた。舊知の米人にして英米佛言論界の裏面に聯絡の多いフルラートン（Fullerton）と云ふ人の紹介で會見したのだが、其のチアンラー氏は巴里に住居を構へて門戶を張り、諸方面の人々と接觸して氣焔を揚げて居た。ウヰルソン大統領を支持する民主黨側の意嚮は公式に代表されて居るから、私は反對側の空氣を察することも何かの役に立つだらうと思つて之に應接したのである。チアンラー氏を繞る連中のウヰルソン反對は實に猛烈で、殊に國際聯盟を含む所の條約批准は決して上院を通過させないと豪語して居た。是等の人々の言説を背景に置いて、講和條約に關する新聞報道を讀み、曩きに紐育で聞いた所と思ひ合はせるとき、其の豪語も全く無根據とは云ひ難いやうに感ぜられた。私は或る時其の感想を同僚間に漏らした所が、條約批准の否決は米國憲法上有り得るけれども、大統領が國論を察し、自信を以て調印せるものを破棄すると云ふが如きことは夢物語に等しいと一蹴された。然るに其の夢物語が終に實現したのである。

もう一の面白いことは、中華民國全權委員の一人たる施肇基氏との關係であつた。或る宴席で氏は私に近づき來つて舊知の挨拶を述べたが、私の方に記憶がない。全權委員からさやうの挨拶を受けるのは光榮だが如何なる因縁かと率直に訊いて見たら、先年ジェンクス（Jenks）教授に隨行して日本へ行つたときに世話になつたと云ふ。それで私は直に思ひ出した。ジェンクス教授は米國の經濟學者で、中華民國幣制改革の立案を依囑され、日本側の意見を聽き且つ協力を求める爲めに東京に來たのであつた。日本側では委員を設けて之に應接し、日本銀行の調査役たりし私は大藏書記官神野勝之助氏と共に幹事を勤めた。ジェンクス教授の祕書には、其の教へ子だと云ふ青年支那人が居て幹事たる私達と共に事務を取扱つた。松尾日本銀行總裁の催ほした晩餐會に招待を受けたが、燕尾服を持たないのでどうしようかと私に相談したこともある。其の青年が、全權委員として講和會議に臨んだ施肇基氏なのである。それから舊交を溫め、後年の華盛頓會議の時にも亦友人として接觸を續けた。

（四）戰後の觀測

戰後景氣の觀測は之を紐育に始めて、巴里倫敦に續けた。歐洲に於いては、戰爭による大慘害に近接し、又戰勝國と雖財政上の困難甚だしきものありしが故に、紐育に於て聞きたる如き單純なる樂觀說はなかつた。然しながら大體としては、戰時中歐洲以外の地域に現はれたる如き景氣が戰後も或る程度一般に續行するであらうと云ふ見透しに傾いて居た。其の理由は、戰時景氣の原因が軍需品の需要にありし如く、戰後は戰時中に抑へられて居た一般消費の復歸と復興及び新設事業の計畫とによる物資の需要が旺盛になるであらうと云ふのであつた。中には、獨逸から賠償を取るから、戰勝國側は好景氣を呈するだらうと云ふが如き子供らしいことを云ふものもあつた。以上は私が巴里と倫敦とに於て接觸した諸國、諸方面の人々の間に於ける流行的氣分を要約したものである。倫敦の某市中大銀行の首腦者にして、戰後の經濟的大發展を期待し、大英國が其の先頭として活躍するの抱負を語るのもあつた。其の口調は、米國と大英國とを置き換へただけで、經濟界の人々の自任せる所に似て居た。此の如き一般の樂觀氣分に對して、他方には歷史と常識とに訴へ、大破壞の後に好景氣の來る筈がないと云ふものもあつた。更らに細かく考へて、今迄の歷史上に無かつた社會問題が今度の戰後の經濟を一層紛糾せしむるだらうと懸念するものもあつた。獨逸賠償に就いては、講和會議中旣に其の實行可能を疑ふものもあり、又それが戰勝國の企圖する通りに實行されるならば、獨逸は結局貿易上の輸出超過によつて之を仕拂ふの外はないのだから、獨逸の苦痛であると同時に、戰勝國側工業及び貿易に不利なる影響を與へるであらうと推論する人もあつた。其の他概念的に戰後の反動を避け難しとする感想は種々の人から聞いたが、主として國際金融上の見地より其の理由を認識し、確信を有つて居ると思はれたのは、倫敦の市中金融業者にして英蘭銀行の重役たるグレンフェル(Grenfell)と云ふ人であつた。此人は流行的戰後樂觀說の根據に甚だしき缺漏のあることを指摘したのである。卽ち樂觀說の根據は、軍需品の需要に代つて平時消費品及び復興資材の需要が起るであらうと云ふにあつたが、甚大なる軍需品の調達を可能ならしめたのは、交戰國の財務的信用膨脹に供給者側が協力順應した爲めであつて、戰爭の末期には旣に其の限度に近づきつゝあつたのだから、同じ作用が戰後復興の爲めに發揮されることは望み難い。成程消費品及び復興資材に對する欲望は大きく發露するであらうけれども、之を果すに必要なる購買力が伴はない。それだから戰時中生産設備を擴大したものは、其の生産力を有效に使用すべき途なきに苦しみ、戰爭によつて疲弊したるものは欲望急切なるも之を充たすの手段なきに苦しみ、一方に於ける生産力の餘剩が他方の物資缺乏と對立し、其の均衡の囘復には相當の時を要すべく、其の間は一般の不景氣を免かれない。是れがグレンフェル氏の私に語つた推論の要旨である。私は其の意見に重きを置き、之を詳しく東京に電報して置いた。戰後數年間の實際推移は全く氏が豫見せる通りであつた。

英佛の舊知を尋ねることは高橋是淸氏の希望でもあつたので、私は大概之を果した。さうして觀測上にも益する所が多かつた。日露戰爭當時高橋氏の主たる相手たりし人にして既に故人となつたのも多かつたが、巴里ロッチルド家の長老エドモン・ド・ロッチルド男(Edmond de Rothschild)、巴里取引所理事長ヴェルヌイユ氏(Verneuil)、倫敦のカッセル氏、ベーリング商會のレヴェルストーク(Revelstoke)卿、アンソニー・ロスチアイルド氏、元パース銀行の取締役シャンド氏（Shand）、香港上海銀行のサー・チアールス・アディス等は、高橋氏の助役たりし私の再來を喜び、大に歡待して吳れた。尙私は日本銀行資金の預け先たる諸銀行の首腦者を歷訪した。其內特に胸襟を開いて意見を交換し得たのは、ウエストミンスター銀行の會長リーフ氏（Leaf）、ミッドランド銀行頭取ボルデン氏（Borden）、モルガン商會の巴里に於ける代表者カーター氏（Carter）等である。英蘭銀行總裁カンリッフ氏とは講和會議の委員會で顏を合はせ、佛蘭西銀行では副總裁ピカール氏（Picard）と特に懇意になつた。私の個人的友人たるチロル、キヤッパー、ビートン、ウヰザースの諸氏とは益〻交を深くした。倫敦タイムスの外報部長スチード氏（Steed）は、私の第一次洋行の時の知人で其の後出逢はずに過ぎたが、講和會議の時には、ロイド・ジョージ氏と肝膽相照の社長ノルスクリッフ卿を背景として巴里に駐在し、單に言論界に於けるのみならず、國際政局裏面の一有力者と稱せられて居た。横井時雄氏が之と親善であつたので、私も舊交を復し屢〻會談した。同志社に於ける先師グリーン先生の息ジエローム・グリーン氏（Jerome Greene）が米國側の隨員として私と同じ委員會に列したのも面白い奇遇である。氏は其後米國の金融業者リー・ヒッギンソン商會の重役となつて對外投資の線に働らき、日本の電力社債等を引受けることに盡力した。私の視察觀測は是等の人々との接觸から資料を得たのだから、特に其の名を擧げる。其の外、各國の巨頭を始め儀禮の交換だけでも好い思出の種として記憶に殘つて居る人は頗る多い。

私は會議關係の事項に直接濃厚の關係を有たなかつたけれども、重要問題の經緯は內部から聞知して居た。周圍に於ける情報及び資料の蒐集には多少獲る所があつたと思ふ。又自己修養に益する所の多かつたことを幸とする。會議後倫敦に數週間滯在した上、再び牧野伯と同船で、印度洋航路により大正八年九月十一日に歸朝した。出發の時の日本銀行總裁は三島彌太郎子、副總裁は水町袈裟六氏であつたが、歸朝の時には三島子既に歿し、井上準之助氏が總裁、木村清四郎氏が副總裁であつた。

第十六章　華盛頓會議とジエノア會議

（一）　軍備制限會議の側面

講和會議の次ぎには戰後國內金融政策に對する私の關係を擧ぐべき順序であるけれども、それは後に一括することゝして、先づ中間に於ける二つの國際會議の記事を挿む。

第一次世界戰爭終結後約二ヶ年を經たる大正十年の夏頃、米國は政治及び經濟上の問題を議する爲めに大規模の國際會議を開催するの意嚮ありと新聞に傳へられた。戰後明朗なる新情勢が出現するであらうと云ふ講和會議當時の一般希望は裏切られ、國際關係の不安、軍備の競爭、賠償問題の紛糾、通貨及び國際爲替の混亂、各國經濟の不振と云ふが如き暗雲が濃厚であつたので、新らしき國際協定によつて之を打開せんとするのが米國の企圖する所であらうと想像された。我が政府に對しても內交渉が進められたらしく、段々明瞭になつた公式の議題は軍備制限と太平洋を繞る政治問題とに限られ、會議の名稱は軍備制限會議と云ふことになつたが、之に關聯して、若しくは別の會議によつて經濟問題が取り上げられるであらうとの噂も殘つて居たので、總裁井上準之助氏は、日本銀行からも誰か其の會議に參列することを希望し、外務省に交渉して同意を得た。さうして私が最適任者として推薦された。此の時私は戰後の國內金融政策の方に重い關心を有つて居たので、外國出張を好まなかつたけれども、井上總裁の懇望を排し兼ねて之に應じた。それで講和會議のときと同じく本邦全權委員の隨員を仰付けられた。全權委員には海軍大臣加藤友三郎大將(後に男)、駐米大使幣原喜重郎氏(後に男)及び德川家達公が先づ任命せられ、後に幣原氏が病氣に罹つてから、外務次官埴原正直氏が加はつた。隨員中で私に似た立場にあつたのは橫濱正金銀行取締役小田切萬壽之助氏であつた。日本銀行からは石川守一氏が私に隨行した。私は、通貨、爲替、通商等の經濟問題に就き井上總裁、大藏大臣高橋是淸氏等と協議を遂げたる上、加藤全權等に少し後れて、十月十三日橫濱を出帆し、桑港を經て十一月初に華盛頓に著し、間もなく總理大臣原敬氏の遭難及び高橋氏總理大臣拜命の報に接した。原氏の喪失は到米の本邦側と米國の當局とに一時大なる衝動を與へたが、高橋氏の就任により政策上に變化なかるべきことが期待されて安心を得た。法制局長官横田千之助氏は本邦政界と遣米代表部との連絡をとる爲めに華盛頓に居たが、原敬氏の後繼として高橋氏を希望する意見を東京に電報したと私に語つた。

會議は豫定の如く專ら軍備制限及び太平洋問題を議題とし、それが中々圓滑に進捗しないので、米國政府は他の問題を交へて一層紛糾を來たすことを好まないと云ふ態度を宣明した。それで直接會議に關する私の用向は全く無くなつたのだが、折角出掛けたものだから、會議に上る問題の研究と一般經濟情勢の觀察とに力を注ぎ、華盛頓紐育間を往來した。他邦の人に接するに當つては、出來るだけ我國の立場を說明するに努めた。本邦會議事務局の依囑により數個所に出張して講演もした。首席全權加藤大將が最後に如何なる纏まりを付ける腹であるかは私の知る所でなかつたが、對支事項及び軍備事項に就き日本の希望する所と、主張すべき筋とは自ら明かであつたから、其の理由を强調するのが私の一貫せる態度であつた。在米日本人の間には安協により早く解決すべしとの說を口外するものもあつたが、私は之と步調を異にした。

米人側から我が讓步を促がすものもあつたが、私はさやうなことを輕々に語るべからずとして之を抑へた。內面折衝の經過はどうあらうとも、側面では此の如き意氣を示して置くのが、最善の結果を得る所以だと、私は信じたのである。此の線に沿うたる私の言說に最も好く耳を傾けて吳れたのは紐育聯邦準備銀行總裁ストロング氏であつた。同氏は日米關係の圓滿を切望し、私に友誼的の助言を與へた。同時に國際金融上日本の地位の頗る有力なることに米國政府の注意を惹き、善處を進言しつゝあると私に語つた。一度ストロング氏の依賴により其の意見を加藤全權に傳へたとき、深沈不動を常とする加藤大將が椅子から立ち上つて返辭を述べた。

ストロング氏は大正三年米國準備制度創設の時、比較的後進者にして一躍要地に拔擢せられ、金融界舊勢力の間に新制度の權威を確立するの容易ならざるを思ひ、私的利害の關係により指斥を受くるの間隙なからしめんが爲め、所有資產中金融政策の影響を受くる株式等を就任前に處分した。其の結果、戰時景氣の發揚に際し大に資產を增殖するの機會を逸したと云ふ。此の意氣を以て公職の運營に當り、國內的にも世界的にも、聯邦準備銀行の地位を重からしめた。日本銀行との間に資金委託運用の契約を結び、貿易金融上の相互便宜に資したるも此の人の發案であつた。

私が講和會議から歸つた後、氏は病氣靜養の爲めに日本に來遊し、其の時私は屢〻接觸を重ね、經濟上の意見交換から始まつて、終には一身上の事情まで打ち開けられる間柄となつた。此のストロング氏が私の渡米を歡迎し、華盛頓政府部內及び上院の友人の多くに紹介して吳れた。それで私に對人接觸の途が開けた。聯邦準備院幹部員たるハムリン、ミラー（Miller）の二氏は私の爲めに懇切に斡旋して吳れた。ハムリン氏は私が松方公に隨行したときからの舊知で、交際の範圍が頗る廣く、華盛頓の種々なる方面に紹介して吳れた。婦人達は會議參列の爲めに來た他邦人を各自の交際圈內に引寄せたがつて居たらしく、緣より緣を延いて私の接觸圈は擴大された。私も華盛頓では閑だから相當の人からの招待には快く應じた。意圖する所の目的に役立つこともあつたが、從前知らなかつた米國の世相を視察することに興味を感じたのである。それまで私が知る所の米國人は概して國際金融關係者、外交家、學者等で視野の廣い人達であつたが、此の度は米國氣質に固まつた人達と接觸して私の米國に對する理解が深くなつた。華盛頓で上院議員が各州の代表として幅を利かせることも兼ねての想像以上で、有力議員は大統領以外の誰よりも高く自らを標置し、婦人の交際上では上院議員の緣故者たることが著しく稱揚される。是れ亦他に見ざる特異の風景であつた。

紐育では從來の友人、知人と會談を重ねたる外、新らしい相識も出來た。ナショナル・シチー銀行のヴァンダーリップ氏は退隱し、ミッチエル氏（Mitchell）が代つて頭取となつて居たが、同行は極東に爲替業務を擴張しつゝありし故に話題が多かつた。此の時ミッチエル頭取の如何なる人なるかを知つたことは、後年我國と同行との間に複雜なる交涉を生じたるとき、參考として多少の便宜があつた。モルガン商會には當時日本に對する業務上の懸案があつたので、私は特に井上總裁の傳言をラモント氏に寄せ、其の進行を圖つた。クーン・ロープ商會の老主ジエコップ・シッフ氏は既に歿し、其の子モルチマー・シッフ氏が社主となつて居て、頻りに日本に對する業務關係を囘復せんことを希望した。同社は日露戰爭當時日本政府外債の主たる引受者なりしも、其の後モルガン商會が之に代つたのである。同社の重役として明治三十八年以來の舊知たりしポール・ウオーバーグ氏は、實務家にして經濟學上の造詣深く、聯邦準備制度の創設に參畫して功績を擧げ、講和會議の時には聯邦準備局の幹部員として紐育を離れて居た爲めに私と出會しなかつたが、此度は國際手形引受銀行の取締役會長として紐育に在り、通貨及び爲替の問題を主題として、廣く國際情勢に就き研究的に私と語り合つた。尙關心を同じくする人達を集め、晩餐會を催ほして意見交換の機會を作つて吳れた。參會者中には、後に大統領の派歐特使として名を擧げた所のノルマン・デヴィス氏（Norman Davis）も居た。ウオーバーグ氏は聯邦準備院の幹部を退いてからも、尙其の顧問として每月一囘會議に出席するので、其の度每に一般の情勢を私に通報して吳れる關係が此の時から出來て、私も可然之に應酬し、氏の死去するまで續いた。紐育聯邦準備銀行では、前揭の總裁ストロング氏、後に總裁に昇つた當時の副總裁ハリソン氏（Harrison）、其他の重役と午餐を共にしたる外、ストロング氏とは全く他人を交へずに自宅の晩餐及び倶樂部の午餐の前後長く懇談を重ねた。講和會議のときに重要な談合をしたストラウス氏は旣に聯邦準備院を退いて金融業に從事して居たが、紐育で會見して互に快く曩時を語りながら現在の時勢に就いて意見を交換した。

上記の如き經路によつて一般觀測及び我國の立場の說明を爲しつゝある間に、國務次官フレッチアー氏（Fletcher）は、英國が華盛頓會議とは別に國際經濟會議の開催を發議するらしい、米國は多分參加しないだらうけれども、之に對して關心を有ち、好意を表すると云ふことを私に話して呉れた。直に其の情報を日本銀行及び大藏省へ電報して置いたところが、其の後に井上總裁から電報が來て、英國の發案による國際會議に日本も參加すべきことになつたから、私には其の方へ廻はるやうに用意せよと云ふ大藏大臣の內命を傳へた。私は、講和會議のときには、經濟上の國際協定を夢みて、日本が之に對し重要の役割を演じ得るかと思つたけれども、其後の世界情勢の推移及び米國に於ける見聞により、會議に於て有效なる國際協定を達成する望の少ないことと感じたから、餘り之に氣乘がしなかつた。又今回の經濟會議には歐洲諸國の事情に精通せる財務官森賢吾氏が全權委員に加はると云ふことだから、さうすれば私に格別の用もあるまいと思つて、私は華盛頓會議の終了と共に若しくは其の前にでも歸朝を許されたいと電報で申出でた。然しながら高橋總理兼大藏大臣も井上總裁も重ねて私の參列を要望したので、一旦外國に踏み出した上は仕方がないと覺悟して之に應じた。それが多分大正十一年の一月中であつたと思ふ。歐洲に於ける會議の開催にはまだ餘日があるので、私は其の爲めにする準備の意味も加へて一層米國に於ける觀察に力を入れた。

米國に於て接觸した諸方面の意嚮及び公開の論議を綜合するに、一般には先づ通貨の整理及び爲替の安定により經濟の囘復を圖るべしとする感想が頗る強く現はれて居た。歐洲は物資不足に苦んで居るのに、米國の餘剩物資は賣れないで不景氣に惱む。つまり前章に述べたグレンフェル氏の豫言が正に的中したのである。それには廣汎深刻の原因があるのだけれども、端的に眼に見える所は、歐洲諸國の通貨價値が下落したので米國品をそちらへ持つて行けば高價になる、又爲替相場が甚だしく動搖するので取引の希望はあつても爲替の出合が付かないと云ふ點にあつた。其處で、一方に於ける餘剩の物資が他方に於ける缺乏を充たす爲めに賣れないのは、通貨及び爲替の上に缺陷があるからだと云ふ皮相の結論に到達したのである。

此の見地より通貨整理及び爲替安定を企圖する人々の内にも二つの流派があつた。一つは根本的に世界の通貨制度を變革し又は目前の難關を突破する爲めに暫定的便法を講ぜんとするものである。此の傾向は米國に於けるのみならず歐洲方面にも現はれて、珍說妙案が續出して居た。かやうな時節に常套として擡頭する國際通貨說を始めとし、國際銀行設立案、歐羅巴合同準備銀行案、國際實物決濟案、國際貸借決濟用短期證劵發行案、國際信用評定機關設置案等が唱道せられた。私が米國で意見を交換した人々の内で、此の種の傾向の代表者と云ふべきは上院議員キング氏（King）と通貨監理長官クリッシンガー氏（Crissinger）とであつた。キング氏は主として自説を宣揚したゞけであるが、クリッシンガー氏は私の經驗から何等か參考となるべきものを聽きたいと眞率に希望した。此人はハーディング大統領と郷里を同じくし、田舍の小銀行頭取から一躍中央の要職に就いたのださうで、急激なる立場の變化を自白し、知識を求むる心構へが熾烈であつた。私は當時の實情に於て通貨又は爲替の方面に經濟囘復の卽效藥を求むるは恐らく見當違ひなるべく、若し米國の物資を外國に輸出せんと欲せば、相手國購買力の助成を切要とし、其の方法は米國より資金を貸與することゝ、米國がそれ等の國の特產物を寬大に輸入することゝにありと云ふ平凡なる筋合を說いた。さうして日露戰爭より世界戰爭に亙る日本の體驗を例示した。クリッシンガー氏は、此の體驗に於ける外資輸入、在外資金、貿易決濟及び產業振興の關聯性に深く感興したものゝ如く、殊に在外資金の利用は全く初耳だと云つて、細かに質問を重ね、役所では時間が足りないとて、相客なしの私邸晩餐に私を招いて緩談した。爾後何年か先方が職を去るまで文通を續けた。

同じく通貨及び爲替の方面に重きを置くとは云へ、上記の傾向と趣を異にする今一つの流派は、世界的金本位制の再建に熱中するものであつた。紐育の所謂高等金融に從事する人々は概して之に傾いて居たが、私の接觸圈内に於ける顯著なる代表者はストロング氏であつた。同氏は識見と經驗とに於て經濟問題の要諦に透徹して居たから、固より通貨の整理を經濟囘復の卽效藥と考へたのではない。根本的の解決は產業及び貿易の實體に於ける推移に待たなければならぬことゝ、當面の國際的不均衡を匡すには米國より資金供與を爲すの外なきことゝを充分に理解して居た。只同氏は堅實なる經濟囘復の端緖として先づ通貨整理に著手すべく、通貨整理には一時の事情に立脚して根本的變革を試み又は便法を講ずるよりも、長き試錬を經たる金本位制の再建を目標とすべきことを主張した。資金供與は當面の急務なるも、それは通貨の整理と併行しなければならぬと云ふ意見であつた。さうして旣に金本位制に復歸せる米國の外、差向き金本位制を再建し得べき可能性を有するのは英國と日本とであるから、三國率先して範を示し、以て他を誘導したいと熱望した。私は、金本位制の再建を目標とし、之に向つて步を進むべき方針を立てることには同意である、又金及び在外資金の保有高から見れば日本は金本位制再建の條件を具備して居ると思はれるけれども、國際收支の狀態が安定して居ないから、輕輕に之を斷行することは出來ないと、留保の立場を明白にして置いた。兎に角日米英の間に今後緊密に意見を交換して行きたい、英蘭銀行總裁にも其の旨を通じて置くとストロング氏は云ふ。世界的大勢の推移に通ずる途の廣きは固より望むべきことで、其の爲めに何等の拘束を受けるのではないから、私は之を諒承した。

其の他紐育金融界の意嚮を察するに、外國への資金供與に就いては、米國にとりて多少苦き經驗もあつたに拘らず、講和會議の頃に發生した意氣込が尙盛に續いて居た。是れは米國の輸出貿易振興の爲めにも必要なので、其の後獨逸復興の援助を主とし、諸方面に向つて發動實現した所である。世界の景氣もそれによつて一時囘復したのである。我國もそれによつて便宜を得た時期があつた。大債權國となつた所の米國が關稅低下等により外國物資の輸入を寛大にすることは、窮極米國の輸出貿易の爲めにも有利であるし、國際的不均衡を匡すには最も有效なる方途と思はれたけれども、米國には自國產業保護を重んずる傳統的の思想が蟠居して、何人の話を聞いても、中々轉廻の氣運は窺はれなかつた。それで米國は債權國たると同時に輸出超過を續け、金の大集積を見るに至つたのである。

もう一つ滯米中の事項にして直接日本銀行の在外資金運營に關するものがあつた。英米爲替相場は既に著しく低落して居たが、紐育で諸方面の話を聞くに、更らに低落を免れざるべき模樣であつたから、私は其の所感を日本銀行に電報し、在英資金に就きて妥當の措置を爲すべきことを進言した。其の意見が容れられて或る效果を收めたのである。

米國に於ける行動は大體上記の如くにして、私は歐洲の經濟會議に參列する爲め、二月十八日紐育を出發して先づ英國へ渡つた。米國滯在中日本銀行の代理店監督役永池長治氏及び正金銀行紐育支店長一宮鈴太郎氏は私の爲めに種々便宜を與へて與れた。日本銀行員武井理三郎氏、柏木純一氏及び岡本兵太郎氏は私の事務を助けて與れた。大藏省系の財務官田昌氏並に富田勇太郎、神鞭常孝、及び川越丈雄の三氏は私と同じく會議關係者として居た。外務省系、陸海軍系には舊知も多く、新知も多く出來た。海軍の加藤寬治、山梨勝之進兩氏とは此時から續いて懇意になつた。澁澤子爵の一行、團琢磨男を首班とする一行、岡實氏、小崎弘道氏、綱島佳吉氏等の舊知、新知が多く華盛頓に來り合はせて賑はしく往來した。

(二)　ジェノア會議の通貨問題

英國の發案せる經濟會議は、其の構成、場所及び議題の範圍に就いて英國と佛國との間に容易に意見が纏らなかつた爲めに、遷延して四月の十日から伊太利のジェノアで開催されることになつた。我國の全權委員は駐英大使林權助男、駐佛大使石井菊次郎子、及び財務官森賢吾氏であつた。私は林大使の一行に加はつて六日倫敦を出發した。會議の始唱者は英國であつたけれども、英、佛、伊、日、白の五國が共同主催者として正式に他國を招請することゝなつた。之に參列したのは三十一ヶ國で、米國は其の內に入らないが、獨逸とソヴヰエトとが被招請國として參加したのは、講和會議以後の時勢の變化を示すものとして注目に値する。それまでにも國際經濟會議と稱するものがブルキセル等に開催されたが、其の委員は各國政府から任命されたゞけで、政府を代表するのではなく、只審議研究を遂げて參考に供することを本來の建前としたものである。此の度の會議には參加國政府の全權委員が參列するのだから、重要性は遙かに大きい。私と同じく民間人にして隨員として會議に參列したのは大倉組の門野重九郎氏と正金銀行倫敦支店長大久保利賢氏とであつた。日本銀行員岡田才一、島居庄藏の二氏は倫敦から私に隨伴して事務を助けて呉れた。大藏省の大久保偵次氏、荒井誠一郎氏等とは仕事を共にし、外務省の佐藤尙武氏、武者小路公共子等とは此時から懇意になつた。

ジエノア會議は國際經濟會議と云ふ名稱で催ほされたけれども、多分に政治性を帶びて居た。最初英國の意圖する所には、戰爭債務の處理方を決定し、更らに進んで歐洲經濟復興の援助を米國に求むること、獨逸賠償問題及び對露債權問題の處理を促進し、獨露兩國を世界の經濟圏内に引戻すこと等を含んで居たらしい。然るに米國は必ずしも經濟的援助を辭せざるも、國際政治の渦中に入ることを避け、自發的に動くの立場に居らんことを欲して會議に參加せず、佛國は獨逸に對し壓迫の手を緩めざらんが爲めに、賠償問題を議題とすることに反對し、獨露の二國は會議に參加して置きながら、開會後間もなく、即ち四月十六日に於て、出し拔けに單獨協定を結んだ。それは世界戰爭に起因する兩國間の懸案を解消し、將來に於ける相互援助を約したものである。隨つて獨逸は對露債權を議題とする議事には參加しないことになる。加之右の協定が國際會議に參列する兩國全權委員によつて、ソヴヰエト委員の旅宿に於て調印されたことは、會議を愚弄し、主催國に反抗の態度を示すものであつた。佛國側は甚だしく憤激して一時決裂の形勢を呈し、英國側殊に首相ロイド・ジョージ氏の隱忍自重と鞏靱なる努力とにより辛うじて會議を續行したが、政治問題の妥結は到底望まれなくなつた。それで意義ある仕事としては、通貨の整理を主とする經濟問題の審議のみが殘されたのである。

ジェノア會議の通貨決議は、參加國を拘束する正式協定となるに至らなかつたけれども、全權委員が政府を代表して其の趣旨を是認したもので、爾後約十年間世界の通貨整理を指導したと云ひ得る。其の條項に現はれた所と其の背景たる時勢とに就いては、拙著「通貨調節論」及び「金本位制離脱後の通貨政策」中に詳論してあるが、私が其の成立に如何なる關係を有つたかは今迄公表してないから、玆にはそれを述べることを主とし、之に伴つて必要ある限り決議の趣旨を簡短に說明することゝする。

世界戰爭によつて破壞されたる通貨制度を如何に整理すべきやの方針に就き、私は華盛頓會議の爲めに日本を出發する時から、大體の腹案を定めて居た。それには、世界的大勢を考慮に入れたけれども、主とする所は、我が國情に應じ妥當の進路を採り得るやうにすることであつた。金本位制は、通貨の狀態を堅實に維持するには適當の制度であつたと思はれるけれども、通貨發行の條件が窮屈にして融通性が少ない。それで世界戰爭の如き大事變に逢著して崩潰し去つたのである。我國も其の例に漏れない。其の後は多數の國に於て通貨の發行が無軌道に陷り、國內經濟の不安定と國際爲替の混亂とを招來した。此の狀態を匡正すると同時に從來の金本位制の窮屈を免かれる途はなからうかと云ふ一般の希望に併行し、通貨理論の研究と新貨幣制度の工夫とが行はれたのである。而して通貨の價値が必ずしも金に依存しないと云ふことは大體學界の認むる所となつたけれども、金に據らざる制度を如何に構成すべきやに就いては、議論も歸一せず、信賴すべき實行的の提案もなかつた。此の如き時勢の中に於て私の考へた所は、暫定的の珍奇なる便法を試み又は新制度の確定を急ぐよりも、差向き運營上の妥當なる心構へに重きを置くべしと云ふにあつた。金本位制の束縛なきに乘じ、目前の便宜の爲めに通貨の發行を放漫にする風潮を生じたのであるが、之を妥當に節制すべき新制度も案出されず、單に節制の必要を說いても其の規準を示すにあらざれば效がない。さりとて金本位制への復歸は中々容易でない。只金本位制に信賴し、其の囘復を希望する一般の感想は頗る濃厚に存續して居たから、金本位制への復歸を通貨整理の目標として揭揚し、之に向つて準備を進むべきことになるならば、それが一つの規準となつて自ら通貨の發行に節制を加へ得るだらう。放漫なる通貨の發行を要望するものに對しては、それが金本位制囘復の準備と相容れざるを理由として了解を求め得るだらう。然しながら眞に已むを得ざる場合に處すべき融通性も殘つて居るから、實情に應じて妥當なる通貨政策の實驗を爲し得るだらう。貨幣制度の確定は、其の實驗を經たる上で各國の事情に從ふべきことゝするのが得策であらう。右の趣旨を以て金本位制への復歸を標榜するには、目前の便宜の爲めに其の緩和改造を工夫するよりも、一應嚴格なる金本位制を目標とする方が宜しからう。

私が、紐育聯邦準備銀行總裁ストロング氏の金本位制囘復説に對し、前段に述べた如く應酬したのは、大體上記の見解を腹中に持つて居たからである。ジエノア會議の開會を待つて倫敦に滯留して居る間に、英蘭銀行總裁ノルマン氏（Norman）とも通貨制度及び通貨政策に就いて意見を交換した。米國のストロング氏から前觸れがあつたので直に快く會談が出來た。英蘭銀行は國際會議の表面には出ないが、ジエノアに於て審議せらるべき通貨問題に就いては、內面に於て英國政府より協議を受け、立案に參加して居ると、ノルマン氏は云つた。同氏は成るべく多數の國が成る可く早く金本位制に復歸することを希望したが、之に伴つて通貨政策上の妥當なる心構への必要なることを認め、殊に中央銀行間の協調を重視した。

會議に於ては、果して英國側より通貨問題審議の端緒とすべき覺書のやうなものが配布された。各國代表部の中には政治家、銀行家等の外、瑞典のカッセル教授の如き名聲の高い學者もあつて、種々の意見が參考として提出せられ、外部からも意見又は試案を寄せるものが多くあつたが、一つも正式には取り上げられず、英國側の覺書から出發して、種々の方法により審議を進め、各國政府に勸奬する事項として最終の決議が成立したのである。其の眼目と云ふべきは、紛々たる世上の論議を裁斷し、金本位制の再建を通貨整理の目標として揭揚したことである。只其の實現は各國の事情によるべきものとして、時期及び方法の劃一を期待しない。是れまでは私がノルマン總裁と話し合つた所に近似する。それから實行の方法に關する事項中新規の考案と云ふべきものが二つあつた。第一は金本位制の再建に當つて貨幣單位を切下げても差支なしと云ふこと、第二は所謂金爲替本位の趣旨を加味すること、詳言すれば正貨準備を國際金融中心地に保有し、通貨の金價値を維持する爲めに在外資金を利用するも差支なしと云ふことである。以上の二點は金本位制の緩和であるけれども、一は或る國にとり實情已むを得ざるもの、一は從來既に實例もあることだから、玆に要約した最終決議の文言を以てすれば、金本位制の回復を可能ならしむる爲めの一般的指導觀念として首肯し得る。只審議に上つた原案の微妙なる措辭及び其の含蓄に於て、或は誤解により通貨政策上に好ましからざる影響を與へ、或は我國にとりて迷惑となるかも知れぬと思はれる廉があつた。私は其の懸念を抱いて修正の必要を感じたのである。委員會及び本會議に於ける公式の折衝は森賢吾氏の專ら擔當する所であつたが、私は本邦代表部の內議に於て所見を主張した。私の主張は措辭の含蓄を考へて文言を修正せんとするのだから、さやうの細かい點で審議を紛糾させるのは面白からずと云ふ反對論もあつたが、私は影響の及ぶ所の重要なることを說明して所見を固執した。さうして本邦側の態度は大體私の意見の通りに纏まつた。佛蘭西側の意嚮も私と同樣に傾いて居たので、私は非公式に之と連絡を採つて促進を圖つた。全權委員の一人たる佛蘭西銀行副總裁ピカール氏は講和會議の時からの知人であつたから、私の爲めに便宜であつた。斯くして會議の最終決議に於て私の主張の眼目が取り入れられた。右修正の點を文言に卽して擧げるのは餘りに煩瑣であるから、只其の狙ひ所の何であつたかを左に略述する。

審議の對象となつた所の新規考案は、趣旨に於て金本位制の本質を動かすものでないが、措辭の上に於て、金本位制を大に改造し、之によつて實行上の困難を除去し得るが如き感想を誘起すべき懸念があつた。それでは通貨政策上の心構へを妥當の方向に轉回するの效が少ない。又誤解により輕々に金本位制の再建に著手して頓挫するの惧もある。然るが故に、私は決議案全部に亙り出來るだけ措辭の調子を改めんことを希望した。更らに新規考案の各目に入り、前記第一點の貨幣單位切下に就いては、通貨膨脹の激甚なりし諸國に關する限り其の不可避なることを認むるは當然なるも、審議中の案文には切下其自身を善き事として勸奬するが如き臭ひがあつた。其の結果輕々に切下を行ふことを怪しまざる如き風潮を生ずるならば、一旦金本位制を再建しても之に對する信用を確保し難い。又我國としては全然獨自の裁量を爲すべき立場に居りたい。然るが故に、切下を原則として勸奬するにあらずして、場合によりては强ひて之を嫌忌するに及ばないと云ふだけの意味であることを明示したいと希望した。第二點の在外資金利用は、我國も久しく實行し來りたる所にして、金本位制の再建に伴ひ、多くの國が之を利用すべき實情にあることは疑ひない。其の實情を認めるのは宜しいが、金本位制の基本は金兌換に置かねばならぬ。在外資金を以てする金爲替の賣却は場合により其の代用たり得るに過ぎない。金爲替賣却を原則として、通貨發行の準備を外國に保有するときは、一國の貨幣制度が他國に依存することゝなる。是れは通貨に對する信用を鞏固に維持する所以でない。殊に我國では、正貨準備の一部を外國に保有することを不可なりとする意見があつて、世界戰爭により內地正貨の充實を見てから、之を廢止したと云ふ近い歷史がある。然るに審議中の案文には正貨準備の外國保有及び在外資金の利用を貨幣制度上の原則として勸奬するが如く響く所の文言があつた。固より强制力を有つものではないが、此際我國の立場に於て其儘に贊同するのは妥當でない。恐らくは國內の誹議を免かれぬであらう。我國としては將來更らに在外資金の利用を擴大することがあるかも知れぬが、それは全然自主的に裁量するのでなければならぬ。此の見地よりして私は案文の修正を希望した。第一點に於ても、第二點に於ても、僅かの辭句變更で、積極的勸奬にあらずして單に差支なしと認むる趣旨なることが明かにされたのである。序でに、通貨決議に關する佛蘭西側の立場を察するに、同國は通貨の狀態が英國に比して劣るけれども、他の前交戰國程に甚だしく惡化したのではないので、嚴格なる金本位制に復歸すべきことを標榜して現下の信用を維持せんことを希望したらしい。又在外資金利用の爲め發行準備を國際金融の中心地に置くとすれば、其の中心地が倫敦たるべきは自然の歸趨として看取されるので、佛蘭西は對抗意識から之を好まなかつたらしい。それで私の所見と方向を同じくする點が出來たのである。

尙通貨決議は、直接貨幣制度に關する上記事項の外、金本位制再建の條件として財政、經濟及び通貨政策上戒愼すべき事項を擧げた。何れも適切にして、通貨の整理は貨幣制度の形體よりも是等政策に係る所が多いと思はれる。只問題は實行の如何にあつて、趣旨に異論のあるべき筈がないから、審議は圓滑に纒まつたのである。中央銀行間の協調も亦通貨決議に於て重視せられ、之が爲めに中央銀行會議の開催を英蘭銀行に依囑することが決議に載つて居る。通貨決議の外、貿易、交通等に關する決議もあつたが、重要の點に就いて各國の意嚮が歸一せず、對立の氣分の强きことを思はしめた。其の後の實績に徴するに、通貨決議程の效果はなかつたやうである。

（三）　中央銀行間協調と歐洲の情勢

ジェノア會議は五月中旬に終了した。私は會議中に一度羅馬を視察し、會議後佛英獨に數週間滯在して、新舊の友人知人と接觸を重ね、日本銀行の取引先銀行首腦者に挨拶する間に、出來るだけ世界經濟の趨勢を觀測するに努めた。佛伊共に戰爭の直接結果たる疲弊の色が濃厚に見え、英國は全世界に亙る貿易不振の影響を受けて沈滯の狀態にあつた。巴里も倫敦も講和會議の直後に於ける繁華の光景は消失し、私が知る所の戰前に比して頗る陰鬱になつて居た。戰後活躍の期待が一時の夢と化し去りたる經濟情勢を象徵するものであらう。普通の經路による回復の容易でないことは何人も認むる所であつた。佛蘭西は巨額の獨逸賠償を獲得して回復の緖に就かんことを期したるものゝ如きも、其の實行には確たる見込がなかつた。英國は歐洲の復興と世界の一般的開發との爲めに米國資金の援助を誘導し、其の結果として起るべき貿易の增進により自ら傳統の地位を回復せんことを希望するものゝ如くであつた。通貨の整理に熱中したのも、之により米國の資金援助を出來易くすることが動機の一つであつたかも知れない。伊太利は經濟的疲弊の上に社會不安が既に濃厚であつた。黑シャツ團の行列はジェノアの街で一度實見した。僅かに數十人の小群で、私には當時其の意義を覺知すべき由もなく、只社會不安の徵候として心に留めたゞけであるが、後から思へばそれがムッソリニ氏の率ゆるファシスト運動の初端であつた。獨逸は戰爭により國力を消耗したる上、賠償の部分的仕拂等により國民生活の甚だしき窮乏を來たしたるも、工業設備の破壞を免れて其の用途を轉換したると、通貨價値下落による輸出貿易の旺盛とにより、一部の製造業者、貿易業者、金融業者等は好景氣に浮かれて居た。それに自暴自棄的の目前消費も伴つて、一般的窮乏と一部の安價なる豪奢とが併存する奇異の狀態であつた。

以上は私の感受したる經濟上の大體觀にして、之に政治上の不安を併せて考ふるときは、前途の暗澹たるもののあるを覺えた。我國の針路に就いても、此の世界的情勢に深く鑑みる所なかるべからざるを思つた。今から其後の推移を顧みるに、主として米國の放膽なる資金援助を契機として、一時世界的景氣の回復を見たるも、根柢の堅實性を缺きたるが故に、久しからずして再び大破綻を呈するに至つたのである。

右の如き一般觀察の外、私の對人接觸中に特記すべき一二の事項がある。會議後の英國滯在中私は英蘭銀行ノルマン總裁との會見を續けた。同氏はジェノア會議から依囑された中央銀行會議開催の件を如何に處理すべきやと思案しつゝあつて、日本銀行の協力を求むる必要上、頻りに私に相談を持ち掛けた。自分が中央銀行協調の肝要なることを力說したので、國際會議の肝煎連中は實行の責を中央銀行會議に移さんとしたのらしいが、自分の希望せる所は重要なる中央銀行當事者間の了解と相互信頼とによる協調を意味するので、廣く中央銀行會議を開催し、形式的の決議をすると云ふが如き意圖はなかつたのである。然しながら既に依囑を受けた上は何とかしなければならぬ。米國聯邦準備銀行とは實際打ち開けた話し合ひを爲し得べき關係にあるけれども、公式の會議となれば果して參加し來るか、どうか、判らない。然し米國側の參加なくしては會議を開いても無意義だから、極力之を誘ふ積りである。次で國際金融上重要の地位にあるのは日本銀行だから、其の日本銀行が先づ參加の意向を表明して呉れゝば進行上大に便宜である。ノルマン氏は此の如く私に懇談した。中央銀行會議の發案者は、主として米國を對象とし、歐洲復興及び通貨整理の爲めに都合好き金利政策を米國に希望したるものと察せられたるも、一たび會議の決議を經れば、日本銀行も其の適用を受けることになるから、私は輕々に意思表示を爲し得ないと思つた。然るが故に、中央銀行會議への參加は議題の範圍及び決議の目標を豫じめ明かにしたる上、東京に於ける決裁を待つべき案件だとして卽答を避け、自發的の協調は辭する所にあらざるべきも、日本には大に特殊の事情があるから、會議に參加し、其の決議により一律に拘束を受けることは受諾し得ないかも知れぬと附言した。それから議題たるべき事項に就いて意見を交換し、日本の迷惑となることのないやうに了解を遂げたる上、電報を以て英蘭銀行總裁の希望を日本銀行總裁に傳達した。其の囘答は、私が歸途に就いた後、在倫敦日本銀行代理店監督役中根貞彦氏を經由して電報せられ、趣旨に於て同意すると云ふことであつた。然しながら終に米國の參同が得られなかつたので、中央銀行會議は實現しなかつた。隨て結果のなかつたことであるから、議題の內容に關する話合は茲に擧げない。只ノルマン氏と私との會談は當時に於ける國際情勢及び日本の地位を反映するものとして興味があると思ふ。出來得べくば日英の金本位制復歸を同時にしたいと云ふ話もあつたが、私は米國に於てストロング氏に應酬したるときと同じ心組を以て、豫見の困難なることを明かにして置いた。ノルマン氏が私に對し胸襟を開きたる優待振は日本及び日本銀行を重視せるに出でたものとして受取つたが、此の時の接觸により私の爲めに個人的親交の端を開き、其後文通を續けた。氏には、自見を强調して相手に迫る半面と、相手の立場を酌量して懇切を盡す半面との併存することを私は面白く感じた。

尙中央銀行間協調の件に關聯して日本銀行の爲めに一の副產物があつた。ノルマン總裁は中央銀行會議の成行如何に拘らず日本銀行との關係を密接にせんことを希望し、如何にして內密の電報通信を爲すべきやと相談した。それに就いて過去の歷史に遡つて見るに、高橋是淸氏が日本銀行副總裁にして外債募集の爲めに倫敦に滯在したときには、政府より特派財政委員の資格を與へられ、又必要の場合に橫濱正金銀行の倫敦支店を指揮すべき委任も受け居たので、個人としては高橋氏、財務機關としては日本銀行が倫敦に於て最も顯著なる存在であつた。然るに其の後政府より財務官を駐在せしめ、日本銀行では代理店監督役のみを置くことになつてから、財政に關する事項は財務官の所管に屬し、日常の資金運轉等は正金銀行の名を以て取扱はれるが故に、日本銀行の駐在員の仕事は内部に於て代理店たる正金銀行を監督するに止まり、外部の接觸は少なく、英蘭銀行との交渉も儀禮的に過ぎざる如き實情となつて居たのである。そこでノルマン氏の懸念する所とは、中央銀行の通信を爲替銀行たる正金銀行に知られては困まると云ふにあつた。私は之に對し、代理店監督役の職掌を説明し、國際金融上の方針は日本銀行幹部と監督役との間で決定せられ、代理店たる正金銀行は決定されたる取引を執行するだけの立場にあるのだから、監督役を經由すれば祕密の漏れる惧はないと答へた。ノルマン氏はそれでも尙不安を去らず、監督役は代理店の電信暗號を使用するのか、それとも日本銀行幹部と通信する爲めに專用の電信暗號を持つて居るのかと訊いた。私は餘り質問の細かいのに驚いたが、寧ろ豪放の人として知られるノルマン氏に此の如き一面のあることを見るのは頗る面白いと思つた。勿論專用の電信暗號を持つて居ると答へたら、それで始めて安心したものゝ如く、今後は監督役と懇談するから、往來を繁くして異れと云つた。其後監督役の存在が英蘭銀行の眼中に濃厚となり、日本銀行は頻々重要の情報を受け又は意見の交換を行ひ得るやうになつた。國際經濟變轉の急激なる際、其の益を受けたことは頗る多い。

ジェノア會議に於て、私の公式的外部接觸は前にも述べたやうに甚だ狹小であつたが、參列者の一人たる獨逸ライヒスバンク總裁ハーヴェンスタイン氏（Havenstein）は或る日控室の混雜中に高く私の名を呼んで出會し、ノルマンから貴下の名を聞いて逢ひたいと思つて居たが、自分は急用で歸國することになつたから、會議後獨逸視察に來て吳れないかと云ふ。私も兼ねて望む所であつたから直に應諾した。倫敦でノルマン氏と別れるときに、獨逸を經て歸ると告げたら、中央銀行會議の件に就いてハーヴェンスタインとも協議したいのだが、まだ文書を以てするには早いから、自分の意中を然るべく傳へて置いて吳れと云ふ依賴を受けた。ノルマン氏と私との談合には日本の特殊事情を含むので、固より全部他に示すことは出來ない。此の依賴は日本銀行を重視し、私にも花を持たせる爲めの姿態であつたらうと思ふ。伯林では先づハーヴェンスタイン總裁を訪問し、ノルマン氏の傳言を端緒として獨逸の一般事情を聽取した。當時麻克の價値は一磅に付千二百麻克見當に下落して居たが、ライヒスバンクでは格別之を重大視する樣子もなく、又防止策の計企もなく、只内外政治上の情勢による不可避の成行として拱手看過するものゝ如くであつた。普通大銀行の首腦者の内には、一磅に付二三十萬麻克まで下落するのは遠くあるまいと放言するものもあつた。麻克の完全崩壞を經た後から振り返つて見れば毫も不思議のことではないが、當時私は意外の感に打たれた。惟ふに、講和條約の重荷に堪へず、麻克價値の崩落により戰勝國の反省を促がして、獨逸の負擔を緩和せしめ又は復興援助に乘出さしむる意圖があつたのか、然らざれば全く自暴自棄に陷つたのであらう。或は外國人を相手として磅爲替、弗爲替等を買ひ、麻克の下落する每に利得を得たと誇稱するものもあり、或は麻克の下落は輸出貿易を增進するから今後尙歡迎すべしと公言するものもあつた。それが相當責任の地位にある財界人の口から出たのである。他方一般國民は物價の騰貴と物資の缺乏とによつて沈淪しつゝあつた。私はまさか麻克が完全崩壞にまで至るだらうとは思はなかつたけれども、今迄想像しなかつた桁外れの大下落を來たすことは必至だと觀察した。さうして政治的、社會的に何等かの變動なくしては濟まないであらうと云ふ感想を抱いた。

獨逸には日露戰爭當時の知人もあつたが、世間に現はれて殘つて居るのはハムブルグのマックス・ワールブルヒ氏のみとなつた。是れは有力なる個人銀行家にして獨逸が日本公債の發行に參加せるときの最大功勞者である。講和會議のときに財務專門家としてヴェルサイユに來たけれども、尙敵國人たるが故に交通の自由がなかつた。私は今度の獨逸行に於て何人よりも先きに會ひたいと思つて、英國から裏路の北海を渡つて直航し、伯林の前にハムブルグに着いた。氏は歡喜の暗涙を催して高橋氏の近狀を聽いた。應接室の正面に高橋氏の寫眞が揭げてあつた。正金銀行支店長園田三郎氏の語る所によれば、私の訪問を待受けて之を揭げたのではなく、常時の儘だと云ふ。ワールブルヒ氏は語つた、自分は數多の國の爲めに公債發行等の仕事を遂げ、相手として交渉した人は頗る多く、それ〳〵顯要の地位に就いた人も少なくないが、個人的に親敬することの最も深きは高橋氏である、交渉中に直言すべきでもなく、其後手紙に書くべき機會もなく、今貴下に向て吐露することを禁じ得ないと。私は歸朝の後之を高橋氏に報告した。御蔭で私もワールブルヒ氏から厚き歡待を受け、尙同氏は新政府と密接の關係にあつたが故に國情視察の爲めにも有益な資料を與へて吳れた。

伯林からの歸途、少しく迂回してチエッコスロヴアキヤを見物した。土地の豐饒なること、工業の盛なることは汽車中からも明かに看取され、首都プラハの街上で見る所の民衆は質素剛健らしく、流石に新興國中の尤たる意氣を示して居た。觀光旅行中にも私は端なく外務長官べネス氏（Benes）に想到した。同氏は講和會議のときに、私と同じ委員會にも列したが、風采は寧ろ揚らず、汚れて古き不恰好のモーニングを常に着て、建國運動中の苦鬪を偲ばしめ、潑剌たる言動を以て小國代表者中に群を拔いて居た。ジエノア會議に於いては、開催前議題の範圍に就き英佛間の意見を纏める爲めに斡旋したと云ふので聲望頓に高く、端然たる服裝に國力の進展も窺はれ、悠然として大國代表者に伍するの地步を占めた。私とは深き接觸を生じなかつたけれども、此人にして眞に此國を象徵すると感じた。其後大統領に進んでから更らに國難に際會し、力盡きて異邦に亡命するの已むなきに至つたのは洵に數奇の運命である。

チエッコスロヴアキヤを最後として私は再び獨佛を通過し、マルセイユより乘船して大正十一年八月十一日に歸朝した。倫敦では中根貞彥氏、伯林では大使日置益氏、日本銀行駐在員宗像久敬氏、ハムブルグでは園田三郎氏の斡旋によつて便宜を得た。殊に宗像氏は有力者の間に友人が多く、大に私の視察に益した。プラハでは代理公使田村幸策氏の接遇を受けた。倫敦監督役附の貞弘重進氏は會議後の大陸旅行中私に隨伴して異れた。

第十七章　戰後の財界救濟

世界戰爭中に飛躍的活況を呈したる我が經濟界は、休戰後大正八年の始めまで一時沈滯に傾いたけれども、戰後好景氣の持續を期待する世界的風潮の影響を受け、久しからずして再び昂進に轉じた。物資需要の方向は違つても、全體の需要は減少することなかるべしと云ふ見込の下に、諸般の設備を轉換又は擴大せんとするものが多かつた。貿易は大正八年の始めより既に輸入超過の大勢に轉じ、戰時經濟の變化を示したけれども、貿易外收支は尙受取超過を續け、且つ在外資金の蓄積ありたるが故に、事業計畫の爲めに必要なる物資を輸入することは樂に出來た。金融は事業資金の需要多くなりたる爲め、戰時の末期に於て既に引締りに傾いたけれども、大正八年秋に於ける米國の金輸出解禁後は爲替銀行等が金を輸入して之を日本銀行に賣つて通貨に換へたるが故に、日本銀行券發行高は激增し、金融の繁忙ならんとする趨勢を仲和した。此の如き事情の下に於て、事業計畫は縮小すべきときに縮小せず、過去の利潤による一般消費は減退すべきときに減退せずして益〻上進した。其の需要に應ずる爲めの產業、商業も亦繁昌した。是れが我國に於ける所謂戰後景氣の樣相である。

然しながら世界を通じて經濟の實體は變化しつゝあつた。戰後景氣の持續を期待する風潮の中に於ても一抹の不安氣分はあつた。我國では或る種の輸出品が不捌となつて關係者の損失を來たしたるを發端として、事業の困難を感ずるものが漸次に多くなり、株式市場は衝動敏感にして往々混亂に陥り、銀行資金が不堅實の事業に固定しつゝあると云ふ疑惑の下に預金取付は諸方に頻發した。是等の波動の起る每に、政府又は日本銀行に於て所謂救濟の爲めに臨機の處置を講ずるを常とした。而して不安の底流は一掃せられざるも、一旦波動の鎭靜したる上は、目前國內消費力の旺盛なるに牽引せられ、成るべく從來の產業規模を維持せんとする未練が殘つたやうである。大正九年春の財界動搖の如きは隨分激甚であつたに拘らず、大體の氣分轉換を實現するに至らずして、其後も一進一退の波狀を繰り返へした。蓋し戰時中救濟によつて一時の蹉躓を突破し、活躍を囘復し得たる實驗に鑑み、戰後も同樣の效果を收めんことを夢み、根本の事態に大變化のありしことを忘れたのである。

此の間私は推理的概觀によつて夙に戰後反動の免かるべからざるを思ひ、殊に講和會議の際に於ける視察により之を確認したるが故に、戰後浮動的景氣の發揚を抑へ、妥當なる整理緊縮を誘導するの必要を感じ、金融政策上其の方向に舵を採るべきことを力說した。變轉の際に於ける不安と損害とを輕減する爲め、又は存續の妥當性ある事業の破滅を防ぐ爲めに臨機の處置を講ずることは回避すべきにあらざるも、徒らに從來の規模を維持し又は目前の無事を希求する爲めに救濟に乘り出すは、却て後難を大にするものであらうと將來を憂慮した。此の大體方針は獨り私の思付ではなく、日本銀行幹部の悉く一致する所であつた。休戰當時の總裁三島彌太郎子及び副總裁水町袈裟六氏とは戰時の末期より既に此の趣旨を話合ひ、大正八年春以後の總裁井上準之助氏及び副總裁木村清四郎氏とは、同年秋私の歸朝後に話合つた。特に正式の決定があつた譯ではないけれども、何人の異議もなく寧ろ當然のことゝして全行の空氣が成立したのである。而して一般施設に關する限り右の趣旨が實現して居る。日本銀行公定金利の動きは最も克く之を象徴するものである。卽ち最低割引日歩は戰時中數次の低下を經て一錢四厘となつて居たが、休戰前の大正七年九月より其の方向を轉じ、數次の引上を經て大正八年十一月には二錢二厘となつた。金の輸入による通貨の增勢に對しては、別に方法を講じて出來るだけ其の影響を仲和するに努めた。日本銀行から產業資金を供給すべしと云ふ要望は戰後にもあつたが、一般的には之に應じなかつた。井上總裁は種々の機會に於て前途を警戒し、整理の必要を說いた。

此の如く大體の通貨政策は私の贊同せる方針の通りに實行されたけれども、財界に破綻の危惧あるときは、之を救濟する爲めに特別の方法を講じ、一事件每に步を進めて益〻深入りをすることゝなつた。方針が變つた譯ではないが、目前に現出せる一事件だけに就いて見れば、之を救濟するのは日本銀行にとりて堪へ得ざる程の負擔でもなく、それだけで通貨の狀態を惡化させるとも云ひ難く、而して破綻の暴露は周圍の動搖を起すことあるべきを以て、此際事情已むを得ずとして特別の救濟貸出を行つた次第である。特別の貸出とは、常規の範圍を超え、通貨の健全性を維持する見地から好ましからざるもので、概して固定に傾き、場合によつては日本銀行の損失を招くべき危險を包藏する。之を累積すれば全局に惡影響を及ぼすことを免かれないが、さやうの措置を原則として認めるのではなく、個々の案件を對象として決定するのだから、目前の事情に重きを置いて主張する人があれば、直接其の案件に關する限り角を立てて反對すべき理由が充分でない。それで一件毎に引摺られて行く。一時的の原因から起る預金取付の如き場合には、特別貸出によつて破綻を防止するのが妥當であり、又其の爲めに大なる弊害を殘すこともなくして濟むだらうけれども、一般經濟情勢の大に變化する時に於て、救濟に救濟を重ねて行けば、容易に止るべき所を知らない。終には財界の救濟を日本銀行の主たる仕事と看做すが如き感想を世間に生ぜしむるに至つた。抑〻救濟と云ふのは奇妙な用語で、之を受けるのは恥づべき筈であるのに、恬として之を要望するものあるが如き風潮となつた。救濟の直接對象は金融界であつたが、中には株式界又は商工業經營者の救濟を目的として金融機關を經由したのもある。實際世界戰爭後當分の間、日本銀行史の主要部分は財界救濟の占むる所であつたと云ひ得る。茂木商店及び七十四銀行の場合の如く、日本銀行が多大の援助を與へたるに拘らず、損失の餘りに巨大なりし爲め、終に破滅を免かれなかつたものもあるが、概して破綻を防ぎ、表面の鎭靜を保ち得た。此間日本銀行の一擧手、一投足は財界の重視する所にして、或る意味に於て日本銀行にとりて華かな時期であつたかも知れない。特別施爲の正式決定は勿論重役會議に附せられたが、其の大綱は井上總裁の方寸に出で、理事麻生二郎氏が主として實行に當つた。

戰後に行はれた財界救濟の得失に就いては、種々の見地より異なりたる判斷が下されるであらう。一方に於て救濟の功德を極言すれば、戰時に膨脹せる經濟設備の全面的崩潰を免かれ、其後の伸張に資すべき基礎を殘したのは是れが爲めだと云ひ得るだらう。他方に於て、我國が世界的反動の襲來後尙當分消費の減退を見ず、生產規模の部分的擴大さへ行はれたのは、戰時中の蓄積による對外資力を使つた爲めであると同時に、皮下注射的救濟の連續したる爲めである。それは目前吉事のやうに思はれたが、畢竟國力を無駄に消耗し、事業上の損失を增大し、一層困難なる整理の問題を將來に殘したのである。若し適當の時期に妥當の整理を遂げ、國力を留保して置いたならば、回復進展の爲めに一層有利であつたかも知れない。然しながら回顧的に此の如きことを商量しても詮がない。要するに特別施爲の必要なりしことは疑なく、問題は其の程度及び對象の如何にあつたと思ふ。兎に角無限に救濟を續け得る筈もなく、餘りに救濟に依賴する氣分を增長せしむるのは事業の經營を堅實にする所以でないから、私は妥當に方向を轉換すべき機會を摑みたいと思つて注意を怠らなかつたけれども、肝要の時に外國出張などもあつたので、格別の役には立たなかつた。例へば後日公知の問題となつた臺灣銀行に對する鈴木商店關係の特別貸出は私の不在中に端を發して居る。歸朝後井上總裁から特に辯明的報告を受けたが、木村副總裁は之に就いて多く語ることを好まなかつた。其他救濟處置の契機、經緯、挿話等に面白い種が多いけれども、それは私の囘顧錄に入るべきものでない。此の如くしてずる〳〵に昭和二年の大詰まで行つたのだが、尙其の前に關東大震火災と云ふ一幕がある。

第十八章　關東大震火災

大正十二年九月一日關東大震火災のとき、日本銀行の重役中東京に居たのは井上總裁と私とだけであつた。私は理事室の席に在つて最初の大震動を受けた。椅子に居たまゝ机に體を支へ、室内ではシャンデリヤの大きく動くのを見、外には物の崩れ落ちる音を聞いて、是れは大事だと感じた。一寸書類を整理してから、廊下に出たが、何の異變もない。露臺から外を眺めて、崩れたのは行外の家屋であることを認めた。間もなく井上總裁が應接室から出て來て私と一緒に諸部局の報告を受けたが、行内は何處にも大なる破損なく、事務は平生通りに執行し得ると云ふことであつた。其處へ山本權兵衛伯から使が來て急に井上氏を招いた。伯は加藤友三郎男の薨去後大命を受けて組閣中であつたから、井上氏に入閣を求むるのであらうと直に想像された。格別差迫つた行務もないので井上氏は招きに應じて出掛けて行つた。

其日は土曜日であつたから、午後に一般の業務はない。只地震が正午近くに起つたので、手形交換の結末がまだ付いて居なかつた。之を處置するのが當面の急務であつた。銀行業務の手續を知る人は直に其の理由を認めるであらう。まだ交換尻を日本銀行に拂込まないものが多かつたから、正規の手續によれば交換不成立となるのである。然しそれでは災害の最中各銀行に大なる混雜を加へることになるから、日本銀行では假りに交換が成立したものとして各銀行との關係を處理することにすべきだと、井上總裁の意見を待たずして私は決心した。それは交換所の規則に反することだから、成るべく交換所委員長の了解を得、且つ後日整理の責任を執つて貰ひたいと思つた。營業局調査役田中鐵三郎氏が其の交渉に當つたが、交換所委員長池田謙三氏の居所を探がすに手間取つて、漸く夕方に決了した。

井上總裁は日本銀行に歸つて私と共に部局長等と協議し、月曜日より臨機處置を要することあるべき事項を豫想して手筈を定め、尚日曜日にも參集して、事態の推移に應じ遺漏なきを期すべきことゝした。火災は諸處に起つて居たけれども、日本銀行は耐火の設備が充分だと信じて居た上に、一方は外濠に面し、近傍は概して石造の建築であるから、火災の迫り來る樣子はなかつた。夕刻に至り、最早處置すべき用事もないので、多數の臨時宿直員と守衛小使の全部とを留めて警備に當らしめ、井上總裁も私も一應退行した。歸宅して見たら、私の住宅に格別の被害はなかつた。

　然るに翌二日の未明に、日本銀行から急使が來て、火災の本館に及んだことを報じた。私は直に有合の朝食を喫し、近所の井上邸に馳せつけて打合を遂げた。井上總裁は萬一の場合の爲め陸軍工兵の派遣を頼んで置くが宜しからうと云つて其の手配に廻はり、私は眞直ぐに日本銀行へ向つた。途中宮城前芝生に避難者の充滿するのを見た。吳服橋に近付いたら、日本銀行の閉鎖された窓の隙間から細い煙の出るのが見えたので、今更らながら悲痛の感が胸に迫つた。吳服橋の一端には數人の家族らしい一群の屍體があつた。日本銀行の正門に倚つて死んで居るのも一人あつたので、行員ではないかと特に心を痛めたが、後に點檢の上行員は悉く無事なりしことを確かめた。前夜日本銀行の前庭に避難した人が多かつたから、其中の一人が火に襲はれて逃げ得なかつたのであらう。

　外濠側の面に近寄つて見ると、銀行の內部には處々赤い火炎がきらめいて居る。消防車が一壕、濠の水を窓から中に注いで居たが、建物が廣いから效果が少ない。行員も段々參集して多數になつたが、何等手の下しやうがない。井上總裁は少し後れて來著し、工兵も程なく來て、午後まで居て吳れたが、消火の爲めに建物の一部を破壞すると云ふ如き必要はなくして濟んだ。兎に角消防車の數を增して火の手を抑へるの外に手段はない。それを賴むには、成るべく地位の重いものが宜しいと思つて、私は警視廳消防係との交涉を引受けた。日本銀行の自動車は悉く燒けて仕舞ひ、私の自動車は其時別の行用に使はれて居たので、帝國劇場の傍らにあつた消防假屯所まで徒歩で行く。かういふ時は身邊を莊重にしなければいけないと云ふ井上總裁の注意で、庶務係渡邊次郎氏及び守衞小使等を伴ひ、肩書付の名刺を出して懇請した。消防車は三臺あつたが、消防手は疲れはてゝ居るし、日本銀行はもう駄目ぢやありませんかと云つて中々乘り出して吳れない。私は更らに語を盡くして曰く、日本銀行は石造で內部が細かく仕切つてあるから、火の廻はりが遲い、今の內肝要の部分を消し止めれば明朝開店が出來る、若し開店が出來なかつたら、全經濟の停止で官民共に災害の手當にも差支へるから是非奮發を願ひたいと。頭らしい人は之に感奮したものゝ如く、それぢやあやりませうと固い決心を示して起ち上り、消防手を指揮して後から行くと云ふ。私達は、後からでは困まる、支度の出來るまで待つて消防車の隅に乘せて貰つて行くと頑張り、居催促で、三臺に同乘して日本銀行に着いた。

消防手は長い水筒を窓から差入れ、之と共に火中に入込んだ。暫くにして頭らしい人が出て來て、廊下は防火衣なしに這入れるだけに鎭火したから、どの室が大切なのか、責任者の指示を得たいと云ふ。此時井上氏は「俺が這入る」と云つて先に立ち、私と營業局書記平林襄二氏とが之に續き、斜に渡した板傳ひに館内に入つた。私は其時指に微傷を負ひ、ハンケチで血を抑へながら廻り歩いた。廊下はまだ燒けるやうに熱く、上階に注がれた水が熱湯のしづくとなつて落ちて來る。貴重の有價物は地下の金庫に格納してあるので心配はないが、業務に必要なる各局の常用帳簿等を保全することが私達の希望する眼目であつた。消防手は全力を盡して働いて呉れたが、聞けば昨夜來飯を喰べないと云ふ。そこで井上邸と私の宅とにあるだけの米をたき出して自動車で運ばせた。次でガソリンが足りなくなつたと云ふ。そこで又自動車を走らせて兩家の車庫にあるガソリンを全部取り寄せた。午後二時頃に至り、火は消え切らないけれども、最早燃え廣がる惧はなく、指示された場所は安全になつたと云ふ報告を消防手から受けた。消防係の人達は、日本銀行の救火が災害の手當及び一般經濟の進行に大關係のあることを理解して、眞に獻身的に努力したのである。私は深く感謝して忘れない。

當時此の消防指揮者の名を訊いて置かなかつたのは私の手落で、後から警視廳に尋ねたけれども判明しなかつた。相當の手續きを經て謝意を表したいと申出でたので、却て遠慮されたのらしい。然るに今年の八月、朝日新聞が非常時の心構への爲めに參考たるべき資料として震火災の思出談を私に求めた。其の記事が緣となつて、其の時の指揮者は第一消防署消防司令岩佐義一氏たりしことが判かつた。來訪を受けて見ると、話が私の記憶に合致する。多年其の名を逸して遺憾とせる日本銀行の恩人に邂逅し得たのは私の欣喜する所である。先著して居た一臺の消防車にも感謝するが、私の懇請に應じて三臺を加へ、消火を有效にしたのは實に此の岩佐氏である。

井上總裁は鎭火の模樣を大藏大臣に報告する爲めに出掛けた。其の留守に後藤新平伯が來て私に會ひ、井上さんは山本內閣の大藏大臣に推薦されたから早速組閣本部に來るやう傳へて呉れと言ひ置いた。井上總裁は之に應じて日本銀行を去り、其の晩親任式があつて、震火災の混雑中日本銀行には總裁がなくなつて仕舞ひ、五日夜市來乙彥氏が總裁に就任するまで、私一人で臨機處理の責任を執つた。

三日の月曜日に開店して業務の執行に故障なからしめんとするのが、井上氏も私も焦慮する所であつた。二日の中に翌日の開店如何を問合せるものがあつたから、私は事務方の見込を聞いた上、定刻開店を言明し、諸般の手筈を整へて薄暮の頃に歸宅した。途中丸の內の明治屋食料店に群集が寄り、戶を破つて闖入せんとし、警官が之を制止しつゝあるのを見た。麻布今井町の角で拔刀自警團の誰何を經て、宅へ歸り着いて見ると、近所では朝鮮人襲來の噂があり、麻布聯隊の構內に避難する人が多いと云ふ。私は疲れても居るし、事態の眞相も判らぬから、宅に安居することゝした。夜が進んでから、井上新大藏大臣が親任式の燕尾服姿で私の宅に見え、新內閣員身邊危險の警報があるから、今夜は此處に泊めて呉れと云ふ。勿論歡迎。それから井上氏は、聯隊に避難して居る夫人を探がしに出て、二人揃ひで平服に着換へて再來した。翌日になると、前日炊出しをしたのでもう私の宅には米がない。新大臣には直に特別配給があつたさうで、米と鑵詰の副食物とを私の方へ分けて貰つた。水道は斷絕し、私の宅には井戶があつたので、水を井上邸に供給した。ガソリンも殘りが少なく、頗る心細かつたが、辛うじて日本銀行まで行き、行員を日本石油會社に派し、何とかならぬかと交渉して貰つたら、同志社出身の先輩にして同社の專務取締役たる津下紋太郎氏が深井さんにガソリンの不自由はさせぬと受合つて呉れた。

三日の朝早く出勤して見ると、前日考へて置いた手筈の內、一つ違つたのがある。地中金庫室の外壁と中央要部との間の廻廊に消防の水が流れ込んで居て金庫を開くことが出來ない。火災後で水をかい出す道具が充分になかつた爲め、殘念ながら定刻開業が出來ず、正午頃まで待つて貰つた。然し兎に角其の日の中に現金を拂ひ出し、取引も行つて、日本銀行は震火災による機能停止を免かれた。市內及び近縣の銀行は大概閉店し、地方との通信は絕えたから、銀行に對する取引は僅少に過ぎなかつた。國庫金の拂出、及び東京市金庫取扱銀行に對する預金仕拂を主とし、山の手等の非火災地區に支店を有する銀行へも現金を供給した。中には當座勘定の狀態が不明である爲め、割引融通を必要とし、正式の手續を經る譯に行かないので、責任ある當事者の一札を取つて便宜を與へたのもある。平生の取引先にあらずして、賃金仕拂等の爲めに小劵を必要とし、大劵を持參して引換を依頼するものもあつた。是等に對しては常時の慣行に拘らず直に應諾した。庶務關係の交渉も多く、あつた。私は營業局及び文書局の係員と共に玄關前に臨時席を設け、成るべく自ら外來者に應接して事を捌いた。其間流言蜚語盛にして、實際多少の兇暴行爲もあり、燒原の某銀行構內にある金庫を破らんとするものがあつたとのことで、火災地區の銀行等は甚だしく不安を感じ、日本銀行から政府に具申せんことを希望した。仍て大藏省を經て內務省の配慮を求めると同時に、陸軍側に交渉を試みた。陸軍側との交渉に當つたのが島居庄藏氏で、保護を要する事情の急切なるを强調した結果、直に一隊の兵が派遣された。日本銀行の近邊に銀行等が多いから、日本銀行を駐屯所として其の方面の一般警備を嚴にしたのである。

上記の如き當面措置を處辨しつゝある間に、井上大藏大臣から善後の金融對策に關して協議を受けた。井上氏は差向き仕拂猶豫令を布かなければなるまいと口を切つた。私もさう思つて居たので直に同意を表した。此點期せずして意見の一致を見たのである。休業銀行をして成るべく早く開店せしめなければ、諸取引が凝滯して災害の救濟にも差支へ、經濟活動の復興に步を進めることも出來ない。さりとて無條件に銀行業務を再開すれば、忽ち預金仕拂資金の枯渇を來たすであらう。仕拂資金を拵へる爲めに手形を取立てようとしても實際不可能である。取立を强行すれば手形債務者を破産に陷れるだけである。其處で或る時期の間手形債務も預金債務も共に仕拂を猶豫し得ることゝし、只預金債務に就いては相當の除外例を認める。銀行は其の除外例に屬する仕拂を爲すだけの資金を用意すれば開店が出來る。其の程度の資金調達に日本銀行が特別の便宜を與ふることは出來るだらう。此くして預金の制限仕拂により資金疏通の端を開き、漸次に金融機能の囘復を圖ると云ふのが仕拂猶豫令の趣旨であつた。仕拂猶豫令には緊急勅令を必要とするので、政府は直に其の準備に著手した。立案中、猶豫令の施行區域を全國としなければ、金融界が跛行となつて困まるであらうと云ふ說もあつたが、之を全國に及ぼせば、地方によつては徒らに平地に波を起す如きものであるから、直接被害地及び其の影響の甚だしかりし關東地方だけに限ることゝなつた。私は局限施行說に贊成したものである。

尙私は、仕拂猶豫令と共に、政府が日本銀行の損失を補償する方法を立つるにあらざれば、善後處置を充分にし得ないだらうと進言した。勿論此際通貨の狀態を偏重すべきではない。日本銀行の貸出が固定するのも已むを得ない。預金の制限仕拂に要する資金の程度ならば、日本銀行獨自の力を以て援助するも差支ないが、仕拂猶豫令の期限をなだらかに經過して金融の疏通を回復するには、猶豫令の適用を受くる債務卽ち震災手形に融通性を與ふる爲め日本銀行に於て之を再割引しなければなるまい。それは隨分多額に上るであらうし、既に損害を蒙つて居るものに融通を與へるのだから、窮極日本銀行の損失に歸するものもあるべきことを覺悟しなければならぬ。又さやうの手形を割引することが果して法規上妥當なるやとの疑義もある。是れが日本銀行損失の補償を必要とする私の理由であつた。井上大藏大臣は之に耳を傾けたが、直に同意することを躊躇した。

市内の諸銀行からは、怱々の際何等意見も出ず、差向き如何なる順序を經て開店すべきやの見當も付かない。只管政府及び日本銀行の指示を待つ狀態であつた。大藏大臣と私との間に大體前記の緊急方針を協議した後、火災を免かれた大藏大臣官邸に銀行首腦者の懇談會を催ほし、預金仕拂制限の下に成る可く早く開店するの準備を爲すべきことを勸告した。

以上が五日までの經過である。六日には市來新總裁の登行あり、木村副總裁も伊香保から歸つて出勤した。七日には理事川田敬三氏も歸京した。それからの推移は大概廣く知られて居るので、特に私の回顧として加ふべきものは尠ない。七日に仕拂猶豫令が發布され、日本銀行は災害地銀行業の再開及び開業後の資金疏通を援助する爲め寬大なる手心を以て特に融通を爲すべきことを聲明し、午後より夜に亙つて主なる銀行の當事者を一行づゝ招致して、開業に必要なる資金額及び其の調達方法を協議した。在京の日本銀行重役は皆列席して即座に決定した。大藏大臣は損失補償の問題を念頭に置いて先づ日本銀行の實行振を見る積りであつたか、銀行局長松本脩氏をして臨席せしめた。個別會見を終つたのが翌日の午前三時頃で、私の自動車に松本氏を乘せ、芝二本榎の邸に送つて私の宅へ歸るまで、數個所で警備の兵に誰何された。

八日から月末までの間に、東京及び近縣の休業銀行は殆んど全部開店した。段々日本銀行の施爲を進めて行くと、どうしても損失補償の必要なることが明かになつたので、九月二十七日に至つて、震災手形再割引に對し、一億圓を限り日本銀行の損失を補償するの法令が發布せられた。補償に限度はあるが、融通の全部が損失となる譯ではないから、實際の割引は補償限度を超えて多く爲し得る。日本銀行に持ち込まれる額には時々增減があつて、季末貸借對照表に計上されて居る最高は一億七千七百萬圓であるが、震災手形として認められたものゝ額は尚多かつた筈である。此外に尚種々の手段も實行されたのであるが、兎に角震災手形令を中心として善後策を講じ、金融界復興の端緒を開き得たのである。當初其の運用上の按配は木村副總裁の裁量によるもの多く、營業局長永池長治氏が事務を執行した。關係規定の立案には調査局長堀越鐵藏氏が力を效した。麻生理事は海外出張中、理事濱岡五雄氏は大阪駐在であつた。

日本銀行本館の火災に罹つた經路に就いては、直後出來るだけ調べて見たが、夜に入つてから烈風中に近隣が全燒し、日本銀行では先づ附屬家屋を襲はれ、本館には屋根の一部から火が入り、內部で漸次諸方へ廣がつたものらしい。宿直員は長く本館內に留まつて消火及び重要物の保護に努めた。現に置場を移したので燒失を免かれた書類があつた。屋根が比較的脆弱であつたのは、築造の當時近隣の建物に比し遙かに高いので、飛火の危險を充分に考慮しなかつた爲めであらうかと思はれる。

地震の起つたとき、私の家族、妻と娘とは葉山に居た。四日に其の無事なりしことを傳聞し、五日には橫須賀よりの海軍御用船により使者が妻の手紙を持參し、私の方から無事を報ずることも出來た。汽車が通じて家族の歸京したのは十七日であつたと思ふ。

金融界の推移と共に、身邊の事件を細敍したのは、當時の一般狀況を推想する資料たらしめんが爲めである。

第十九章　昭和二年の金融界大動亂

昭和二年の金融界大動亂は明治以來の金融市場に於ける最大の事件であらう。其の前後に亙る推移は戰後反動期以來の一般經濟事情を反映するものとして頗る意義が深い。故に私が如何なる見地を以て之に對處したかを稍〻詳しく記して置きたい。

記述は先づ震災後の經過から始めなければならぬ。東京を中心とする金融の停頓及び其の影響による全國金融の不圓滑は震災手形令による特別融通其他日本銀行の臨機處置によつて一應打開されたけれども、經濟活動の大勢は萎靡沈滯の樣相を示すことが著しくなつた。惟ふに、戰後の反動は、我國の關する限り、過去蓄積の對外資力利用によつて緩和されて來たが、固より世界的潮流の影響を免かれ得べき筈なく、漸次不況に向ひつゝありし時に當り此の大災害を受けたので、之を契機として人心は不安に陷り、實情の困難が暴露されたのであらう。卽ち貿易上の輸入超過は大正十二年に五億三千四百萬圓、大正十三年に六億四千八百萬圓と云ふ空前の巨額に達し、其後も當分方向を轉換せず、政府の災害善後公債、公共團體公債、民間事業公債等の外國に募集されたるもの尠からざりしと雖、大輸入超過を決濟するには足らずして、既に豐富とは云ふべからざる在外資金に喰込みたる上、內地正貨の現送輸出をも必要とするに至つた。隨て爲替相場の動搖甚だしく、大正十三年末には一時對米三十八弗臺にまで下つた。物價は災害直後多少の騰貴を見たるも、久しからずして警戒人氣の爲に低落に轉じ、復興需要を見込みて過大の仕入を爲したる輸入業者、製造家、商人等の損失を釀し、事業の經營は一般に困難となつた。金融は堅實なる資金需要の減退せる爲め一般に繁忙を訴ふることなく、市中商業手形割引歩合の如きは大正十四年より低下に向ひたるも、無謀の計畫を爲すもの又は窮境を脫せんと焦慮するものが金利の高きを厭はずして融通を求め、預金者中には銀行經營に疑を抱いて動もすれば預金を引出さんとするものありしが故に、底流頗る不穩にして安定を缺くの狀態であつた。

一般の情勢が此の如くであつたから、銀行預金の取付、事業家及び商人の破綻等は間歇的に續出した。日本銀行は、震災直後に於て、一局部の破綻の爲めに全體の動搖を起すことを避けんが爲め、震災手形令の適用を受くるもの以外にも、從前の慣行に輪を掛けて救濟に努めた。其の爲めに自ら犧牲を拂ふに至ることあるべきを覺悟した。是れは私も方針として贊成した所である。

然しながら情勢の進むに從ひ、世間の日本銀行に期待する所は益〻大きくなり、日本銀行には財界の救濟を一手に引受くるの責任ありとするが如き言議をさへ聞くに至つた。救濟を受けんとするものゝ實情を調べて見ると、其の窮境に陷つた原因は戰時中の規模を縮小するの必要に遭遇した爲めと云ふよりも、寧ろ戰後の無謀なる企畫經營に出でたと云ふべきものが多かつた。又必ずしも震災の影響によると云ふべからざるものが多かつた。要するに世界的反動期に入つてから、我國の特殊事情により、大勢に逆行する方向に進み過ぎた結果であると云ふことが明かに判かつた。此に於て私の心境は震災前の立場に返り、方向轉換の必要を更らに痛感した。それは日本銀行の自衞とか、通貨の狀態の保全とか云ふことの爲めばかりでなく、經濟の堅實性を回復する爲めに必要としたのである。將來の一般發展を順調ならしめ、又非常の事變に對處するの素地を固くする爲めに、整理を遂げ、心構へを改めて置かねばならぬ。整理の際に或る程度の救濟的施爲を伴ふのは已むを得ない。突如一切の救濟を打切ると云ふが如きことは固より出來ないが、心構へを改むるには救濟の容易に賴むべからざることを知らしめなければならぬ。私は此の見地よりして、救濟の對象、程度及び方法を愼重に鑑別すべきこと、幷に救濟を妥當なりとする場合にも、必ずしも日本銀行の獨力を以て之に當るべきではなく、利害關係者をして之に協力せしむべきことを希望した。關係者の協力は戰前及び戰時中には屢ゝ實行された所であるが、戰後に至つて全く日本銀行に委せられた實情である。又重大なる事態に對しては政府が相當の措置を講ずるにあらざれば、日本銀行の獨力を以て收拾し得ないだらうと思つた。

前記の希望は、震災後の或る時期から機會ある每に徐々に話し合つたのであるが、日本銀行內の空氣も漸次同じ方向に傾いて來た。救濟の爲めに放出する金額が段々巨大となり、之に伴ふ損失の危險も日本銀行が輕易に負擔し得ざる程度に到つたので、從來の態度に就いて考へ直すことゝなつたのである。又金本位制囘復の希望が濃厚になつたので、其の準備工作として通貨の發行に節制を加へなければならぬと云ふ觀念が强くなつた。從前世間では、日本銀行に救濟を要望するに當り、日本銀行には預金の取付を受ける懸念がないから、いくら固定的に資金を放出してもよいではないかと云ふ人もあつて、之に應酬するには複雜なる通貨論を以てしなければならなかつたのである。然るに金本位制が有效に施行されることゝなれば、日本銀行は常に金兌換の請求に應ずる用意をして置かねばならぬ。日本銀行に對する金兌換の請求は普通銀行に對する預金仕拂の請求に該當するものであるから、日本銀行も資金の放出を愼重にしなければならぬと云ふ理由が端的に了解せらるべき筈である。此の如くして救濟に對する日本銀行の心構へは漸次に變化し、世間に於ても此の問題に就いて理解が深められた。更らに進んで日本銀行の營業が堅實味を缺くと云ふ批評も起つた。其の結果が直に著しく實際に現はれた譯ではないが、救濟の對象に就いて調査を愼重にし、鑑別を試みるやうにはなつた。趣旨實現の場合も絕無ではない。銀行の救濟に關し、他の銀行等の協力によつて處置することがいくらか出來るやうになつた。政界有力者の斡旋濃厚なりしに拘らず、其の要望の全部を應諾せず、他の協力を條件とし、日本銀行の關與する範圍を局限したこともある。大正十四年二月高田商會の破綻に瀕するや、主として關係諸銀行の側から日本銀行の援助を請求し、井上準之助氏も熱心なる斡旋者の一人であつた。同氏は山本內閣辭職の際大藏大臣を退き財界世話役と稱せられて居たのである。此時も日本銀行は關係諸銀行の協力を條件として相當の考慮を爲すべき意思を表示した。大藏大臣濱口雄幸氏も介在して關係銀行側に勸說したが、協力の程度に就いて意見の一致を見るに至らず、終に破綻を暴露することゝなつた。日本銀行は斡旋者から非難されたが、世間では格別の言議もなかつた。

上記の如き一般趨勢の中に於て、鈴木商店との關係に淵源せる臺灣銀行救濟の問題に逢著したのである。臺灣銀行の一般營業振に就いては玆に言及しない。只鈴木商店との關係は公知の事實である。さうして既に整理が濟んで臺灣銀行の營業振も改まつて居るから、今では全く過去の歷史に屬する。

何時頃からのことであるか知らぬが、戰後財界の變兆を呈した時に於て、臺灣銀行は既に鈴木商店に對して特殊の金融便宜を與ふる關係に入つて居た。固定貸も多い上に、運轉資金の必要を他で充たし得ないときは臺灣銀行に於て之を供給しなければならぬ。然らされば過去の債權を不安にすると云ふ腐れ緣であつた。其の鈴木商店が、甚だしく手を擴げて貿易及び企業の上で不如意に傾いたので、臺灣銀行は困難を感じたのである。大正十一年に日本銀行が臺灣銀行に與へた正規外臨機融通は、此種の取引の一口としては空前の巨額であつた。それが固定した上に、其後更らに累加した。日本銀行の立場に於ては、臺灣銀行の破綻が金融界及び一般財界に激甚なる影響を及ぼさんことを慮かつて、之を防止すべき措置を講じたのであるけれども、臺灣銀行と鈴木商店との關係に於ては、鈴木商店の救濟であつた。同商店はそれで一時の小康を得たのであらうが、之を契機として整理縮小に向ふ模樣はなく、寧ろ更らに轉換擴張の機會を狙ふもの丶如くであつた。隨つて金繰は益〻窮屈となり、震災後にまで同樣の狀態を續けたのである。

鈴木商店の金融方法は、常時臺灣銀行より便宜を受くるの外、手形仲買人を經由して短期の單名手形を賣るのであつた。其の買手は全國都鄙の銀行中に多くあつた。期日に手形を切替得ないときは、新らしい手形を他の銀行に賣る。何れの銀行にも手形の賣れないときは臺灣銀行に融通を求める。臺灣銀行は所要資金を調達する爲めに短資（コール）を他の銀行から借りる。

短資返濟の必要に迫るときは日本銀行に融通を求める。手形の期日も短資の返濟請求も、貸手の都合上月末に纏まる傾向があるので、月末には日本銀行の臺灣銀行に對する融通が膨れる。是れが殆んど年中行事のやうになつたのである。此の月末融通には、最初正規の擔保を提供させたし、越月後には回收されて居たから、形の上では格別差支がないやうに見えるけれども、其根本の實質に於ては、鈴木商店は短期手形の繰廻はしによつて固定的資金の需要を充たし、其の尻を臺灣銀行の短資吸收で賄ひ、更らに其の尻を日本銀行の融通で引受けるのだから、其の微妙のからくりの停頓するときは、日本銀行の融通が固定することを免かれざるものであつた。

上記の金融方法は時を經るに從つて段々窮屈となり、越月後の緩和も鈍くなつた。つまり鈴木商店單名手形の信用が減退し、臺灣銀行への短資放出に就いても漸次不安の感が濃厚になつたのである。年末の窮屈は殊に甚だしく、大正十五年（昭和元年）十二月下旬には臺灣銀行が鈴木商店に對する特殊金融を打切るの決心を一應表明した程である。然しながら其の結果鈴木商店が直に破綻すべきことは明白であり、臺灣銀行は新らしい負擔を避けても、過去の貸出の上に起る所の損失は却つて大きい。之に對應する準備なくして突如鈴木商店との關係を打切り、其の破綻を暴露すれば、臺灣銀行も亦恐らく破綻を免かれぬであらう。金融界及び財界一般への影響も激甚であらう。故に兎に角年末を無事に過すだけの手段を講じ、越年後臺灣銀行整理案と鈴木商店に對する關係とを考慮すべきことゝなつた。是れには大藏大臣片岡直溫氏等の切なる勸說もあつた。臺灣銀行は財界の動搖を防ぐ爲めに犧牲を拂つて鈴木商店への金融を續けると云ふ立場を取らんとしたが、日本銀行は之を首肯せず、財界への影響は日本銀行に於て考慮に入るべきことだけれども、臺灣銀行に於て之を理由とすべきでない、同行は此際自衞の爲めに必要を感ずべき筈だと主張して、之を納得せしめた。日本銀行の主張は將來臺灣銀行に對する措置を講ずるに當り裁量の自由を留保せんが爲めであつた。兎に角臺灣銀行は一應の決意を飜へし、鈴木商店への金融を續けることゝなつた。さすれば其の資金を調達しなければならない。それは出來るだけ市場短資によるべきだが、及ばざる所は日本銀行から融通した。其の擔保は最早正規のものだけではなかつた。

昭和元年末の臺灣銀行に對する融通は、同行の整理案を立つべきことゝ關聯せる一時の措置であつた。其の整理は數年來の懸案にして、通貨發行權の統一と云ふが如き制度上の大問題を含む理想案と、政府又は日本銀行よりの援助を契機として刷新を圖らしめんとする彌縫案との間を彷徨し、適切なる結論に到達し得なかつたものである。昭和二年に入つてから、此の件の審議が繰返されたけれども容易に進捗しない。政府は極力援助の意向を表明した、又私は其の誠意を信ずるけれども、具體案になると、法規の關係等が中々難かしい。臺灣銀行は日本銀行より新たに多額の固定的融通を受け、之を以て鈴木商店の金繰を安定せしめ、單名手形又は短資吸收によつて市場を煩はすことを免かれんことを希望した。それで一時の效果はあるだらうが、鈴木商店が果して經營振を妥當に改めるか、どうかは疑問である。同店首腦者變更の問題も絡らんで、當人は一應納得したが、意外の方面に之を庇護する意向があつて、事態がはつきりしない。それは兎に角、差向き資金援助を爲し得るものは日本銀行の外にない。日本銀行はさやうの計畫に獨力を以て乘り出す譯に行かない。臺灣銀行整理の案件が此の如く低迷して居る間に、同行及び鈴木商店の金融は益〻窮屈になつた。日本銀行は臺灣銀行に對する月末融通を續けたが、所要金額は嵩む一方であるのに、擔保として採納し得べきものは愈〻乏しくなりつゝあつた。

然るに臺灣銀行の狀態惡化と時を同じくして、三月初旬から金融界に動搖を生じ、東京に於ける中流の銀行にして仕拂の困難を感ずるものが出て來た。日本銀行は正規に拘らず擔保と爲し得る物のある限り援助を與へたけれども、終に臨時休業の已むなきに至つたものもある。是等銀行破綻の原因を達觀すれば、戰後反動期に於ける不妥當の運營に淵源し、中間彌縫の曲折を經て、來るべきものが終に來つたと云ひ得るだらう。然しながら其の直接原因は、議會に於ける震災手形善後處理法案の審議に關聯して某々銀行の內情が世上に傳へられ、預金者に危惧の念を生ぜしめた爲めである。其の善後處理と云ふのは、震災手形を所持する銀行に從前以上の便益を與へんとしたもので、私は金融界安定の爲めに妥當の計企であつたと信ずる。只窮極國庫の負擔を增加することになるかも知れないと云ふ點があつたので、果して政府提案の如き處置を必要とする事情ありやと云ふ質問を惹起し、之に關聯して某々銀行の內情が風評の的となつたのである。最初に休業を發表した東京渡邊銀行は、片岡大藏大臣が議會で同行の名を指したから已むを得ないと宣傳したらしく、私は其の說を度々耳にしたが、それは眞相でない。片岡氏が如何にも不謹愼の人のやうに傳つて居るのは氣の毒だから、此の機會に私の知る所を述べて置きたい。同行は或る日の交換尻を日本銀行に拂込むことが出來ないので休業すると日本銀行に申出でたのである。日本銀行からそれを大藏省に報告し、大藏省から議會内の大藏大臣に傳へた。其の紙片が答辯中の片岡氏に屆いたので、氏は、議員諸君が餘り論議を紛糾させる爲めにこんなことになると警告したのである。大藏大臣が事前に銀行の內情を暴露したのではない。却說挿話から本筋に戻れば、上記諸銀行に對して起つた所の不安は臺灣銀行に對して一層强く當る。それで同行及び鈴木商店の金繰は三月中旬以降殆んど行詰の狀態に陷つたのである。

日本銀行幹部は之に對處するの方針に就き連日評議を重ね、春季皇靈祭の休日にも市來總裁の私邸に會合した。是れより先き木村淸四郎氏は大正十五年十一月に副總裁を辭し、土方久徵氏が之に代つて就任した。臺灣銀行問題の切迫してから評議に參加したのは市來、土方兩氏をはじめ、麻生、濱岡、川田の三理事と私とであつた。評議に上つた一つの點は、日本銀行は旣に臺灣銀行に對して巨額の貸出があるから、之に就いて起るべき損失を防ぐ爲めに、徹底的に同行を援助しなければなるまいと云ふのであつた。私はそれを主たる考慮の事項とすることに反對した。今迄の貸出には擔保があるから、處分に時を要するだらうが、全部損失となる筈はなく、假令損失は多くなつても、まだ日本銀行の資産狀態を危くするには至らない。此の上に益〻薄弱なる擔保を以て貸出を重ねれば、それこそ日本銀行を危くすることゝなるだらう。是れが私の意見であつた。次ぎの點は、臺灣銀行の破綻は特殊銀行たるの故を以て國の信用にも關係するし、此際金融界及び財界への影響甚大なるべきを以て、極力同行を擁護しなければならぬと云ふのであつた。是れには何人も異議がない。只問題は、日本銀行が獨力を以て之に當るべきや、又當り得るやと云ふにある。私は、日本銀行として爲すべき所を爲すべきと同時に、政府に於て大決心を以て方策を立つべき筋であると主張した。此の上更らに多額の融通を臺灣銀行に與へんとすれば、鈴木商店の單名手形を引受けるの外はない。同店の資産は既に臺灣銀行を經由して、過去の貸出の擔保として日本銀行に差入れてあるから、其の手形は日本銀行にとつて價値がないのである。政府は日本銀行の損失に就いて責任を以て考慮すると言明して居るから、それで宜しいではないかと云ふことも誰れかの話頭に出たが、從來例のある如く單に盡力の約束だけでは安心されない。法規上の根據ある具體的方法を定めて貰はなければならぬと云ふのが重役多數の意向であつた。只如何にしても臺灣銀行を見離すことは出來ないと云ふ氣分を表はす人も無いではなかつた。而して市來總裁は大體の趣旨を領するも、暫く結論を留保し、自分に任せて呉れと云ふことで、一應評議を中止し、焦眉の急を要する資金は擔保を掻き集めて融通を續けて行くことゝした。

其間諸方から日本銀行に對する運動があり、井上準之助氏なども斡旋に乘り出した。臺灣銀行調査會と云ふのも制定されたが、此の如き機關で迅速に徹底的實行案の立つことは期し難い。委員の中には個人的意見として日本銀行の應急措置を希望する人が多いと私は傳聞した。それ等の人々は、日本銀行の臺灣銀行に對する臨機融通が既に如何に巨大であるか、又當面の難關を切抜けるだけにでも今後の所要金額の如何に巨大であるかを知らなかつたのであらう。

私は市來總裁が如何なる具體案を提出するだらうかと、稍ゝ不安の感を以て待つて居たが、數日後に現はれて來たのは、向後臺灣銀行所要資金を供給する條件として、正式損失補償を政府に請求すると云ふのであつた。而して其の方法は政府の立案すべき所であるが、緊急勅令によることが出來るだらうと云ふ。私は當時法制上の取扱方に不案內であつたが、實質は兼ねて私の希望せる所に一致するから直ちに贊成し、他の重役の意見も完全に一致した。其の方法の確立するまでの間、日本銀行の責任を以て必要の援助を繼續すべきことは同時に覺悟する所であつた。此の意見を政府に申出したのは四月の初頭であつたと思ふ。政府には頗る難色があつて、市來總裁及び土方副總裁が正面交渉に當り、數日間の曲折を經たが、兩氏は一筋に主張を堅持し、終に政府の同意を得た。市來總裁は四ケ年に近き在職中殆んど自己の所見を發揮したることなく、重役會の評議の成行に任せて來た人だが、此の臺灣銀行問題の結末に於て始めて重要なる裁斷を下し、總裁としての存在を明かにした。其の所斷に對する批判は區々にあり得るだらうが、無爲の總裁たりしと云ふ世間の盲評は當らない。

緊急勅令案提出後の經過は世間に知れ渡つたことで、特に私の所見又は關係事項として加ふべきものは多くない。提案は四月十七日に樞密院で否決され、若槻内閣は辭表を捧呈した。其の後片岡大藏大臣は日本銀行に臨んで諸大銀行の首腦者と懇談し、新内閣は臺灣銀行に對して必ず何等かの措置を講ずるであらう、憲政會は之を支持するから、それまでの間日本銀行と諸大銀行との協力により同行を援助すべきやう勸說に努めたが、何等具體案を得るに至らなかつた。三月中の數個中流銀行休業により一般に銀行に對する疑惧を生じて居た上に、鈴木商店の單名手形買入又は臺灣銀行への短資放出により脅威を感ずる銀行が多數あつたので、緊急勅令案否決の報と共に全國に預金取付が起つた。平生最大有力銀行中に數へられたるもの亦必ずしも之を免れず、中流以下には臨時休業を發表するものが續出した。戰後反動期以來の禍根を包藏するものも尠なくないので、玉石の鑑別容易ならず、若し其の儘に放置するならば、金融機能の停止のみならず、其の破壞を見るに至るべき情勢であつた。之を世上金融動亂と呼稱したのである。四月二十日に成立した田中內閣には高橋是淸氏が大藏大臣となつた。政府は先づ應急措置として、全國銀行に勸說し、二日間一齊に自發的臨時休業を爲さしめ、二十二日短期仕拂猶豫緊急勅令を布き、其の猶豫期間中臨時議會を召集して、臺灣金融機關の爲めに二億圓、一般銀行の爲めに五億圓を限り、日本銀行の損失を補償するの法律案を提出し、五月八日其の可決公布を見た。既に全國金融動亂を惹起した上は、臺灣銀行に對する特別融資だけでは之を鎭靜し得ないので、別に一般的特別融通法を必要としたのである。樞密院が若槻內閣の緊急勅令案を否決し、田中內閣の提案を可決したのを、世間で態度豹變と云ふものがあるけれども、兩者は內容に於て、國庫の負擔を伴ふと、然らざるとの別があり、又全然法的根據を異にするものであつた。若槻內閣案は憲法第七十條により、財政上必要の處分として日本銀行の損失を補償せんとするもので、其の適用は議會を召集し能はざるときに限る。田中內閣案は憲法第八條により、公共の安全を保持し又は其の災厄を避けんが爲め法律に代るべきものにして、議會閉會中ならば其の適用が起り得るのである。若槻內閣案に該當する部分は臨時議會の協賛を經て成立したのである。若槻內閣案に類似せる先例があつたと云ふ說もあるが、私は其の當否を知らない。上記は只外に現はれた形に卽して兩案の區別を擧げたのである。

臺灣銀行は巨額の特別融資を受けて根本的整理の緖に就いた。一般銀行中の業態薄弱なるものは、特別融資により動亂後の預金仕拂資金を調達した。換價容易ならざるも、苟も價値ある物件又は債權ならば之を擔保として日本銀行から融資を受け得るのが特別法の效果である。鈴木商店は沒落を免かれなかつたが、臺灣銀行は救濟された。一般銀行界に就いては、預金仕拂資金の調達と云ふ直接目的に關聯し、日本銀行は特別融資の條件として、銀行の合併、減資、重役私財の提供、預金の一部切捨等を勸說し、薄弱銀行の整理を促進した。一般特別融資の貸出は昭和三年五月までに行はれたが、其の上半季末の日本銀行貸借對照表に計上された金額は臺灣銀行分の外、六億七千九百萬圓であつた。それで銀行に關する限り、戰後反動期以來の不良狀態は概して一應整理せられ、金融界も事業界も大動亂の實物敎訓を經て大に覺醒し、經營及び技術の向上によつて堅實なる發達を期するやうになつた。憲政會內閣によつて著手され、政友會內閣の下に實現した補償法融通は確かに我が財界の改善に資益したのである。只其の施行の際、必ずしも妥當の理由あるにあらずして濫りに均霑を計企するものもあつたので、鑑別に愼重の注意を要した。其の裁量に訴ふる所の陳情又は要望が蝟集した。大藏省及び日本銀行の職員中から委員が任命されて之を審査したのだが、日本銀行側で主として裁量に當つたのは井上準之助氏であつた。市來乙彥氏は特別融通法の公布せられた後間もなく五月十日に總裁を辭し、井上氏が之に代つたのである。理事麻生二郎氏及び永池長治氏は取引の細目を處理した。私は審查委員會に列し、最後の決定には勿論參加したけれども、中間の應接交涉には濃厚の關係を有たなかつた。

補償法融通は金融界動亂を鎭靜し、財界建直しの途を開くに效があつたけれども、成るべく國庫の損失を少なくするやうに融資を回收し、同時に財界の堅實なる進展を誘導するのが、後に殘された所の大なる課題である。然るに井上氏は融資貸出を了りたる後幾もなく、昭和三年六月に突如として辭職した。さうして土方副總裁は總裁に、私は副總裁に任命された。是より先き高橋大藏大臣は特別融通法の施行後間もなく、昭和二年六月に辭職し、三土忠造氏が之に代つた。高橋氏が老軀を以て後雅田中義一男の下に大藏大臣に就任したのは、金融界動亂鎭靜の爲めに挺身したので、應急措置と基礎工作との成りたる後、其の信任する後進に地位を讓りたる心事は諒とすべきものがある。井上氏が特別融資の實行に強く自己の方針を發揮した上、其の終を完くすべき地位に留まらざりしは如何なる事情があつたのか。浩瀚なる傳記にも此の疑問は解けて居ない。

尙金融界動亂の際に於ける一事故を附記して置きたい。諸銀行は手許現金を豐富にせんが爲め、擔保のある限り日本銀行から融通を受けたるが故に、豫備兌換券の不足を告げ、之に對處する方法に就き、複雜なる考案が二三提出されたが、終に簡單なる樣式の二百圓券を急造するに決した。之に著想したのは文書局長淸水賢一郎氏で、其の案が出て見ると、それまで複雜なる考案に二日間も時を費したことが馬鹿々々しく思はれた。印刷局は一晝夜で間に合せて呉れた。それで、營業上の取引は出來ても渡すべき現金がないと云ふ奇態を免かれたのである。

第二十章　金解禁の失敗

金解禁の計企は、之を貨幣史上の一過程として見れば、最早現下の視野に於ける實際問題と絶縁して居るけれども、我國經濟情勢の推移の一節として見れば、今後に於て參考とすべき重要の意義がある。金解禁に關する貨幣制度上の理義及び我國に於ける表面的經過は拙著「金本位制離脱後の通貨政策」中に詳述してあるから、之を重複しない。茲には私が其の經緯中に如何なる關係を有つたかと云ふことを主たる觀點とする。尤も今尙公表すべからざる廉もあるので委曲を悉くす譯に行かないが、多少の補遺は出來るだらう。理解を便にする爲め先づ簡略に經過の大要を擧げることゝする。

我國は、大正六年世界戰爭中に金の自由輸出を禁止して實際上金本位制を停止した。戰後大正八年に米國が金本位制を囘復するや、我國に於ても大正十年の秋頃より解禁說が擡頭し、世界の諸主要國に於て逐次金本位制の再建せられるに伴ひ、大正十三年以降財界の一部には其の希望が漸次濃厚となり、贊否の論議錯綜して一進一退した。政界も亦之に呼應して、有力政黨の嚮背は時により區々に動いた。政友本黨も、憲政會も、政友會も各自少なくとも一度は大に金解禁に傾いた。昭和二年の金融界動亂が一應鎭靜したる後、財界は肅整に向ふと同時に沈滯の狀態に入り、其の打開策として考慮せられたる案件中に金解禁もあつた。或る人は堅實なる進展の基礎として貨幣制度の安定を希望したのであらう。他方には、徹底せる理解に立脚するにあらずして、只沈滯を脫せんが爲めに局面の變化を希望するものもあつたらう。昭和三年十月二十二日東京及び大阪の手形交換所社員銀行が即時金輸出禁止解除を政府に建議したのは、少なくとも銀行界多數の意見が明白に決定したことを確むるものである。中には依然尙早論を唱へた人もあるが、多數は之を壓倒した。其の時の手形交換所委員長は東京に於いて三井銀行の池田成彬氏、大阪に於いて住友銀行の八代則彥氏であつた。產業界にも解禁贊成者はあつたが、其の一般の空氣は判明を缺き、翌昭和四年五月政府に解禁意向ありとの風說により株式界の動搖を見るや、日本經濟聯盟會は井上準之助氏、鄕誠之助男、及び團琢磨男に依囑して政府を訪問せしめ、財界不安の原因は政府の金解禁に對する態度にありとして說明を求めた。而して三土大藏大臣は、出來るだけ無理のない狀態の下に於て解禁を實行せんとするものであるが、輕々に實行は出來ぬと回答した。是れまでが解禁前記である。

次で同年七月には、其の前憲政會と政友本黨との合流によりて成りたる民政黨々首濱口雄幸氏が內閣を組織し、井上準之助氏を大藏大臣に据ゑ、本腰を入れて金解禁に著手した。卽ち七月九日に發表された政綱中、近き將來に於て金解禁を斷行せんことを期すと聲明し、十一月二十一日に公布された大藏省令を以て、翌昭和五年一月十一日より金輸出の取締を撤廢すべきことを公布した。東京、大阪、名古屋の有力銀行代表者は同日直に金本位制擁護に協力すべき旨の申合を發表した。之を世間で道義的支持(モーラル・サッポルト)と呼んだのである。此の時に至つては最早產業界にも反對を公言するものは殆んどなかつた。少し前に金解禁の影響を懸念して大藏大臣の意向を質すの役割を勸めた井上準之助氏が自ら大藏大臣として實行に當つたのだから、以て事情の變化を想像し得るであらう。金解禁反對者と看做されたる井上氏の大藏大臣就任は世間の意外とせる所にして、金解禁にけちをつける爲めに利用されたが、同氏の言説を仔細に點檢すれば、其の反對は無準備、無用意の金解禁を不可としたるものにして、濱口內閣の緊縮方針により必要の準備を整へ得ると云ふ意見に到著したと說明されて居る。

斯くて金解禁は豫定の日から實行されたが、劈頭より海外送金の需要意外に多く、其の爲めに金の流出又は在外資金の賣却を必要とし、海外送金の結果たる通貨の收縮と解禁に伴ふ緊肅政策の强行とにより財界の不景氣は益〻甚だしくなりたるが故に、久しからずして我國金本位制の維持續行に疑念を抱き、又は寧ろ其の打切を希望する氣分を生じた。目前金の輸出を不便とする事情ありしが故に、昭和五年八月一日より橫濱正金銀行は政府の旨を受けて特に外國爲替を賣買し、他日其の差額決濟の爲めに必要なるだけの金を輸出すべきことゝした。市場では之を爲替統制賣と呼んだのである。此の方法により送金需要の取扱方を圓滑にし、時には買戾しも出來て、それだけ金の輸出を減少し得たのであるが、貿易尻決濟の必要以上に送金の需要絕えず、昭和六年九月二十一日英國が金本位制の再離脫を爲すや、橫濱正金銀行の統制賣を請求し來るもの激增し、當分は之に賣り應じたけれども、其の額益〻嵩大するを以て、漸次に其の取引を縮小し、不徹底に形勢を觀望することゝなつた。統制賣の對象は主として米國向爲替であつたから、其の買方行爲を世間で弗買と呼ぶやうになつた。其の間政界及び財界に於て金本位制維持に反對する氣勢は頗る高くなつた。政府は維持續行の決意を表明して金融界及び産業界の協力を求め、十一月六日に至り、池田成彬氏、八代則彥氏、鄕誠之助男、及び稻畑勝太郎氏を代表とする有力者は政府の意を體して擁護申合を發表し、新たに海外送金を計企するものは跡を潛めたけれども、大勢に益する所は多くなかつた。十一月十日政友會は金輸出再禁止を決議した。是れより先き、昭和六年四月濱口總理大臣は遭難後の健康囘復充分ならざるを以て辭職し、若槻禮次郎氏が之に代り、大體舊閣員を以て、內閣を組織したのであるが、其後金輸再禁止問題の切迫せると時を同じくして、內務大臣安達謙藏氏が他黨と協力して政局を一新せんことを主張し、閣內の意見一致せざりし故に、十二月十一日若槻內閣の總辭職となつた。新內閣の總理大臣は政友會總裁犬養毅氏、大藏大臣は高橋是淸氏にして、十三日組閣後直に金輸再禁止を斷行した。是れが金解禁失敗の經過である。

私の金本位制再建に對する見解は、紐育準備銀行總裁ストロング氏及び英蘭銀行總裁ノルマン氏の內議に應答した通りである。（第十六章參照）。玆に我國の現實問題に直面して、聊か重復に亙るけれども、如何に其の趣旨を應用すべきかを述べて置きたい。私は世界戰爭後の實歷と學界に於ける貨幣理論の硏究とにより、金本位制が不可缺でもなく、金科玉條でもなく、又制度としての弱點もあり、實行上の困難もあることを認めた。然しながら經濟活動の一般的基礎として通貨の價値を安定せしむることを目標とすれば、金本位制に優る所の實行的代案は容易に發見されない。他方資金供與の便宜に重きを置くの見地よりして、金本位制の束縛を脫却し、通貨の發行を放漫にせんとする傾向が盛になつた。然るに世間一般には、資金供與の便宜を希求しながら、尙通貨の基礎として金に信賴する傳統的の感想が强い。然るが故に、私は、金本位制への復歸を通貨政策の目標として揭揚し、之によつて通貨の發行の放漫に流るゝを抑へ、然も金本位再建の實行を急ぐことなく、金本位制の束縛を受けずして必要なる資金需要に應ずるの餘地を存し、其の間に實驗を重ねて徐ろに貨幣制度の歸趨を考定すべしと云ふ見解に立脚したのである。ジエノア會議前後の見聞により、金本位制の囘復を希望するものも、其の條件たるべき外交、財政、通商等の事項に就いて充分の自信なきを看取し、益〻玆に述ぶる所の感を深くした。隨つて我國に於ける金解禁の論議に於ても、私は此の心境を以て應接した。

殊に解禁の國內經濟に及ぼす影響を緩和せんが爲めに通貨の發行を寛大にすべしと云ふ考へ方は甚だしき矛盾にして、私の首肯し得ざる所であつた。それならば寧ろ解禁を尙早とすべきである。昭和二年の動亂鎭靜後は不良銀行が一應外科的に整理せられ、金融も緩慢に傾いたから、解禁實行には寧ろ順便になつたとも云へるが、他方補償法融通により巨額の日本銀行貸出が固定したので、解禁に伴ふ通貨調節を妥當にすることは一層困難となつたのである。

私の腹中は累記の如く複雜であつた。昭和三年十一月大阪經濟會の依賴によつて講演したときも、同十二月在野の民政黨總裁濱口氏の希望により其の私邸で會談したときも、右の含蓄を以て措辭を愼重にした。大阪經濟會に於ける講演は當時の私の立場を檢證すべきもので、拙著「通貨問題としての金解禁」中に全文が收めてある。然しながら私が種々の機會に言明したる所を簡單に表現すれば、通貨調節の見地より金本位制の囘復を目標とし、只其の實行に當りては一時の苦痛を忍ぶべき覺悟を必要とするが故に、其の時期に就いては經濟の實情と人心の趨向とを愼重に考慮しなければならぬと云ふに歸する。されば、時期の決定に就き自ら如何なる判斷を下したるべきやは暫く措き、世論が大體解禁要望に一致し、政府が斷行に邁進することとなりたる上は、其の達成に最善を盡すのが、私にとりて當然の途であつた。昭和四年七月二日濱口內閣の成立した後、一日を隔てたる四日の夜、井上大藏大臣の希望により、同氏と土方總裁と私との三人が土方邸に會合し、政府が斷乎として金解禁に決したことを聞いた。土方氏も私も、政府の方針と決心とを詳しく聽取したる上、之に贊同した。爾來準備期より實行期に亙り、日本銀行關係の重要事項に就き三人で熟議を重ね、井上邸に近い私の宅も屢〻會合處となつた。實行の順序方法に就いては必ずしも全部一致し得なかつたが、私は所見を以て貢獻を期すると同時に、强ひて之を固執して摩擦を生ずることを避け、政府の最後決定に順應して出來るだけ圓滑なる執行に努めた。只諒解を遂げたと思ふ事項に意外なる思違ひの點が殘つて、頗る當惑したこともある。外部に對する行路の崎嶇たりし上に此の內面的苦悶も加はつて、鬢髮の霜は急に著しくなつた。只土方總裁と私との間に毫も扞格のなかつたのは欣快とする所である。

解禁準備期に於て、政府は趣旨を大衆に徹せしむる爲め、內務大臣を長とする委員を設けて全國へ派遣したが、私は其の中間報告會に臨み、委員中に、解禁による好景氣の出現を說いて喝采を博したことを語るもの丶多きに驚いた。席上直に、それでは實施後に失望させるだらうと注意して置いたが、委員たる人々にさへ解禁の意義の理解されて居ないのを心細く思つた。つまり將來に亙り經濟を順調ならしむる端緒であると云ふことを穿き違へ、一時的には寧ろ不景氣を忍ばなければならぬことを忘れたのである。一般の期待が此の如くであつたとすれば、實施後久しからずして不人氣を招いたのも怪しむに足らぬ。政府の公表した政綱說明には固よりさやうの錯誤はなかつた。然しながら金の流出に對應し、金本位制の維持に必要なる通貨政策を充分に採り得なかつたのは、錯誤に基く人氣の動きを顧慮した爲めだと云はねばなるまい。

七月初旬政府が金解禁の方針を決したとき、我が爲替相場は對米四十三弗半見當であつた。解禁の曉には平價四十九弗八十五仙見當に囘復すべきことが明白であるから、解禁近きにありとの見透しが出來るならば、市場に外貨賣が續出して、爲替相場は急激に昂騰するであらう。それでは經濟界の諸方面に多大の衝擊を與へるから、政府及び日本銀行に於て市場の外貨賣に買向ひ、爲替相場の急騰を抑へ、漸次に買相場を引上げ、相當の期間を經て平價に接近したる後、解禁を實行すること丶した。其の準備工作は順調に豫期の效果を擧げ、爲替相場の漸騰と同時に政府及び日本銀行の在外資金は増加したのである。然しながら十一月下旬に解禁實施日が公表せられ、爲替相場が四十九弗見當に達した頃より市場に外貨買が出現し、政府及び日本銀行は相場の逆轉を防ぐ爲めに之に賣り向つて在外資金を使用した。前の買相場と後の賣相場との差額は政府及び日本銀行の損失となり、市場にはそれだけ利得したものがあつた筈だが、それは經濟界の激變を避ける爲めに已むを得ざりし政策上の犧牲として、格別驚くべきことではなかつた。

昭和五年一月十一日に解禁の實施せらるゝや、國內需要による小口の兌換請求は僅少であつたが、內外の銀行中、外國送金の爲めに兌換現送する代りとして、在外資金の賣却を受けんとするものが多かつた。何れも相當の大口である。私は主として之に應接したのだが、解禁の劈頭に於て冷水を背に浴びせられるやうの衝擊を受けた。それは請求に驚いたのでなく、其の理由の甚だ意外なりし爲めである。何故に此際外國送金の必要があるのかと訊いて見ると、請求者は同じやうに、外國に於ける借入金辨濟の爲めだと云ふ。詳しい計表を示したものもある。目前又は近き將來の貿易決濟の爲めに必要とするならば、一應諒とすべきであるが、直前數ヶ月の間、外貨を賣る餘裕のあつたものが、借入金辨濟の爲めに急に送金を必要とするのは不可解である。此に想像を廻らすに、曩きの外貨賣を調辨するに借入金を以てし、解禁後の昂騰せる爲替相場により送金辨濟すれば、其處に覿面差益を生ずる。又外貨賣と借入金との間に直接の關係はないとしても、平生輸入資金に充つべき輸出手取金を外貨賣に振向け、輸入資金を調辨する爲めに別に借入金を以てしたとすれば、結果は同一である。後に世上の注意を惹いた弗買の利益は、解禁中の相場で外貨を安く買ひ、再禁止後の相場で高く之を處分するにあつたが、解禁直後の外貨買は、解禁前の相場で外貨を高く賣つて置き、解禁後の相場で安く買埋めたのである。私は何れの場合にも專ら此の如き動機で取引が起つたとは思はない。個々の銀行の手許に於ては、特殊の金繰事情によつて其の必要を生じたのであらうと善意に解釋する。只市場の大勢としては、解禁末期の難局に類似せる狀態が解禁の初に於て既に伏在したことを否定し得ない。隨て道義的支持の效力に就いて考へさせられたのである。私が取引應接中に感知した所は、當時土方總裁と井上大藏大臣とに報告しただけで深く胸中に祕した。さうして兌換制度復歸の上は、正貨を引渡すか、又は其の代りに在外資金を賣るのが當然で、之を溢れば直に解禁の實效を疑はれるから、氣前よく外國送金の需要に應じた。只參考の爲めに理由を質問しただけである。

それから外國送金の方法として、正貨を渡すべきか、在外資金を賣るべきかに就いて更らに紛糾が起つた。在外資金の賣却を以て正貨兌換に代用するのは、久しく我國の慣行であり、又世界の金本位制再建に當り其の方法が廣く行はれるやうになつたけれども、日本銀行の立場に於て正貨兌換よりも在外資金賣却を便とする理由は、外債によつて金本位制を維持せんとする場合に主として適用されたのである。我國が金解禁を計企したときには、最早外債によることを意圖したのではない。又世界戰爭中に蓄積し得た所の在外資金は既に大部分消盡した。只戰後の現送輸入によつて增加した國內正貨が十億七千萬圓殘つて居た。解禁後の金本位制は之を主たる基礎として運營するの外はなかつたのである。而して其の兌換券發行高に對する割合は八割見當の高きを占めて居たから、相當の正貨輸出があつても通貨政策上には差支ない。財政經濟上の施設によつて國際收支を改善し、正貨の輸出を防止するやうに努めなければならぬが、請求に對しては正貨を引渡すの覺悟を要する。若し其の覺悟が出來なければ金解禁に乘り出すべきでない。是れが私の內部審議に於て力說した所であり、又當局諸方面の諒解を得たと自ら信じたので、解禁後正貨の流出を見ても必ずしも驚くべきでないことを準備期の或る機會に外部の或る方面に豫告して置いた。然るに我が金本位制の維持は金爲替本位の趣旨、卽ち在外資金賣却の舊套によつて行はれるだらうと云ふ感想が依然濃厚に世間に存在した。井上大藏大臣の言辭にもさやうの解釋を誘起すべき嫌ひがあつた。そこで外國送金を必要とするものは、道義的支持の精神により正貨兌換の請求を遠慮する、只在外資金を賣つて貰へば宜しいと云ふ。此に於て私は又驚いたのである。道義的支持と云ふのは、成るべく外國送金の必要を少なくするやうに各自の營業を按配するのでなければ意味をなさない。送金需要者の立場に於て、現送點見當の爲替相場で在外資金を買受けるのは、正貨兌換を受けるより寧ろ有利であるのだから、正貨兌換の請求を遠慮するだけでは、何の犧牲もなく、金本位制維持の役にも立たない。此に大なる錯誤のあつたことを發見したのである。在外資金も皆無ではなく、送金需要者中に現送では間に合はないと云ふものもあつたから、解禁直後混雜を惹起することを避けて在外資金を賣却した。然しながら在外資金の賣却は便宜日本銀行の任意に裁量すべきもので、必ずしも之を應諾し得ないと説明し、漸次其の賣却を控へた。其の代り正貨兌換は日本銀行の義務であるから、請求があれば文句なく之に應ずると言明した。それは意外だと云ひながら、正貨兌換を受けて現送するものもあつた。井上氏は在外資金の豐富でないことを知つて居るから私の應接態度を是認したが、正貨流出を甚だしく憂慮した。兌換請求は道義的支持に反するとして之を非難する聲が世間に揚がつた。市場では、政府の意嚮が正貨現送を阻止するにあると傳へて兌換請求を遠慮する模樣であつた。而して日本銀行は之に代るべき在外資金を自由に賣却しないので、日本の金解禁は單に名目的に過ぎないと云ふ疑惑が起り、市場の爲替取引に於て現送點を下廻はる相場が現出した。之を訂正する爲めに横濱正金銀行をして賣り向はしめたのが所謂統制賣の發端である。類似の操作は過去に於ても種々の場合に利用されたことがあるのだから、特に新規の工夫でないが、八月一日より之を常設の方法としたので統制賣といふ名稱が出來る程に世間の注目を惹いたのである。實質に於ては日本銀行の在外資金賣却に近似する。それで市場は兌換の請求を避けながら送金の需要を充たし得たのである。横濱正金銀行に於て統制賣爲替の結果自ら送金の必要を生ずるときは、兌換によつて正貨を現送するのだから、結局正貨の流出を抑へる役には立たないが、金爲替本位の趣旨によつて金本位制を維持すると云ふ世間の期待に適合する形を採り、正貨の現送よりも在外資金の取得を便とする市場の希望に應じたのである。此の操作を日本銀行自ら行はずして、政府の命により横濱正金銀行に擔當せしめたのは、市場に密接せる立場に於て賣爲替に對して買埋を爲すべき便宜があり、隨て幾分か正貨の流出を減少し得べき爲めであつた。私の自說によれば、國內正貨を基礎として金本位制を維持するの常道は、外國送金需要の起る事情の源に遡り、金融及び一般經濟上の施爲を以て對處すると同時に、送金需要の起りたる上は兌換の請求を應諾して金本位制の權威と信用とを擁護するにある。然しながら我國では解禁の觀念上に種々の錯誤があつたので、常道によらんとすれば摩擦を大にすべきことを發見したから、私も已むを得ずとして統制賣の便法に贊成し、其の施行に努力した次第である。

日本銀行の在外資金賣却に代るべきものとして統制賣を行ふのならば、之を直物取引のみに限るべきではなかつたかと云ふ批評が後から起つた。然しながら統制賣が常設となつたときには、我國金本位制の持續に就いて既に多少の疑惑を生じて居たので、爲替相場が先物から崩れんとする形勢が見えた。それに對應するには先物をも賣ることを必要としたのである。又先物を賣つて置けば、市場の模樣により買戻の便宜も多い。兎に角統制賣は一應好結果を擧げた。市場の疑惑も之によつて大に緩和し、昭和五年の年末に近いて金融の稍〻繁忙となりたるとき、資金を國內へ取寄せる爲めに、先きの買爲替を賣戻すものも相當多くあつた。續いて昭和六年の秋までは大體圓滑に進行し、正貨の流出も不安を釀す程の巨額には到らなかつたのである。

然るに九月に於ける英國の金本位制再離脫後、統制賣の激增するや、其の巨額なる代金を橫濱正金銀行に拂込む必要の爲めに、通貨の收縮、金融の繁忙を來たし、先物買約束を爲したるものにして、受渡資金に窮し、契約解除を交涉するものが多くなつた。年末に近くに從ひ其の事情は益〻甚だしくなるべき形勢を示した。此に於て新規買人は屛息したけれども、契約解除には面目の問題も伴ふが故に、過去の取引に於ける買方と賣方との間に對抗意識を激成し、政爭と絡らみ合つて、一層局面を紛糾せしめ、最初統制賣を歡迎したる方面に於て今更之を非難するものあり、其の開始されたるときの事情を知らざる一般社會には之に共鳴するものもあつた。私は財政上經歷の古き某長老から統制賣を非難する意味の質問を受けた。其の人は私の說明を了解したけれども、最初在外資金賣却の要望に順應して設けられた所の方法が終には却つて摩擦を甚だしくする原因となつた。随つて金本位制維持の操作を單なる經濟問題として冷静に取扱ふことが出來難くなつたのである。

然しながら金本位制の維持を不可能ならしめた所の主たる原因は固より操作方法の末節に存するのではない。最も大きく摑めば、金本位制の再建を試みて失敗した世界的潮流の線に沿うたのである。我國に特有の事情としては、一般社會が金本位制回復の意義と條件とを理解せず、寧ろ錯覺に近い期待を以て之に乗り出したことである。是れが爲めに施行後久しからずして不人氣を招來した。同時に操作方法の直截簡明ならざりし爲め、早くも前途維持の確實性に對して疑惑を生じた。再禁止の希望と期待とが合流して、當時の國際收支上からは說明すべからざる外國送金の需要が起つた。最初は主として將來の支拂の爲めに豫じめ手當をする程度であつたらうと思はれるけれども、時を經るに從つて資本逃避の形跡が現はれた。それが英國の金本位制再離脱後急激に進んだのである。

英國の再離脱は世界的潮流の轉換であるから、我國も其の時直に思切るのが賢明であつたらうことは、回顧的判斷として議論の餘地がない。若し又我國が、多數の國の如く、英國に保有する在外資金を基礎として金本位制を維持するのであつたならば、直に英國の施爲に倣ふの外はない。然しながら我國では國內保有の正貨を基礎として居たので、其の額は解禁當初に比して減少したけれども、まだ豐富であつた。而して貿易狀態は改善して略〻國際收支の均衡を得て居た。是等の事情を綜合すれば、純粹の通貨政策上の問題としては必ずしも金本位制の維持を不可能と斷じ得ない。然しながら若し維持を續行するとすれば、其の爲めに採るべき通貨政策上の手段は、一方外國送金需要の具體化せるものに對し躊躇なく應諾すると同時に、他方金融を引締めて、正貨兌換又は爲替買入の爲めに提供すべき國內資金の調達を困難ならしむるの外はない。是れは、前にも述べた通り、私が金本位制の下に於ける通貨政策の根本義として兼ねて言說し來りたる所である。他の事情により此の根本義の適用を緩和することも亦從來考慮し來つた所であるが、英國再離脫後の情勢に對應して效果を發揮せんとするならば摩擦を押切つて徹底的に此の根本義を强行しなければならぬ。果してそれが出來るであらうか。私は之を個人の意見として井上氏の參考に供した。此の通貨政策上の見地と廣汎なる政治經濟上の事情とを綜合して解禁續行か抛棄かを決定すべきであつた。單一なる通貨政策上の問題に止まらないから、其の所斷は主として政府に係つて居た。金解禁を重要政綱として起つた所の內閣が輕輕に之を抛棄し得ないことも亦諒としなければならぬ。兎に角政府が固守の方針を堅持したから、橫濱正金銀行は統制賣を續行した。日本銀行は金融引締の方針を執つたけれども、それは旣に不景氣に苦しむ所の財界を一層不景氣にするものであるから、政府の態度は判明を缺いた。金利引上の傍らに產業資金の供與によつて金融を緩和せんとするが如き矛盾もあつた。當時の外國送金需要は金利採算を超越して居るのだから、金利引上だけでは之を阻止し得ない。資金調達を困難にする程度まで行かなければ有效でないのだが、政府が不景氣を懸念するので、其處まで徹底し得なかつたのである。別の原因もあつたに違ひないが、金本位制堅持の方針に伴ふべき通貨政策上の理義も充分に體認されないので、外國送金需要は滔々として進み、統制賣の先物契約は累增した。此に至つては最早通貨政策上からも正貨準備の前途を慮かつて再考せざるを得ない。十月四日、井上氏から私邸緩談を希望されたのを幸に、私は其の頃大勢一覽の爲めに每日作成して居た計表を携へ、之を井上氏に示して考慮を促がした。二人對坐約二時間、雜談と沈默との方が長く、其の間互に含蓄を以て意見を交換した。私の意のある所が果して通じたるや否やを知らない。

其の後の二ケ月は混沌紛糾の中に過ぎた。統制賣爲替は、英國再離脫後も金本位制維持の決心を強く表明する爲め、從前通り長期契約を應諾し、翌年に亙るものも尠なくなかつたが、段段期間を縮め、次ぎに先物契約を廢止し、終に直物取引をも喜ばざる態度を示した。買方に於いても、世間の烈しい非難を受けて大に遠慮するやうになり、中には外國銀行支店を利用するものもあつて、或る時から統制賣の直接相手方は殆んど外國銀行支店のみとなつた。國內金融は日本銀行の方針によつて引締りに向つた上、外國送金の巨額なりし爲めに甚だしく窮屈となり、送金希望者も統制賣を請求する資源の枯渴を感ずるに至つたらしい。此くして新規統制賣は殆んど跡を絕つた。隨て表面は靜かなる曇天とでも云ふべき狀態に入つた。然しながら通貨政策上には統制賣先物契約の重壓があり、金本位制維持に對する一般の人氣及び自信は日々に薄くなつた。年末迄には統制賣爲替の買戾しが相當に出來る見込があつて、之に望を掛けた向もあるが、それで大勢を挽回する譯には行かなかつたゞらう。且つ其の買戾しに關聯して對抗中旬の内閣更迭となつた。

意識の紛糾を起したことは前記の通りである。而して政界の底流は益〻險惡にして終に十二月

私は十一日の早朝七時半頃井上氏から參集を求められ、横濱正金銀行副頭取大久保利賢氏と同席で、內閣總辭職切迫の內報を受けた。土方總裁は前夜より發病し、正金頭取兒玉謙次氏は旅行中で、何れも參會し得なかつたのである。私は直に金輸再禁止の急速必至を覺悟した。日本銀行としては當面の動搖を防ぐべき措置と將來の政策轉換とを主として考慮すべきであるが、横濱正金銀行としては統制賣勘定の經過又は殘高を政府に確認して貰つて置かなければ後で迷惑するだらうと思つて、之を大久保氏に注意した。兒玉頭取は午後に歸京して右確認を求むる手續に著手し、井上氏の希望により日本銀行が之に介在することゝなつた。辭職直前に後繼內閣を拘束するが如き處置を爲すことは出來ぬが、在任中の事實だけは確認して置かうと云ふのが井上氏の意嚮で、理財局長富田勇太郎氏及び國庫課長青木一男氏と正金銀行と日本銀行との間で形式及び文言を考案した。最後の會合は十二日の夜に入つたので私の宅に於てし、出來上つたのは十二時過ぎであつた。青木氏は是れで大臣の承認を得ることを受合ふと云つて去つた。

翌十三日早朝私は日本銀行の當該事務方に電話し、定刻前出勤を求めて正式文書の作成發受を急ぎ、正午頃に之を結了した。其の夕刻犬養內閣の成立を見、同夜中に金輸再禁止となつた。

我國金解禁の計企及び失敗は、世界的潮流と方向を同じくしたのであるし、大體に於て國論の推移を反映したのであるから、已むを得ないとも云はれるであらうが、結果から見れば徒らに巨額の正貨を失つたので、洵に遺憾である。私は單純なる解禁贊成者ではなく、又從たる地位にあつて所見を充分に具現し得なかつたのであるけれども、實行期の畫策施爲に熱心參與したるものとして其の責任を避けることを敢てしない。財界の心理と政界の動機とに對し深刻の接觸を經驗したのは、自己錬成上の所得である。只人生再び同樣の場面に立て過去の經驗を利用する機會はないであらう。

第二十一章　新政策に關する高橋大藏大臣との交渉

若し民政黨内閣が存續したならば、金輸再禁止を避け、金本位制を維持し得たゞらうと云ふことが、當時或る方面に唱説されたけれども、私は之に共鳴し得ない。眞に有效なる金本位制の維持が一般の情勢上不可能の狀態に近づきつゝあつたことは、前章の記述によつて推想されるであらう。政治上の事情は只之を促進したに過ぎない。彼の時强ひて金本位制の形態を保存せんとするならば、兌換及び金輸出の方面に直接制限を附することを避け、爲替取引の方面に峻嚴なる管理を行つて間接に金輸出を抑へるの外はない。爲替管理は金本位制を離脱せる國の慣用する所であるが、金本位制の形態を保存しながら之を行はんとすれば、爲替相場が現送點の束縛を受くる點に於て運用の不自由がある。結局實益のない中途半端の制度に終つたであらう。

金解禁政策が、單に政治上の理由のみならず、一般の情勢上から持續し得ざることゝなつたとすれば、實際問題として見透しの出來る限り、金本位制回復の計企は終止したものと思はなければならぬ。金本位制の囘復が一般社會の希求する目標である間は、其の實現の容易ならざるに拘らず、金と通貨との連繫を利用して通貨の堅實性を維持するのが順調なる經濟發達の爲めに最善の途であらう。是れが私の狙ひ所であつた。然しながら世界的には英國の金本位制離脱により、我國に於ては金解禁の失敗により、人心が旣に金本位制を去つた上は、寧ろ早く金に對する執著を脫却し、他に通貨政策の規準を求めなければならぬ。私の見解は玆に轉換した。通貨政策の新規準に就いては兼て商量したる方向もあり、後に拙著「金本位制離脫後の通貨政策」中に論述した如く結晶したのであるが、變轉の際直に世に示すべき形體にまとめ得た譯ではなく、內閣更迭の混雜中に此の種の論議を提起すべきでもない。只應急の措置に就いては、躊躇なく日本銀行の態度を表明するの必要があると思つた。其處で前章に述べた所の爲替統制賣に關する必要の處置を濟ませた後、直に病氣引籠中の土方總裁と協議し、其の同意を得たる趣旨を携へ、大藏大臣候補者として喧傳せられる所の高橋是淸氏と會見した。それが昭和七年十二月十三日の午後三時頃であつた。私は先づ政變の方向に就いて尋ねたところが、高橋氏は、固より未必であるが、若し犬養に大命降下すれば、自分は大藏大臣に推薦される筈であると云ふ。私は、それならば、極めて急を要することとなるが故に、假定的に聞いて置かれたいと前置して左の二點を進言した。

一、過去の政策の得失は暫く論議の外とし、人心今日の如きに至りては到底金本位制持續の可能性なき故、金輸再禁止の斷行一刻も早きに如かず、組閣の上は夜中にても直に發令せらるゝを可とすること。

一、今日の情勢にては金輸再禁止のみを以て局面を收拾すること困難なるべきが故に、若し憲法上可能ならば成る可く速かに緊急勅令により兌換を停止せらるゝを可とすること。

私は右二點が土方總裁と私との合同意見なることを明かにし、焦眉の案件として考慮を求めた。而して後別に一己の意見として左の二點を參考に供した。

一、金輸再禁止後は、通貨の價値を妥當に維持し、通貨に對する信用の動搖を防ぐ爲めに通貨政策上一層愼重の注意を要すべく、原則としては金本位制の束縛なきに乘じて通貨發行の節制を忽がせにすべからざること。

一、爲替相場の成行によりては法制による爲替管理の必要あるべきこと。

私見の二點は直に案を具して卽決すべきものではないが、金輸再禁止に伴ひ、問題として早く念頭に置いて貰ひたいと思つたのである。尙私は爲替統制賣の經過大要を高橋氏に話し、今後の處置如何によりては我國金融機構の重要なる一角に損傷を來たすの虞あることを指摘したが、此の問題に深く立ち入るべき時でないから雜談の程度に止めて置いた。

扨說何故に第一點の進言を急いだかと云ふに、政友會の方針は旣に判かつて居るけれども、若し其の實行に少しでも間隙があれば兌換の請求が殺到するであらうことを懸念したのである。前內閣の下に於ては、金本位制支持の立前から兌換の請求が遠慮されて居たのだが、旣に政策の變更が期待せられ、而して法制上の手續が遲延するならば、其の間隙を利用せんとするものなきを保し難い。高橋氏は直に其の情勢を理解した。金輸再禁止は貿易行政上の施爲として大藏省令で出來ることなので、組閣の當夜實行されたのである。進言第二點の兌換停止に就いて、高橋氏は大に躊躇した。成るべく緊急勅令によることを避けんとする政治上の理由もあつたらうが、制度の形式上全く金と通貨との連繋を絶つことを好まない心持が主として動いたやうである。成程大正六年より金解禁までは、金輸禁止だけで大體政策上の目的を達した。それは貨幣制度に關する知識が一般に普及せず、人心亦靜穩にして政策に共鳴した爲めである。又最初は爲替相場が平價見當にあつたから、兌換により大なる利益を得ることもなかつたのである。然しながら爲替相場の下落に伴ひ、輸出以外の理由を具して金兌換を受け、密輸出を敢てするものもあつた。然るに金解禁を繞る研究、論爭及び對抗を經て知識も普及し、人心も險惡になつた後であるのみならず、爲替相場の下落は必至であるから、若し兌換の途が開けて居るならば、金の密輸出又は貯藏による利益を狙ふものが續出するであらう。道義的共鳴に訴へ又は兌換取扱上の手心によつて之を抑へんとすれば甚だしき紛糾を釀すであらう。私は此の事情を詳說し、高橋氏も已むを得ないとして一應趣旨を認めたが、組閣後更らに私を招き、金の輸出と共に貯藏を禁ずれば兌換を停止しなくとも好くはないかと云ふ意見を以て審議を反復した。私は、それなら實行の出來ないこともないが、矢張兌換の目的を訊き質す際に紛議を生ずるだらうから、寧ろ簡明に兌換停止を行ふに如かずと答へた。高橋氏は尙實質上停止に齊しくとも、どうかして停止と云ふ文言を避けんことを希望した。其處で靜かに考へて見ると、金輸禁止と云ふのも實は通俗の呼稱で、法規上は輸出に政府の許可を要すと云ふのであるから、兌換も之と同じく許可制にすれば、高橋氏の趣旨も具現し、法制上の形も整備する。此の氣付が大藏省側から出でたので問題は解決した。只兌換に就いては、停止でも、許可制でも、法律の變更になるから緊急勅令を以てしなければならぬ。仍て政府は直に其の手續の進行に著手した。高橋氏が金解禁の政策を打破しながら、金と通貨との連繫に執著することの濃厚なりしは私の意外に感じた所である。

日本銀行が金輸禁止の卽行と共に兌換停止を必要としたのは、前記の如く、制度變更の際に兌換請求が起つて徒らに正貨準備の減少を來たさんことを懸念したからである。隨て緊急勅令の發布は早いだけ都合が好い。其の手續は十三日の夜に開始されたが、樞密院の議を經るには少くとも三日を要すると云ふ。幸に日曜日が中に挾まるので日本銀行の營業時間は少ない。高橋氏を始め大藏省側は成る可く兌換の少くて濟むやうに取扱つて呉れと云ふ。私も固より其の心組で居たのだから、夜中電話で出來るだけの當該事務擔當者を私の宅に召集し、深更に及ぶまで協議を續けた。政變の際である爲め警察の注目する所となり、會合の理由を訊問されたと云ふ如き挿話もある。取扱の方針は、要するに、兌換請求者を强制することなき程度に於て一應氏名及び金の用途を質問するのである。請求受付の窓口は只一つとした。十四日の朝から果して多數の兌換請求者が押掛けて長い列を作つた。之に對する應接を主として擔當したのは出納局長賀集亮二氏で、其の態度及び判斷の妥當なりし爲めに何等の事故も起らず、兌換の口數は多かつたが、金額は私が豫じめ大藏省側に示した見込よりも少くて濟んだ。十七日には緊急勅令が發布されて、金解禁善後の法制は一應整備した。

組閣前參考に供した私見の中、通貨政策の大體方針に關する件に就いては、高橋氏も其の趣旨の當然なるを認めた。爲替管理に就いては、格別高橋氏の關心を惹起せざりしものゝ如く、何等意向の表示を受けず、私は寧ろ冷淡に聞き流されたやうに感じた。爲替統制賣の善後處理に就いては、私の注意が高橋氏の念頭に留まつたものゝ如く、其の後實行に當り一時關係者間に意見の紛糾もあつたが、高橋氏の妥當なる裁量によつて終に圓滿なる解決を告げ、私の憂慮したる如き事態を生ずることなくして濟んだ。但し其の結了には相當長き時日を要したのである。

金解禁の終止より再禁止の直後に亙り、土方總裁の病氣の爲め私が當面應急の措置を代行したのであるが、總裁は十二月二十一日より出勤して行務に當つた。

應急措置の一應片付きたる後、高橋大藏大臣は一夜私を表町の邸に招き、最近内外經濟上の推移に就き概要を語り聞かせんことを求めた。昭和二年退隱後は再び政界に立つの意なく、萬事無頓著に過ぎ來りたるを以て、今後の政策方針を立つるに當り、先づ過去に關する知識を補充するの必要を感ずると云ふことであつた。私は、日本銀行の調査機關により記憶を整理したる上にあらざれば、自信を以て應答する譯に行かない、大藏省にも立派な調査機關があるのだから、大藏大臣としては之を利用する方が妥當であらうと思つて、固く依頼を辭退した。然るに高橋氏は、今から調査するのでは間に合はない。又調査機關の資料では活きた知識が得られない、不精確でも好いから印象の儘を聞きたいのだと云ふ。其處で私は記憶に殘つて居る顯著の事實を擧げ、成るべく順を追うて經過の大筋を浮き出させるやうに努めた。其の間私の關知せる裏面の事情も交へた。話し出すと間もなく、少し待つて呉れと云つて、書齋から用紙とインキ壺とペンとを持ち出し、八十歳を超えた老藏相が要領筆記を始めた。演述一時間四十分と私の覺帳に書き殘してある。筆記は細字で大型洋紙二枚に充ちた。後から色々の質問も出た。其の間私は逸すべからざる機會と思つて、組閣前參考に供した所見を敷衍せんとしたところが、高橋氏は、今夜は少し疲れたから是れで止めよう、尙訊きたいこともあるし、君の意見も遠慮なく出して貰ひたいから隨時打合せて呉れと云つた。翌日大藏大臣の出勤がないと聞いたので、夕刻歸宅の途中立ち寄つて夫人に尋ねて見たら、昨夜の長い御話で疲れたと見えて今日は休んで居ますが、病氣ではないから明日は出勤するでせうと云ふことであつた。私は深く高橋氏の熱意に感激した。之を端緖として高橋氏に對し、個人的意見を開陳し得る機會が多くなつた。又一般政策進展の重要階段に於て屢〻高橋氏から參考としての意見を求められた。容れられたのも、容れられなかつたのもあるが、話は頗る自由に出來た。但し直接日本銀行の職責に屬する案件に就いては、固より行內審議の結果を具現するに努めたのみである。

私は日露戰爭中外債募集の任務に隨伴してから、高橋氏の厚き眷顧を受け、親しく其の言動に接して修養に資した所は頗る多く、廣汎なる内外の時勢に關して敎を受くると同時に卑見を呈し、又山本内閣總辭職の後高橋氏が續いて政界に留まるべきや否やに就き、側面親近者としての冷靜なる判斷を求められたこともあるが、實は日本銀行に關係ある政策上の意見を以て高橋氏に深く接觸したことは多くなかつた。高橋氏の日本銀行在職中は私の地位が低く、其の後政治家としての高橋氏に對し、日本銀行の案件に就いて漫に私見を呈することは私の敢てせざる所であつた。尙通貨政策の方向に關して私の所見は必ずしも高橋氏と一致し得なかつたのである。然るに金解禁終止後に於て高橋氏から意見を求められることが多くなつたのは如何なる因緣であらうか。惟ふに、金解禁中は兌換制度維持の必要上大體の方針として通貨の發行を抑制しなければならなかつた。其の結果として金融は緊縮に傾き、末期に至つて梗塞の狀態を呈した。之を打開することが金輸再禁止主張者の希望する重點の一であつたので、政策轉換の結果として世間の期待する所は反對の極端に走る。騎虎の勢、通貨の價値と信用とを維持すると云ふが如きことは全く閑却されるかも知れない。私は之を懸念し、其の重大性を痛感したるが故に、平生の流儀を破つて、組閣前高橋氏の考慮に訴へたのである。然るに高橋氏は前記の如く直に其の趣旨を是認し、且つ金輸再禁止後も成るべく金と通貨との連繫を保存したいと云ふ意向であつた。而して其後の接觸により私の感受せる所によると、金を基礎とせざる通貨の價値と信用とを維持するには妥當なる通貨政策を以てするの外なしと云ふことに早くも著眼したらしい。通貨政策上産業發達の幇助に重きを置くは高橋氏の持論であつた。さうして通貨に對する信用が傳統的に鞏固なりし我が國情の下に於ては深く之を顧慮するの必要を感じなかつたのであらう。然るに金解禁の紛争後は通貨の信用の動揺なきを保し難き情勢を直視し、之を防止する方面にも重きを置くに至つたのであらう。私は通貨の信用を維持することが原則として經濟發達及び生活安定の要件たることを信じ、金本位制離脱後に於ては、生産力と通貨との均衡を主たる目標として通貨の運營を按配すべしと云ふ見解に傾いた。此に高橋大藏大臣の爲めに多少の貢獻を爲し得べき因緣を生じたのであらうと思ふ。高橋氏は、産業と通貨との關係を種々の機會に種々の方面より考慮したる外、世界戰爭後の獨逸の實例を大藏省の資料によつて研究し、通貨の安定が社會秩序の維持の爲めに必要なることを痛感したと、後日私に語つた。

實際高橋大藏大臣の財政經濟政策は、金解禁政策の結果たる方向を革めながら、急激なる變動を避けて徐々に進行した。産業振興の幇助を主眼として、通貨の補充、金融の緩和、低金利の誘導等に力を注ぎたるも、一部の要望に迎合し、通貨の發行を放漫にして目前の效果を急ぐと云ふ如きことはなかつた。

兌換劵保證發行の限度を擴張し、限外發行の税率を低下し、必要に應じて容易に通貨を增發し得る途を開いたけれども、其の運用は之を日本銀行の裁量に任せて愼重を期した。世上には高橋大藏大臣の施爲を不徹底なりとして非難するものもあつたが、貨幣制度上の大なる變動ありしに拘らず、其の際經濟上、社會上の混亂を釀すことなかりしは、高橋氏の愼重なる用意に負ふ所が多い。而して產業は漸次回復進展を續けた。

金解禁により過度に縮小したる通貨を妥當に補充するの手段は最も苦心の存したる所にして、弱體產業に日本銀行から直接資金を供與するのが最捷徑であつたが、それには惡影響の憂慮すべきものがある。健全なる資金の需要は產業振興の後にあらざれば起らない。先づ生產力の活動を促がす爲めに日本銀行資金の放出により一般購買力を增加することが必要なのであつた。之に關聯して、商業手形融通に直接進出を試むることが何時も問題になるけれども、多年に亙る金融市場の慣習を破り、一般銀行と競争するの得失も考へ物である上に、到底短時日に著しき效果を期し難い。寧ろ日本銀行の國債賣買によつて金融市場との接觸を密にすることが機宜の處置である。他日賣買併行し得るやうになれば尙更結構であるが、當面買の一方で資金放出の目的を達する。兎に角通貨補充の必要に應ずる程度に於て國債を買入れゝば宜しいのである。實際日本銀行は金融の狀況と取引先銀行の事情とにより多少の國債を買取つた例もある。私は之を參考に供した。高橋大藏大臣は頻りに日本銀行と金融市場と密接するの必要を切言するので、私は國債賣買卽ち市場接觸であると辯じた。此の考へ方を更らに押し進め、日本銀行の國債引受發行を創意的に工夫したのは高橋大藏大臣である。私の所說たる旣發國債買入の代りに新發行國債の引受となつたので、通貨補充の見地よりして歸する所は同じである。さうして、通貨補充の外に、滿洲事件の爲めに必要とする國債の發行を容易ならしむると、金利水準を低下するとに效があつた。卽ち一石三鳥の妙手であつた。日本銀行は大藏省側から協議を受けて之に同意したが、同時に通貨補充、金融緩和の目的を相當に達した上は、引受國債を賣出して通貨の囘收を圖るべきことを主張した。日本銀行の國債引受に「一應」と云ふ條件が附せられたのは、此の主張の趣旨が認められたのである。日本銀行の國債引受發行は昭和七年の下半季から實施されたが、年內旣に金融緩和の效が現はれ、市場に餘裕を生じたので、實際引受國債の賣却が出來るやうになつた。是れが所謂國債の消化で、爾來財政及び金融上の一指標として世間の重視する所となつたのである。

日本銀行國債引受發行の方法は著しき効果を擧げたが、高橋氏は當初より之を一時の便法と稱して居た。卽ち之を財政の常道とするではなく、金融梗塞の結果國債公募の困難なる際に財政上の必要を充たすと同時に、日本銀行資金の注入により購買力を增加し、萎靡せる產業に刺戟を與ふる爲めの臨機處置に過ぎないと云ふ意味である。隨て產業の振興に伴ふ政府歲入の增加と財政の調整とにより、漸次に歲入の缺陷を減少し、日本銀行の引受による國債の發行を解消せんことを期した。國民資力の增進により公募が出來るやうになれば國債の發行は必ずしも避けるに及ばない。又擔稅力の增大したる上は增稅も考慮すべきである。只當面の目標としては國力の培養と財政の調整とに重きを置かざるを得ない。國力の培養には有らゆる努力を集注した。財政調整の一端は國債發行漸減の方針に現はれた。高橋大藏大臣の財政計畫には、日本銀行の國債引受發行と國債發行の漸減とが最初から趣旨として併行して居たのである。昭和九年度及び十年度の豫算編成にそれが實現した。世上では僅かに數千萬圓の金額が歳計豫算上の重要問題として取扱はれたるを見て、輕重の錯誤だと嘲笑するものもあつたが、高橋氏としては、比較的僅少なる計數に拘泥したるにあらずして、財政計畫の骨子たる方針を固守したのである。

又世上では、日本銀行引受國債の消化の順調なるを見て、其の影響の憂慮するに足らざるを說くものもあつた。卽ち日本銀行が國債代金として放出する資金は恒久的に循環して日本銀行に歸還すべきが故に、引受發行は多々益々辨ずと云ふが如き論法であつた。之に對する檢討は微細に亙るにあらざれば徹底し難いので玆に言及しないが、高橋氏は、日本銀行の國債引受を續行して止まる所がなければ、何時かは通貨の狀態を惡化するであらうと主張して、財政計畫の方針を革むることを肯んじなかつた。是れは私の共鳴する所であつた。

然しながら高橋氏は固より觀念論に立脚する人ではない。金輸再禁止後に於ける財政經濟政策の期する所は、通貨制度の方向轉換に際して先づ局面を收拾し、紛糾動搖を防いで堅實に財界を立て直すことであつた。更らに將來に向ては、國家の進路に非常の努力を要するの時機あるべきを思ひ、基礎的國力を整備し、餘裕を留保することを期したのである。私は此の心構へを屢〻高橋氏から聞いた。過去の一時期に於ける政策は此の見地より批判せらるべきである。若し高橋氏が國際政局の進展に應じ、統制經濟によつて國力を發揮すべき時機に際會したならば、其の著眼は如何なる方向に動いたであらうか。是れは別問題として殘るべき筈である。戰時財政上の非常手段として中央銀行の通貨發行權を使用するは避くべからざる所にして、其際政府貸上金又は公募國債背負込の形を以て之を負擔する爲め摩擦を起すのが最も多い例であるのに、日支事件の擴大により巨額の國債發行を必要とするに至るや、日本銀行國債引受發行の方法既に存したるが故に、其の利用を擴大するだけで摩擦なく戰時財政に移り得た。高橋大藏大臣が一時の便法として條件付に創始した所の方法が、戰時財政の要目として、長きに亙り效果を發揮するのも奇緣と云ふべきであらう。重大なる非常の時機に於ては通貨の狀態よりも更らに重しとすべきものがあるに違ひない。隨て高橋氏の當初考へた如く、日本銀行の國債引受發行を條件付に限ることは出來ない。多少の惡影響も已むを得ないとすべき場合があるだらう。

實際甚だしき惡影響なく數年を過ごしたのは幸とすべきであるが、それ故に當初の懸念が無用であつたとは云へない。惡影響の顯著ならざるは、物價の公定及び其他の統制により自然の動向を牽制中和し得たからである。其處に大なる事情の變化のあることを認めなければならない。

金利水準の低下は高橋氏が產業振興の方策として重きを置いた施爲の一である。私も進んで之に同意した。金解禁政策の結果として起つた金利の暴騰を整理するの必要ありしことは云ふまでもなく、元來我國の金利水準は異常に高くして產業發達の妨害となつて居たのだから、金本位制の束縛を脫したる機會に其の低下を圖るは當然である。國債の引受發行により日本銀行から資金を放出して金融を緩和すると同時に、郵便貯金及び國債の利率を低下して市場を誘導するのが其の手段であつた。公募の場合には市場金利を參酌して國債の利率を定めなければならぬが、日本銀行引受發行なるが故に、國債の利率を妥當に定めて其の影響を市場に及ぼすことが出來たのである。其の利率は先づ五分より四分半に、次で四分に低下せられた。日本銀行の割引步合は之と併行し、昭和六年末の日步一錢八厘より昭和八年七月の一錢まで引下げられ、市場も漸次之に追隨した。產業資金の利子負擔も主要諸外國に比し、略〻均衡を得る程度となつた。此に於て高橋大藏大臣は金利問題を再檢討したのである。國債の引受發行による日本銀行の資金放出を一時の便法なりとすれば、產業資金の源泉は長く之に依存すべきにあらずして、窮極國民の資金蓄積に待たなければならぬ。資金蓄積の動機を維持するには相當の利子所得を以てしなければならぬ。零細なる資金蓄積者の利益を擁護することは社會政策上からも必要である。旣に產業資金の利子負擔が大に輕減せられた上は、飜て資金蓄積の方面を考慮しなければならぬ。又金錢資產に相當の利潤を保障することは通貨の價値と信用とを維持する爲めにも必要である。是等諸點の檢討に私も參加せしめられたのであるが、一般經濟上の施設により自然に低金利の進行を圖る方針は變らないけれども、國債利率を更らに低下して市場を牽引することは暫く見合せることに決定した。之に對する世評は區々であつたが、主要の論點は當時の事情の下に於て財界の安定に重きを置くの當否と云ふことに歸すべきであらう。

外國爲替の問題も、經濟發達の素地を固むる政策の一部として綜合的に考慮せられたものであるが、記述の便宜上暫く之を引離して置いた。舊貨幣單位による金本位制の囘復が失敗に終つた上は、爲替相場の下落は避くべからざる所であるのみならず、或る程度までは之を希望すべき理由もあつた。然しながら當時の事情に於て、若し自然の成行に放任するならば、爲替相場の下落は何處まで行くか判らない。其の停止する所を知らなければ、通貨の價値と信用との失墜を來たすであらう。私は之を憂慮したる故に、爲替管理に關する意見を組閣前高橋氏に述べて置いたのである。其の後早き機會に於て同趣旨を重ねて詳述したので始めて問題として考慮を拂はれるやうになつた。只財界及び政界の一部に於いては、一途に爲替相場の下落を歡迎する空氣が濃厚にあつた。或は感情的に之を痛快なりとし、或は漠然として變化を喜び、或は景氣好轉の契機として之に望を掛けた。殊に金解禁中買爲替に向つたものにとりては、成るべく下落の大なるを利益とすべき明白の事情があつた。而して何れも公けに理由として唱ふる所は、輸出貿易の爲めに爲替相場の低きを便利とすると云ふにあつた。高橋氏は爲替相場の激甚なる下落を好まないが、特に人爲的の工作を加へずとも、國際收支の出合により、自然に國力相當の位置に落着くだらうと云ふ見解であつた。是れは外國爲替の一般理論で、若し資本逃避さへなければ其の通りになるべき筈である。然しながら通貨價値の不安定に伴ふ資本の逃避は世界戰爭後の顯著なる事實にして、我國でも金解禁の紛爭を繞つて資本逃避を敢てする氣分が濃厚になつた。若し爲替相場が一層下落を續けるであらうと見込を付けるものが多ければ、正常の國際收支關係を逸脱せる外國送金の需要が起り、それが更に爲替相場下落の原因となつて重疊進行する。國力相當の位置と云ふ限度は立たない。其の結果通貨の信用は脅威される。輸出貿易は一時之によつて便宜を得るであらうけれども、甚だしきに至れば、多量の輸出物資を少量の輸入物資に換へることに歸する。それは卽ち國力の消耗である。此の勢を阻止すべき手段の一は、在外資金の賣却によつて爲替相場を維持し、買方の思惑を壓倒するにあるが、金解禁中の爲替統制賣が失敗した程だから、到底之を實行すべき餘力はない。此際爲替相場の崩潰を防ぐの途は爲替管理のみである。以上は私が種々の機會に高橋大藏大臣に呈した意見の綜合である。其の間爲替相場は動搖裡に急激の落調を示し、對米四十弗臺を割つたのは金輸再禁止直後で、昭和七年上半季中最低二十六弗二分の一まで下がつた。高橋大藏大臣は此の實勢に鑑みて爲替管理の必要なることを認めたが、此の點に於ても實行は頗る愼重に漸進的であつた。卽ち先づ制定されたのは資本逃避防止法で、資本逃避の取締に關する限り政府は廣汎なる權限の委任を受けた。それは昭和七年七月一日から施行されたが、省令による實際の取締には權限の小部分を行使したのみである。成るべく取引の自由を制限せず、爲替業者及び一般の自粛に待つと云ふ趣旨であつた。それで露骨の資本逃避は抑へられたが、脱け途は多くあつて、爲替相場の落調は止まない。私は爲替管理の强化を主張し續けた。然しながら摩擦を避ける爲めには矢張漸進の方が好かつたのであらう。

高橋大藏大臣は、昭和七年晩夏の頃より靜養の爲めと稱して長く葉山に滯在したが、實は政策に就いて想を練る積りであつたらしい。私には何でも意見のある所を詳しく文書にまとめて見せて吳れと希望した。私は、養嗣子たる實孫が瀕死の病態にあつたので、成るべく宅に居るのが都合よく、さりとて絕えず看護の必要もないから、其の隙を利用して長文を綴つた。外國爲替に關するものを送つたのは九月二十二日、卽ち孫の死ぬ四日前であつた。資本逃避の取締を一層嚴重にすべきこと、單に直接の資本逃避のみならず、爲替取引の全面に亙つて取締を要すること、政府の指令又は當業者の申合により爲替相場の規準を定むべきこと等を主要の點とし、理由と實行方法とを具して述べてある。單なる法令又は申合によつて爲替相場を安定せしむることの出來ないのは、物價の場合と同じく一般の道理である。然しながらそれは取引の自由を前提とするからである。既に管理を必要とする實情にあるならば、規準の範圍に於てのみ取引を許すの程度に自由を制限しなければならぬ。卽ち統制經濟の一部となるのである。我國の爲替管理は日支事件後に亙り、大體此の線に沿うて進行したやうに思はれるが、昭和七年十一月二十五日關西銀行大會に於て高橋大藏大臣が爲替取締を强化するの決意を聲明したのは其の第一歩であつた。同月中旬爲替相場が對米二十弗を割つたので、若し當業者等の自制により下落の勢を止め得るにあらざれば政府は法制及び實施の手心を峻嚴に革めて之に當るべしと云ふのであつた。此の聲明は大に一般の自制を促がし、又政府の强硬なる決意により最早甚だしき爲替相場の下落なかるべしと云ふ見据がついたので、思惑の動機も減殺された。爲替相場は此時よりして對米二十弗を少し超ゆる位置に一應安定し、事實上規準に似たものが出來た。次で昭和八年三月資本逃避防止法の代りに一層廣汎なる外國爲替管理法が制定せられ、爾後數次の法律改正と實施の强化とにより管理の進展を見た。爲替取引は甚だ窮屈になつたが、爲替相場の下落により通貨の價値及び信用を脅かさるゝ危險はなくなつたのである。

第二十二章　倫敦國際經濟會議

(一) 受命の經緯

昭和八年四月十一日の夕、私が國際法學會の研究會に出席して居た時、高橋大藏大臣から電話で至急來邸を求められた。其の用件は、石井菊次郎子が政府を代表して米國政府との會商及び倫敦國際經濟會議に臨むに付私にも同行を望むと云ふ齋藤總理大臣及び內田外務大臣の意嚮を傳へるのであつた。石井子が特に私を指名したのだと附言せられた。高橋氏自身はどう思はれるのかと訊いたところが、自分も無論希望すると云ふ答へであつた。私の資格に就いては、正式會議開催のときは全權委員の一人たるべく、もう一人の全權委員は倫敦駐剳大使松平恒雄氏であると知らされた。私は暫く確答を留保して置いて、翌日內田外務大臣の直談を聽き、關西へ旅行中の土方總裁と電話で打合せ、其の同意を得たる上、受諾を回答した。

倫敦會議の計企は、當時既に我國の新聞にも傳へられ、通貨の整理、爲替の安定等を主たる議題とするものゝ如く窺はれた。私はジエノア會議以來の內外情勢により、是等の問題に就いて有效なる國際協定に達することは恐らく不可能であらうと云ふ豫感を有つたので、自ら會議に臨むことを躊躇する氣分もあつた。然しながら內田外務大臣の話を聽いて見ると、今度の會議は頗る大規模の盛儀となるらしく、我國は其の中に大國たる地歩を占め、國際聯盟脫退に拘らず、依然國際問題に寄與するの意氣を示したい、會議の成果は如何にあらうとも、右の趣旨に相應する態度を以て善處するには、議題たる問題に理解ある人を要する、石井子が希望の同行者を指名したのも是れが爲めである、と云ふことであつた。私が果して期待に副ひ得るや否やは疑問であるが、內田氏の趣旨には共鳴した。又金輸出再禁止後我國の爲替相場の下落と輸出貿易增進とが併行せるを以て國際經濟の脅威なりとするが如き風潮も外國の或る方面に見えるので、爲替安定を名目とする協議には、我國を拘束せんとする意圖があるかも知れない。それには餘程用心して應接しなければなるまい。之に當るのは意義ある仕事であるかも知れない。

私は以上二つの理由によつて受諾したのである。

國際經濟會議には通商、交通等の議題が必ず上程されるであらうから、政府側の專門家は勿論、其の外に、經濟界から此の方面の有力者を參加せしむるの望ましいことを、私は内田外務大臣及び石井子に注意した。さうして門野重九郎氏を推薦した。同氏も全權委員となることを私は期待したのだが、それは政府の都合で實現せず、顧問と云ふ資格で實際全權委員同樣内議に參加すべきことゝなつた。

出發前私は政界、經濟界及び言論界の人々に出來るだけ廣く接觸して、外交及び國際經濟に關する諸方面の意嚮を察するに努めた。陸海軍の立場及び希望に就ては、當局者より打解けた懇談を希望され、荒木陸軍大臣、柳川陸軍次官、小畑敏四郎氏、大角海軍大臣、高橋三吉氏(大將)、藤田海軍次官、寺島軍務局長、其他要路の人々と數次の機會に話合ひ、私の認識を深めると共に、此の方面に多くの新面識が出來た。高橋大藏大臣には具體的の問題を擧げて意見を求めたけれども、方針は既知の通りだから臨機裁量せよと云ふのみであつた。土方總裁とは問題の豫想される限り打合を遂げた。

(二) 華盛頓會商

五月四日石井子と同船で橫濱を出帆し、桑港經由で、二十三日華盛頓に着いた。最初から隨員として一行中にあつたのは、日本銀行調査局長洪純一氏、調査役北代誠彌氏、外務省の宇佐美珍彥氏、久保田貫一郎氏、大藏省の飯田九州雄氏、農林省の井出正孝氏、商工省の本鄕壽次氏等である。駐米大使出淵勝次氏、財務官津島壽一氏、大使館參事官武富敏彥氏、日本銀行紐育代理監督役岡田才一氏、橫濱正金銀行紐育支店長園田三郎氏等は米國に於ける諸般の要務に參加した。岡田氏は私の爲めに諸般の資料をまとめて置いて吳れた。津島氏は引續いて隨員として倫敦の會議に參列した。

世界情勢の最近經過幷に前記滯米諸氏の蒐集した情報を綜合すれば、今回の會議の發案せられたる事情は略〻明瞭に推察し得る。世界戰爭後に於ける經濟上の全面的困難は、他の關係に於て旣に述べた如く、生產力の過剩に苦しむ國と、物資の缺乏に苦しむ國との間に有無相通ずる途のなかつたことである。生產力過剩の側に於て最大有力國たる米國が世界經濟復興の爲め大規模の資金供與に乘り出すに至つて、右の難局を打開するの端が開けた。之に伴つて貨幣制度の整理も大體ジエノア會議の指示せる線に沿うて進行した。英國は、通貨安定の結果世界金融の中心としての活動を再び盛にし、外來資金を多く吸收し得たので、戰爭による疲弊を突破して他國に資金を供與する餘裕を生じた。資金を供與すると云ふのは畢竟被供與國の購買力を增加し、之に對して供與國の物資を輸出することになるのだから、生產力の餘剩ありし資金供與國の貿易及び產業は活躍し、被供與國は物資の輸入により當面の缺乏を補ひ、又は生產設備の復興に資することが出來たのである。斯くして世界經濟は囘復に向ひ、數年にして大景氣を呈するに至つた。米國がフーヴアー大統領の下に恒久の繁昌を誇つたのは其の時である。然しながら大量の國際的資金融通は必ずしも無限に重疊持續することを期すべきでない。資金供與が減退に傾くに至つて情勢は再び惡化した。殊に短期資金の融通を受けて居たものは繼續不能の爲めに先づ破綻を呈し、それが一般に不安を釀し、資金融通の停頓を招く契機となつた。英國は資金供與國の側にありながら、其の資源たりし外來資金の引揚に堪へずして、一九三一年（昭和六年）再建金本位制を離脫するの已むなきに至つた。多數の國が之に追隨して通貨の再動搖となつた。其の結果として信用取引の不圓滑及び貿易の不振は益〻甚だしくなつた。卽ち國際的資金融通に依存せる好景氣の終止である。單に好景氣の終止であるのみならず、新たなる世界的大不景氣の襲來であつた。

此の變轉に際し、當面最も甚だしき苦痛を感じたのは、資金の供與を受けて來た國よりも、寧ろ供與者たりし國であつた。被供與國には對外債務の重壓が殘つたけれども、それは當分不履行の儘で過ごすことも出來た。新規融通が絕えたのと、自國產物の輸出が減少したので、從來の如く多くの物資を輸入し得ないけれども、生產設備の囘復又は改善が幾分出來たから、槪して世界戰爭直後の如き甚だしき窮乏はなかつた。資金供與國の側では、對外債權の全損又は凍結が多い爲めに覿面に打擊を受けた。對外投資損失の結果たる國內購買力の減退と、國際信用取引の不圓滑による輸出縮小との爲めに、物價は暴落し、產業は經營難に陷り、失業者は激增した。此の共通の惱みの中にありて、英國の特殊事情は國際金融の中心として獲る所の利益が著しく減少したことであり、米國は對外投資損失の巨額なりしと、好景氣の時期に於て擴張されたる厖大なる生產設備の不用に歸したるとにより、苦痛の程度が殊に著しかつた。佛蘭西は世界戰爭後主として固有の自力を以て徐々に國內經濟復興を進め、自國人在外資產の歸還するもの幷に外國より新たに資金を寄託するものゝ多かりし故に整理後の貨幣制度は比較的安定し、對外投資は特に政治上の理由を以てせる少額に過ぎなかつた。それで再度の不景氣時期に入つても、一般貿易不振の惡影響を受けただけで、直に甚だしき苦痛を感ずることはなかつたやうである。外國資金の融通を受けた側で獨逸は特殊の立場にあつた。融通を受けた額は最も多く、其の一部を賠償支拂に充て、殘餘を以て諸般設備の擴張に驀進した。當面の需要に應ずる生產よりも將來の爲めの設備に重きを置いたやうである。其の計畫が資金融通杜絕の爲めに停頓したのだから打擊は大きい。それに貿易不振の影響も加はつて、一時殷賑の觀を呈したる方面の產業も挫折し、賠償支拂の重壓尙解けずして、一般國民生活は益〻困窮に陷つた。日本は世界戰爭中に蓄積されたる資力と新規の外資輸入とを以て國民生活の維持、產業經營の發達に資し、行路難關なきにあらざりしも、金輸再禁止後の爲替相場下落により外國市場に於ける日本商品が一時割安となり、不景氣地方の廉價歡迎と照應したる爲め、例外的輸出貿易の躍進を見ることゝなつた。

以上が昭和八年の初頭に於ける主要國經濟の概觀である。米國は經濟力の根底に異變を生じたるにあらずと雖、當面の打擊甚大なりし爲めに金融界の動搖を來たし、終に三月初の大恐慌となつた。對外投資及び產業資金の損失に關する流說により全面的の預金取付が起つたのである。さうして通貨を保有するも亦不安を免れずとして金兌換を請求するものが多くなつた。恰も其の際に就任したローズヴェルト新大統領は應急の措置として一と先づ全國の銀行を休業せしめ、金の兌換及び輸出を禁止した。其の後銀行は政府の援助の下に漸次に開店し、金に關する禁止事項は稍〻緩和せられたけれども、種々の制限が殘つて、假令一時的にもせよ金本位制を離脫せる實狀となつた。此の難局を打開する爲めに、國內的施設の計企されたことは云ふまでもない。之と併行して國際的方面に考案されたのが經濟會議である。最初の首唱者はローズヴェルト大統領で、英國は協議の上招請國たることを引受けたものと一般に信ぜられて居る。難局の眞相は廣く一般經濟上に亙るのであるが、手近に見える所では米國に於ける金融上、貨幣制度上の問題として爆發したるが故に、之を主たる議題とするやうに傾いたのであらう。

私は上記の大體觀測に基き、如何なる交涉を受けるかを種々に想像しつゝ米國側との會商を待ち構へたのである。ローズヴェルト大統領は正式會議に先立ち、主要國の代表者と非公式の話合を遂げんことを希望し、日本は最初から其の意中にあつたのだが、旅程の都合で英佛等の後になつたのである。

五月二十四日即ち華盛頓著の翌日大統領を公式に訪問し、續いて午餐の接待を受けた。日本側の參列者は石井子と私との外に、出淵、津島、武富の三氏であつた。ローズヴェルト氏は夫人と共に玄關に出迎へ、其の場の寫眞を撮るとき、夫人も加はつて群像の形を好くするやうに自ら配列方を工夫した。後は男だけの會となつた。儀禮交換の言辭は此に擧げない。食卓で私はハル國務長官の右に席を與へられ、一時間餘二人とも殆んど食を口にすることを忘れて話し續けた。日本の經濟事情に關する一般的質問もあつたが、ハル氏の主として期する所は、日米間に商議すべき要目を擧げ、社交の間に豫備的交渉を試むるにあつたらしい。私には大概豫定の見解があつたから即時相當に應答した。其等の點に就いては後に一括して述べる方が便宜である。尚此時ハル氏の出した話題で、後の會商の具體的題目とならなかつた一つの點は、國際通貨の設定は可能なりやと云ふことであつた。餘りに講座的な問題であるが、訊く人が訊く人だから、簡單に片付けるのも失禮かと思つて、金は國內通貨に似たる作用を國際的に演じつゝあるけれども、制度として國際通貨を設定することは殆んど不可能ならんと云ふ見解を說明した。國際通貨設定說は、爲替安定策の論議される際に屢〻擡頭するものであるから、當時も米國の一部に其の說があつたのかも知れない。ハル氏は自ら貨幣問題には初心だと笑つて語つた。次ぎに私の方から出した話題の中に玆に擧げて置くべきものが一つある。それは、國際經濟の難局を打開せんとする場合に、貨幣、爲替等の方面に萬能藥を求めんとするの妥當ならざることである。貨幣制度の改善、爲替相場の安定等にも努力すべきであるが、同時に經濟の實體たる物資の生產及び分配に就き各國の事情と國際的關係とを愼重に考慮しなければならぬ。私はジエノア會議以來の推移に遡つて此の所見を開陳した。今度の經濟會議を繞る一部の風潮に對して聊か諷示する所あると共に、或は後日我國の爲替上に於ける立場を擁護する爲めの伏線となるかとも思つた。ハル氏は私の趣旨を首肯し、自分も通商問題の重要なることを感じて居ると語つた。

二十五・六の兩日國務省で會商が行はれた。日米双方からの參列者は數人づゝで、ハル長官が座長席に就き、此の非公式會商に於ける言說は將來を拘束するものにあらずとして自由なる意見交換を希望し、貨幣、爲替等の問題に就いては、主としてジェームス・ウオーバーグ氏(James Warburg)をして米國側の發言たらしめると宣した。日本側では私と津島氏とが之に應對し、通商問題は門野氏未著の爲め、出淵、武富の二氏が主として應對した。

右のウオーバーグ氏は、私が日露戰爭の時に面識となり、軍備制限會議以來親交を結んだポール・ウオーバーグ氏(第九章、第十六章參照)の子で、父の青年祕書として私との接觸もあつた。ポール氏は銀行家として、又貨幣學の一權威として重きを爲した人で、ジェームス氏も其の傳統を承け、ローズヴェルト大統領の智囊の一人として頭角を表はしたのである。私の著後直に旅宿に尋ねて來て、今度の會商では多分談議の相手となるだらうと挨拶して吳れた。私は是れまでの國際會議で後方勤務のみに當つて來たので、表面會議の席に臨むには少し氣おくれの感があつた。然るに初舞臺の直接相手方が舊知の人であり、且つ私は叔父さん格の立場に居れるので、頗る樂な氣分になつた。是れは全く思ひ設けざる仕合であつた。ウオーバーグ氏は其の父と私との通信を整理して居たこともあるさうで、會商の後、けふは親爺の談義を聽くやうだつたと語つた。

會商に現はれた米國政府の意圖は、爲替の安定及び貨幣制度の整理改善により世界經濟の囘復發展に資せんとするにあつた。金本位制の維持を目標とする點に於て依然ジェノア會議の思潮を承くるものだが、之を一層實行し易きやうに革めんことを期し、改正金本位制と云ふ呼稱を揭げた。それが果して世界全般の實情に適合したるや、否やは、最初から疑問の存する所であつたが、當時の米國の國內事情に於て一應此の著眼を生じた經路は看取するに難くない。米國は擴大されたる生產設備を有效に働かせる爲めに、資金の供給を豐かにして購買力を增加し、低落せる物價の囘復昂騰を誘致するの必要を感じた。其の手段として金に依らざる無節制の通貨發行を主張したものもあるが、ローズヴェルト大統領は健全通貨を政綱の一として當選したのである上に、米國の金保有高は巨大であるから、通貨の金基礎を拋棄すべき理由が立たない。然しながら多數の國が金本位制を離脫せる中に、米國が之に固著するならば、國內物價騰貴の曉に、弗貨の對外價値は之に伴つて下落せず、物價と爲替相場との間に不均衡を生じて、米國の輸出貿易は衰退するであらう。それでは生產設備の利用が充分に出來なくなるから、是れ亦米國の苦痛とす所である。其處で米國自ら金本位制を緩和して、通貨の金基礎を維持しながら通貨の增發を容易ならしむると同時に、同型の貨幣制度の成るべく廣く行はれんことを望んだのであらう。さうして其の實現は早急に期し難い故に、差向き爲替相場の協定により暫定的の效果を狙つたのであらう。世界經濟の肝煎を以て自任する意氣の發露たるにも相違ないが、米國の爲めに頗る都合の好い考案と云はねばなるまい。

爲替相場の協定に就いては、英佛が趣旨に同意したと云ふことを米國側から聞かされ、國際經濟上有力の立場にある日本が之に參加すれば一層效果を大にするだらうが、意嚮如何と尋ねられた。具體的の方法如何と問ひ返したけれども要領を得ない、今後の協議に待つのだと云ふ。私は、一應爲替協定相談の仲間に這入つて置くのが、各國の事情及び意嚮を知る爲めに便宜であるかと思つたけれども、引摺られて不利の拘束を受けてはならないし、協定不成立の責を歸せられるのも迷惑であるから、早く立場を明かにするに如かずと決意した。兼ねて石井子から貨幣問題に關する限り裁量の一任を受けて居たので、即座に應答した。日本は爲替の安定を希望するが、如何なる點に安定せしむるを妥當とすべきかは未だ判定し得ない上に、國際收支の關係上協定の實行を確保すべき自信がないから、責任を以て正式參加する譯に行かない、只成るべく妥當の點に安定せしむるやう自發的協力を吝まない。是れが私の表白せる日本の立場である。之に附隨して、金輸再禁止後の我が爲替の暴落は主として國際資金移動の關係による自然の成行にして、輸出貿易增進を目的として計畫的に下落せしめたものでないことを說明した。只爲替相場下落の際國內物價が之に伴つて暴騰することなきやうに政策の舵を採つて成功した。輸出貿易の增進は其の結果である。然しながら爲替相場の下落による輸出貿易の增進は決して無限に持續するものでなく、貿易上需給の關係により妥當の點に歸著すべき筈である。若し何等か特殊の原因により爲替相場の下落が累進するならば、それは國力の消耗を意味するものにして決して喜ぶべきことではない。我國は之を防止する爲めに爲替取締を行つて居るのである。私は此の筋合を力說した。我國の輸出增進を爲替投賣なりとして非難する聲は米國其他に於て頗る高く、會商の席上では露骨の言及なかりしも、暗示的含蓄ありしが故に之を辯明したのである。斯くして我國は爲替協定問題と絕緣し、其の後倫敦へ持越されてからも正式の交涉を受けなかつた。只自發的協力を辭せざる意向を表明して置いたので、之に關する協議の推移を側聞し得る立場にあつた。

改正金本位制案の全貌は會商の席上に示されず、只其の要點と思はれるものが個々に話題として提出された。主として米國の事情に卽して考案されたもので、之を實現すべき國際條約を結ぶ積りなのか、將又ジエノア會議の決議の如く、單に一般の規範として認められんことを希望するだけであるのか、判つきりした言明はなかつたが、私は拘束力ある條約の成立することは到底あり得ないと思つたから、强ひて米國政府の期する所を確かむることを爲さず、又我國の立場を表明する必要も感ぜず、單に金本位制に關する研究として最善の寄與を爲すべきことを約し、話題となつた米國側の見解に對し批判を加へた。玆に詳述するには及ばないが、一つの例は比例準備制の問題である。米國側は之を理想的最善の通貨發行方法として前提して居るのに對し、私は其の弱點を指摘し、寧ろ反對の傾向を示したので、大に議論の花が咲いた。其の他華盛頓會商の話題は大概倫敦會議の議題となつたのであるから、其の時にまとめて言及するであらう。只銀に關する問題だけは玆に擧げて置く方が便宜である。米國側は銀を發行準備に加ふることを熱心に希望した。それは金本位制の建前から一般に推奬すべきことではないが、米國には之を重視すべき國内政治上の事情があると推察されたから、私は、一國の事情により準備中に僅少の銀を入れても差支あるまいと輕く應酬して置いた。又米國側の銀準備説は銀價引上策の一部であるから、私は日本も對支貿易の關係上銀價に關心を有つといふことを抽象的に言明した。倫敦會議に於て銀準備説を貨幣制度に關する決議中に取入れんとする米國案は他國の反對により終に消滅したが、審議の進行中日本側は此の問題に深入することを避けながら、大體華盛頓會商で私の執つた態度を持續した。其の間米國全權委員中の有力者にして銀支持者の魁たるピットマン氏（Pittman）は日本側の態度を德としたるものゝ如く、私との接觸も密になつた。他の點で私の重きを置ける主張を米國側が意外に好意を以て考慮したのも幾分之に關係があるかと思はれる。

會商を終へて暇乞の訪問をしたとき、大統領から私に、あなたの貨幣問題に關する意見の有益なりしことをハル長官から聞いたと云ふ挨拶があつた。石井子は華盛頓に於ても、其の後倫敦等に於ても、會商又は會議以外に、外交問題の上で重要の任務を遂げた。私にも我國の一般的立場を宣明すべき多少の機會があつた。然しながらそれ等は玆に收錄すべきものでない。通商等の問題に就いては華盛頓に於て出淵、武富の兩氏、倫敦に於て松平、門野の兩氏に重要の鞅掌があつたことを此に一括して記して置く。

華盛頓では舊知の人々を尋ねる時間の餘裕がなかつたが、出淵大使の夜會で大概面接した。明治三十五年以來の友人にして軍備制限會議の時に特に親切を盡して呉れたハムリン氏だけには特に訪問して敬意を表した。

二十八日に華盛頓を去つて紐育に行き、此處では舊知と接觸することを主たる日程としたが、既に死亡したるものもあり、經濟界の變轉により退引したるものも多く、殘る所は少なかつた。さうして金融界の人々は概して業務上の不評判又は政治上の壓迫の爲めに氣勢甚だ揚らず、殊に時勢を談ずることを避くるものゝ如く、指導者を以て自ら任ずる往年の意氣は見るべくもなかつた。隨て私が此の方面より獲る所は多くなかつた。モルガン商會のラモント氏は井上準之助氏の横死を悼んで其の追懷を主たる話題とした。時勢に對する關心は滿洲事件以來の日本の行動に就いて現はれたるのみ。私は辭を盡くして我が立場を宣明するに努めた。聯邦準備銀行總裁ストロング氏は既に歿し、副總裁として舊知たりしハリソン氏（Harrison）が後任となつて居た。此の人は爲替協定に關する任務を以て、私と同船で倫敦へ行つたが、紐育港外自由の像の下を過ぐるとき、何處に自由があるかと私に語つた。クーン・ローブ商會の幹部は全く新らしき顔觸となり、嘗て日本來遊のときに面識となつたストラウス（Louis Strauss）と云ふ若い人が主として業務を擔任して居た。此の人は日露戰爭當時の緣を復活し、日本の財務の爲めに盡力する機會の來らんことを希望した。新たに面識となつた人々の內で主なるものは、シチー銀行の頭取パーキンス氏（Perkins）、及びチエース銀行取締役會長オールドリッチ氏（Aldrich）氏である。パーキンス氏は日本の金解禁中シチー銀行の態度に就いて非議ありしことを氣に掛くるものゝ如く、日本に對する親善を表示するに努めた。オールドリッチ氏は對外投資の失敗を早く認めて整理を了した爲めに聲望を博し、政府との連絡もあつて金融界に重きを爲して居た。此人からは通貨問題に關する米國の國論の單一ならざることを聞かされ、倫敦會議に臨んで參考として益する所があつた。チエース銀行は他の銀行の振はざる際に日本との業務關係を一層濃厚にする意圖ありしものゝ如く、紐育にある本邦銀行商社の支店に對して懇切に便宜を圖つて居ると聞いた。オールドリッチ氏は私と音信を續け、國際情勢に關して意見を電報し來つたこともある。

ジエローム・グリーン氏は對外投資失敗者の一人であるが、リー・ヒッギンソン商會沒落の際進退の廉直公正なりし爲めに世上の同情と尊敬とを保持した。在紐育日本協會が石井子と私とを接迎せる晩餐會で、來賓紹介の役に當り、私の經歴を述べる内に、深井氏は同志社教授たりし我が父の弟子であつたと發表して聽衆を驚かした。ジエローム氏の長兄コロムビヤ大學教授エヴアーツ・グリーン氏（Evarts Greene）は、大正十二年父君の傳記編纂の爲めに日本に渡來し、私も其の時接觸して多少の資料を提供したのであつたが、此度再會して、コロムビヤ大學に日本歴史の講座を設くるの計畫に關して相談を受け、取り敢へず在東京英國大使館のサー・ジョージ・サンソム（Sansom）に特別講演を依囑することを勸め、歸朝後仲介して之を果した。

米國の不景氣は、生活の規模を小さくしたと語る人の多いこと、商業街の閑散なること、貸事務所に空室の多いこと、旅館室料の甚だしく低下したこと等、旅行者の眼にも直に看取せられる程であつた。

紐育滯在中總領事堀内謙介氏の斡旋を蒙むり、三井物產會社支店長石田禮助氏から貿易の狀況に就いて資料を貰ひ、見解を聽き、大に益する所があつた。

（三）　倫敦會議の通貨問題

六月二日紐育を發し、九日倫敦に著した。同船者中に元東京帝國大學教授たりし貨幣學者スプレーグ氏（Sprague）があつた。倫敦會議の爲め米國政府の顧問として行くのであつた。私は敬意を表して接觸を求めたが、氏は沈鬱にして多く語らなかつた。さう云ふ性質の人だらうと思つて居たが、後に顧問を辭したのを見れば何か立場の上に理由があつたのかも知れない。

倫敦に於ける日本代表部では、大使館參事官加藤外松氏が事務を總括し、齋藤博氏、伊藤述史氏等が、任地より來つて參加したる外、遞信省の米田富士雄氏、日本銀行代理店監督役島居庄藏氏、正金銀行支店長野原大輔氏、三井物產會社支店長島田勝之助、日本郵船會社支店長齋藤武夫氏、大藏省駐在員木内四郎氏等がそれ〴〵私の執掌せる事務を助けた。通貨問題の委員會は私と津島氏とで擔當し、大使館書記官松本俊一氏は特に私の爲めに會議上の用を辨じて呉れた。

會議は十二日より開かれ、六十六箇國の全權委員を集め、英國總理大臣マクドナルド氏を議長とせる盛儀にして、英國皇帝の開會辭を以て始まり、各國代表の本會議に於ける雄辯宏辭には聽くべきものがあつたが、具體的案件を委員會で審議する段になつては、何れの方面も遲々として進まざるのみならず、何となく氣乘の薄い感があつた。通商に就いては、世界的不景氣の一原因が貿易の不圓滑にあることを誰も認めるけれども、世界戰爭後各國の生産設備が必ずしも天然の條件に拘泥せずして自給自足の方向に進み、而して是非輸入を必要とする物資の爲めに對外購買力の獲得を切望するが故に、それぞ〵自己の狹き立場に於て輸出の增進、輸入の防遏に熱中した。隨つて通商障壁の緩和と云ふが如きことを廣き見地より考慮するの餘裕がなかつたのである。通貨爲替等に就いては、議案の冒頭に、交換價値の國際的尺度として金を再建すべきことが揭げられ、次で米國の提案と思はれる改正金本位制に關する事項が列擧されて居たが、既に金本位制の再建に見切を付けた國は之に對して濃厚の關心なく、尙金本位制を維持する數國は、改正は現狀の動搖を誘致するものなりとして之を喜ばず、何れの側も各自の國情に應じて自由に善處せんことを希望したものゝ如くである。ジェノア會議に於て金本位制の再建に協力せんとする氣分の濃厚なりしとは大に趣を異にした。

開會の後幾もなく、私はアストル夫人の園遊會で、第一次勞働黨內閣の大藏大臣として聲望を博したるスノーデン子爵と緩談する機會を得たが、子は經濟會議に多くを期待せず、マクドナルドがどうして主催者たることを引受けたか、了解に苦しむと直言した。獨逸全權委員の一人たるライヒスバンク總裁シャハト氏は、自分は倫敦に來て居るけれども會議には重きを置かない、會議の際を利用して獨逸に對する外國債權者との協議會を催ほし、其の方に力を盡して居ると私に語つた。英蘭銀行總裁ノルマン氏は、會議とか、協議とか云ふやうなものに期待を掛けるのは政府者の流儀で、我々はそれを實效あるやうに助けて行かねばならぬと云つた。以て會議の內外に於ける空氣を察すべきである。

私としては、會議に參列するの命を受くるとき略〻豫想して居た通りの事態になつたのだから、今更驚くことはない。只內田外務大臣の當初希望せる如く大國の代表者として相當の地歩を占むるには、如何にすれば好いかと云ふことを考へた。我國にとりては、金本位制の囘復が既に實際問題の圈外に去つて居るのだから、其の改正案が如何なる形に協定されても切實の適用はない。只之を實施するの義務を負はざるやうに用心するだけで、改正案の趣旨及び條項に就いては大勢順應で成行に任せても宜しいのである。然しながらそれでは會議に於ける我國の影が甚だ薄くなる。仍て私は華盛頓會商に於て執つた態度を續け、金本位制を施行すべきものと假定したる上、其の本質及び形態に關する審議に積極的寄與を爲すべく努力するのが最善であると決意した。通貨問題に關する委員會は應急措置と根本制度とを別々に審議する爲めに二の小委員會に分れたが、私は右の決意を實現するの便宜上自ら根本制度の方面に當り、應急措置の方面は津島氏に依囑し、重要の點に就いて打合を遂げたのみである。同氏は銀の問題を日本の迷惑とならぬやう巧に捌いた。

金本位制の一般的實現性は乏しいが、金本位の意義を嚴格に宣揚して置くことは、通貨政策上の心構に資益する所もある。卽ち私は、苟も金本位制を維持すべしとせば、其の本質を傷けざるやうに保存しなければならぬ、それが出來なくして姑息に名稱に膠著せんが爲めに通貨政策の目標を曖昧にするは却て宜しくないと云ふ見地に立脚した。是れがジェノア會議及び日本の金解禁に際して私の主張し來つた筋である。此の趣旨が佛蘭西を首とする殘留金本位國の希望する所と期せずして方向を一にし、又米國側は好意を以て私の所説に耳を傾けて呉れたので、大體大勢順應諸國の代表者からは徒らに論議を紛糾するものとして喜ばれなかつたに拘らず、大體私の希望する通りに原案を修正することが出來た。米國側の全權委員首席はハル國務長官で、會議の委員會に於て通貨問題の討議に主として當つたのは前記のジエームス・ウオーバーグ氏及び國際決濟銀行の頭取たる米人レオン・フレーザー氏（Leon Fraser）であつた。佛蘭西側の主たる辯論者は佛蘭西銀行副總裁シャール・リスト氏（Charles Rist）であつた。英國側は寧ろ冷靜に傍觀した。察するに、熱心に原案を支持するのではないが、成可く無事に何等かの成果を得んことを希望したのであらう。小委員會の議長たりし墺太利中央銀行總裁キーンボック氏（Kienbock）は好意を以て私の爲めに發言の機會を作つて呉れた。フレーザー氏もキーンボック氏も島居庄藏氏との友人たる關係より日本銀行に親しみを有つて居たので、私の爲めに大に好都合であつた。其の後キーンボック氏との文通は、墺太利が獨逸に併合された後、先方から絶えた。

審議の結果として成立した決議の形は頗る雜然たるものであつたが、其の內から抽出せる要點の意義は拙著「金本位制離脫後の通貨政策」中に詳述してある。玆に記すのは、其の成立に至るまでの經過に於て私の關係した所を主とするのである。それは委員會席上の辯論と裏面の折衝とによつて行はれたのである。

交換價値の國際的尺度として金の再建せらるべきを認むること、卽ち金本位制囘復の希望は審議及び決議の總括前提であるが、小委員會全員の意向で其の實現の時期は各國の事情によるべきことを附記したから、此の點は特に私の關與を待たずして、何れの國にも自由の立場が確保せられた。

倫敦會議の通貨問題中最も重要の事項たりし金本位制改正案に關し、私は三の點に於て進んで審議に參加した。第一點は比例準備制を通貨發行方法の規範として認むべきや否やである。原案は直言しないけれども、含蓄を以て之を認むるものゝ如くであつた。私は其の得失の輕々に斷定すべからざるを論じ、我國にも比例準備制の主張者ありしに拘らず、昭和七年の發行制度改正に於て之を採用せざりし來歷を述べ、敢て他國の現制を批判するにあらざるも、之を一般規範として認むるが如き含蓄には贊同し得ずとして文言の修正を希望した。英蘭銀行が比例準備制を採用して居ないのだから、英國側も私の主張に反對であるべき筈がない。此の問題は格別の紛糾なく私の意見が容れられた。

第二點は準備率の問題である。第一點の修正により比例準備制を一般規範とする含蓄は除去されたが、之を採用する國に於て準備率を如何にすべきやと云ふ問題が殘る。世界戰爭後の再建金本位制に於て比例準備制を採用せる國には法定準備率を最低四割と規定したのが多い。米國の原案は之を二割五分に低下しようと云ふのである。卽ち同量の正貨準備を以て現在よりも多くの通貨を發行し得るやうにしようと云ふのである。此の問題には愼重の考慮を要する點が多々あるのだが、兎に角金本位制の束縛を緩和して通貨發行力を擴大しようと云ふのだから、放漫なる通貨發行を是認するものと解せらるゝ虞がある。莊重なる國際會議の決議としては此の如き疑を生ずることを避けるやうに注意しなければならぬ。通貨を金基礎に置く限り、正貨準備減少の場合に、單なる國際協定によつて大衆の信用を繫ぐことは出來まい。最初原案趣旨の說明に現はれたる如き心構へを以てしては、長く金本位制を維持することは期し難い。又一般に通貨の運營を妥當にする所以であるまい。故に私は一般通貨政策上の見地より單純に原案を贊成し難いと云ふ態度を宣明した。然るに審議の進行するに隨ひ、準備率低下案を支持する側の理由が變つて來た。卽ち最低準備率の低下は少量の正貨を基礎として多量の通貨を發行せんとする趣旨を以てするにあらずして、法定準備外に自由準備として正貨を保有するの餘裕を大にし、主として其の伸縮によりて通貨を調節せんことを期するものなりと云ふ。元來比例準備制の最大弱點は、正貨增加の場合に其の增加額の數倍に當る通貨の發行を可能ならしめ、正貨減少の場合には減少額の數倍に當る通貨の縮小を强制し、其の變化の餘りに急激なるにある。其の急變による衝動を避くるには、法定準備外に自由準備を置いて緩和するの外はない。法定準備率低下の趣旨が自由準備の餘裕を多くせんとするにあるならば、それは比例準備制の弱點を匡正するものであるから、私に於ても異議はない。只其の趣旨は審議討論の間に浮き上がつて來たので、恐らくは原案起草者の意圖する所でなかつたらうから、如何に原案文言を修正すべきやに就いて容易に委員會の意見がまとまらない。其の間私は裏面で米國側と懇談し、原案の文言を多く改むることなく、但書を以て說明的に最後歸著の趣旨を掲記するの方法を示唆し、米國側より之を委員會に提出して何の紛糾もなく通過した。米國側は原案を維持したる面目を保ち、私は妥當なる趣旨の宣明を求むる立場に於て平生の所懐を披瀝する機會を得たのである。

第三點は內外に亙れる金の用途に關する問題である。世界戰爭後は國際收支決濟の爲めにする金の用途に重きを置き、金貨の國內流通を廢止するのが一般の慣行となつた。然しながら金兌換は金本位制の不可缺條件であるから、苟も金本位制を有效に維持せんとすれば、金兌換の自由を認めて置かねばならぬ。金貨兌換は廢止されても、金塊兌換が之に代つた。金塊は實際主として國際的用途に充てられるのだけれども、制度上用途の制限はない。然るに倫敦會議に提出された所の金本位制改正案は、金の用途を通貨の準備及び國際收支決濟の爲めのみに限るべしと云ふのであつた。卽ち國內的用途としては準備として發券銀行に保有するに止まり、兌換は國際收支決濟の目的を以てするもののみに限ることゝなる。金節約の見地よりすれば、世界戰爭後の慣行に一步を進めたものであるけれども、兌換の目的を對外的用途のみに制限するが故に、國內的には通貨と金との連絡を絕つ。又兌換の目的の嚴格なる鑑別は實際甚だ困難にして、之を官憲の認定に委するとすれば、兌換の自由はなくなる。それでは金本位制の本質を減却するものではないか。私は此の質問を以て審議の端を開いたのであるが、金本位制の動揺を嫌ふ所の佛蘭西側は私よりも一層熱心に之を取上げて原案を批評し、兌換制限の問題が國際會議に上程されるだけでも現在の金本位制の信用を傷くるものなりと極言した。又大債務國たる獨逸側は對外債務辨濟の爲めに現在保有正貨の使用を强制されるのでないかと云ふ疑念を抱きたるものゝ如く、强硬に原案に反對した。私は最初に口を切つただけで、他に熱中する人が出來たから、成行を靜觀して居たが、結局原案の嚴格なる限定の文言は修正せられ、主として對外勘定の支拂要求に應ずると云ふ意味に緩和された。つまり從前の慣行を認めて之を强調するに過ぎなかつたのである。

以上の諸點は華盛頓會商に於ても話題となつたのであるが、茲に一括した次第である。其の後世界情勢の激變により金本位制の影は益〻薄くなり、米國の態度も倫敦會議の中途より方向を轉じ、國際協定に重きを置かずして無拘束に獨自の政策を行ふやうに傾いたから、金本位制改正案に關する審議討論の如きは、既に一場の昔夢となつた。只當時の雰圍氣中に於て貨幣制度及び通貨政策に關する理義を精練したことには通貨政策上多少の意義があると思ふ。

通商等の方面に於ても我が代表部は訓令の趣旨に從つて努力したが、通貨の方面と同じく、直に實效を期すべき會議の成果は多くなかつた。其の審議の經過に鑑みれば、國際的一般通商の疏通には大なる期待を掛け得ざる故に、今後貿易の進路として相互求償主義の適用に著眼すべきである。隨て外に向つては政治關係と貿易政策との步調を一にし、內に於ては輸出品の生產及び輸出入品の取引を妥當に統制しなければなるまい。私は此の所感を新聞に漏らした爲めに、當時種々の世評を受けたが、倫敦會議は殆んど成果の見るべきものなかりしに拘らず、審議討論の間に現はれたる時勢及び思潮の傾向には、實際政策の爲めに參考として重視すべきものがあつたのである。

爲替協定の相談は華盛頓から倫敦に持ち越されて英米佛三國の間に行はれ、國際決濟銀行頭取フレーザー氏が斡旋に努めたらしいが、國際會議の議題には上らなかつた。日本は華盛頓會商に於て之と絕緣したのであるが、之を公言することは關係國の迷惑となることであるから嚴に沈默を守つた。此の沈默を、新聞通信の方面では、日本が協定を强ひられて困まつて居るが爲めと推察したらしく、私は屢〻揶揄を受けた。何も知らぬと云へば、除外されて居るのかと挑發して來る。之に應酬する間に私は一種の面白味を感じた。協定の相談は當初より難航で、米國の方針も種々に變轉したらしく、終にローズヴェルト大統領の反對聲明によつて終焉を告げた。其の聲明は爲替協定のみならず、貨幣制度及び通貨政策上の協定をも一括して排斥するが如くに了解されたので、初めより曇天なりし倫敦會議の空氣を甚だしく惡化せしめ、一時は文字通りの決裂を來たすかと思はれる程であつたが、それまでに各委員會の議了した案件を急遽に纏めて本會議の決議とし、七月二十七日無期停會と云ふ結末を告げた。決議の形の雜然たるのも、其の效力の不明瞭なるのも是れが爲めである。外形上米國大統領の聲明が會議中止の動機となつたので、之を態度豹變として非難する聲が高かつた。實際米國は最初國際協定に望を掛け、會議開催の發案者でありながら、後には獨自に通貨政策等を決定するの自由を保持する方に傾いた。當初通貨問題に關する理解が不充分であつたと云ふ批評は免かれないだらうが、國情、國論、國際關係の紛糾せるに徵し、已むを得ざりしことを諒とすべき點もある。只其の態度は餘りに露骨であつた。然しながら國際協定の拘束を好まざるは、米國に限らず、何れの國にも共通であつた。會議は、經路の如何に拘らず、行着くべき處に行着いたのである。倫敦會議の盛儀は會議外交の終幕たることを顯著に表現し、其の後の國際情勢の動向を豫見せしむべきものであつた。私は其の暗示を深く心に印し、歸朝後講演等に於て公表することを好まなかつたが、自己職責上の基礎資料とするの外、要路に所見を報告した。

(四)　會議の周圍

倫敦會議の一の特色は周圍の社交の盛なりしことである。歴史上に有名なる維納會議の時に比すべき程ではなかつたらうが、巴里講和會議及びジエノア經濟會議の周圍には緣故者間の社交ありしのみなりしと趣を異にし、英國皇帝皇后兩陛下がウヰンゾル城の園遊會に於て各國全權委員に單獨謁見を與へられたるを始めとして、會議參列者の爲めに公私の晩餐會、午餐會、園遊會、茶會、接見會等が多く催された。英國の朝野が會議參列者を歡待して、なごやかな雰圍氣を作るに努めたのであらう。悉く招待を應諾すれば殆んど寧日がない。私は特別の因緣ある場合に出席したのみであるが、會議の關係者又は財界人の外に政治界及び外交界の人々とも接觸し、見聞を廣くする機會を得た。

舊友の內では、英蘭銀行總裁ノルマン氏と最も敦く交を重ねた。ジェノア會議の前後に於ける如き具體的の相談はなかつたが、時勢の變化に深く感慨し、貨幣制度の安定せざるときは益々中央銀行間の友誼的協調を必要とすると云ふ見地から種々の懇談があつた。ノルマン氏は傲岸にして面接を輕々しくしないと評判されて居るが、實は內部の仕事に就いては信任せる擔當者に簡單なる指示を與ふるだけで、自分では外部の重要なる方面と接觸することに時間の大部分を使ふのだと云ふことを部下から聞いた。豫約面會は頗る多い。又午餐の時を利用する。特に日を定めて招待することもあるし、特殊の關係ある連中には任意英蘭銀行重役の午餐に參加すべき一般的口頭招待を出してある。何か用のあるとき其處へ行けば大概總裁に會へる。私も此の度其の連中に加へられた。ノルマン氏は之を友人の倶樂部だと云ひ、自ら卓上の席を按配して來會者の談話を取持つ。是れは氏の片影として頗る面白いと思つた。

新知の人々の內には、獨佛伊各中央銀行の總裁シャハト、モレー、アッツオリニの三氏があつた。當時はヒットラー氏が政權を獲てから僅かに數ケ月の後なので、シャハト氏は國民社會主義國家の性質、經濟政策の趣旨方針、通貨及び金融上の施設等を說明する爲めに有らゆる機會を利用せんとしたるものゝ如く、私に對する談話は詳細にして多少裏面の事情にまで遡り、將來の抱負と計畫とを語つた。其の內容は、今日となつては格別珍らしいものでもないが、獨逸新政權の實狀のまだ廣く知られなかつた時に於て私には有益の新知識であつた。高橋大藏大臣は其の報告を端緒として、獨逸研究に著手したさうである。シャハト氏は又日本と獨逸とが國際上の立場に於て類似せることを切言した。卽ち旺盛なる民族にして生活圈の狹く壓縮されて居ることを意味するのである。シャハト氏と前掲の英蘭銀行總裁ノルマン氏とは單に中央銀行の經營に跼蹐する人ではない。表面上、一は政治上の一勢力たるを以て自ら任じ、他は政治と沒交涉なることを殊更らに標榜するの別がある。シャハト氏は其の抱負を實現する爲めに職域を超えて進出せんとし、ノルマン氏は自己職域の力を以て他を動かさんとする。然しながら國家の動向、社會の氣運、國際の情勢等に廣く著眼して、或は之に順應し、或は之に影響を與へんことを期する點に於て兩者に共通なるものがあるやうである。之と對比するに佛蘭西銀行總裁モレー氏(Moret)は全く別型の人で、中央銀行の職能に關して自ら固く執る所があり、時勢に容れられゝば行動し、容れられなければ退藏すると云ふ心境であつたらしい。日本銀行引受による國債發行の方法は、私の外國巡遊中諸方で話題となり、大概の人は氣輕に其の妙案たることを稱讃したが、モレー氏だけは決して可否を言明しない。非難もしないが、空世辭も出さない。只、今まで好成績であるのは結構だと、頗る深い含蓄を以て、何遍も同じ言葉で應酬する。微妙の案件に就き妥當と信ずる表現を考定し得たときは、如何なる方角から話を進めても、之を繰り返して動かないのが此の人の流儀であることを會議の席上でも實見した。此の如く篤實の情操と鞏固の意志とを兼有することは他に類が尠ない。伊太利銀行の總裁アッツオリニ氏（Azzolini）からは、新經濟機構の特色たる業別組合の運營に就いて實情の說明を聽いた。又外國爲替及び在外資金の操作に就き、總裁自らムッソリニ氏に報告し、其の指揮を受けつゝあると云ふことで、ム氏が萬能の人だと云ふ評判の虛ならざるを知つた。私は右三總裁と倫敦會議及びバーゼルの中央銀行總裁懇談會で接觸した上に、招待によつて歸途伯林、巴里、羅馬に往訪し、各〻數時間に亙る緩談の機會を得たのである。

中央銀行總裁懇談會と云ふのは、每月一回國際決濟銀行重役會の序でに、其の重役たる中央銀行總裁等が會合するのである。日本銀行からは、倫敦代理店監督役が總裁代理として出席する例になつて居るのだが、私は倫敦滯在中臨時出席を希望されたのである。往復の時間を節約する必要から飛行機に乘る機會を得たのも仕合であつた。懇談會は重役會の前日に開かれ、國際決濟銀行に關する議案の下相談と同時に、諸般の情報交換及び打合を爲すのである。席上の懇談以外に個別內談の便利もあり、外務大臣等が國際聯盟の會議を利用して機密の打合を遂げたのに似た所がある。私の出席したときは、シャハト氏が他の質問に應じ獨逸の狀況及び對外金融操作に就いて多く語つた。之に對應して深みのある意見を出すのは主としてノルマン氏であつた。モレー氏は、直接自國に觸れる話題で默止すべからざる場合に、簡單に力強く發言する。他に多辯の人もあつたが、其の內容に聽くべきものは多くなかつた。日本銀行の田中鐵三郎氏が國際決濟銀行創立委員に列して有效に働いたことは關係者の記憶に留められ、現に總裁代理たる島居庄藏氏は大國の總裁に伍するの地步を占めて居た。

英國に於ける舊知の親しい人は旣に多く亡くなり、又は社會から退隱した。サー・チアールス・アッディスは實務から離れたが香港上海銀行の故老として推されて居た。アンソニー・ロスチアイルド氏は老成の域に近く一門の業務擔當者として益〻重きを加へたやうである。

株式仲買人中の學識者たりしビートン氏は、非常の高齢に拘らず、同好の仲間と議論を戰はして氣焔を吐くことは舊に變らなかつた。氏は私をアセニアム倶樂部(Atheneum)の臨時會員として推薦して呉れた。此の倶樂部は政派にも職業にも關係なく、質素ながら高雅の點に於て倫敦隨一と稱せられ、會員には學藝を以て名を爲した人が多い。拙著「通貨調節論」が嘗て英國皇立經濟學會の機關雜誌上に論評せられ、私も其の學會の會員に入れられて居たので、ビートン氏は之を擧げて紹介したから、周圍との接觸が早く出來た。會員中には英國の政治家、外交家、高級官吏も多いので、會議關係者中に舊知の尠ない私は、此の倶樂部に出入することによつて便宜を得た。

外國に於ける友人中の最古者たる新聞人キャッパー氏は、子供のやうに思つて居た私が國際大會議の全權委員だと云ふことを驚喜し、德富、高橋兩氏の舊事を語つて盡くる所を知らないが、時勢に對する感興は見られない程に老衰した。曩には郊外に相當の邸宅があつたのだが、此の度は老夫婦で高等下宿の三室に住んで居る。簡素に充實した裝備で窮困の樣子はないが、邸宅を維持するのは面倒だから賣拂つたと云ふ。是れは英國社會の樣相を象徴するものである。

貴族富豪の殿堂は破棄せられ、倫敦では其の敷地に安つぽいホテル、アパート、貸事務所等が建てられ、郊外では廣い外園にゴルフ場を開き、殿堂を遊散用のホテルに改造する。舊住者は大より中に、中より小に、順推しに居宅の規模を小にし、最後にはキヤッパー氏の如く高等下宿まで行くのである。

日本銀行取引先の當事者には成るべく接觸したいと思つたが、日本の在外資金が尠なくなつたので、其の關係は舊の如く廣くない。私が意見交換の機會を得た限りに於て察するに、倫敦の金融界は內外經濟の前途に對して確たる見透しなく、警戒裡に善處を期するもの〻如くであつた。社會不安と貿易不振とによる焦燥の氣分は安價なる享樂街の繁昌と重厚味を滅じた街頭風景にも見えた。倫敦を去る前日、私は單身ウエストミンスター寺院の中を一巡し、ウエストミンスター橋を渡つて對岸より議院の影の水に映るを眺め、幾度かの曾遊を囘顧して別を告げた。

歸途石井子と共に諾威、瑞典、嗹馬を巡歷して未見の北歐三國に足跡を印し、巴里に數日を過ごし、それから石井子と別れて伯林に行き、羅馬への途中瑞西を經て、ユングフラウに登山し、ナポリで再び石井子と一行になつた。北歐では公使武者小路公共子、獨逸では大使永井松三氏、參事官藤井啓之助氏、商務官長井亞歷山氏、正金銀行支店長中山長治氏、佛蘭西では大使長岡春一氏、正金銀行支店長平野珪藏氏、伊太利では大使松島肇氏の斡旋歡待を受けた。日本銀行駐在員小田切武林氏、白根清香氏は巴里で、加納百里氏は伯林で私の視察を助けて呉れた。

獨佛伊中央銀行總裁との會談は既記の通りである。獨逸は新政權既に樹立せられたりと雖、復興の成績は未だ多く進まず、伯林は慘憺たる落剝の光景を呈して居た。一般の服裝は敝破、店頭の賣品は粗惡、享樂街は雜沓するも甚だしく趣味低級であつた。ウンテル・デン・リンデンやフリードリヒ街で自動車乘降のときは、扉の開閉を助け、又は一莖の小花を提げて、數錢の救助を求めんとするものが必ず二三集つて來る。私は帝國盛時の記憶を呼び起こして暗涙を禁じ得なかつた。只國民社會黨の制服を着た人々の威勢好きと、勞働者郊外慰安所の淸快なるとは、何か死せざるもの丶殘つて居ることを思はしめた。私は伯林の外觀によつて獨逸の印象を固定させたくないと思つて、忙しい時間を割いてポッツダムのサンスーシ宮に行き、フリードリヒ大王老後の幽玄なる風姿を寫したる大理石像をしみじみと鑑賞した。

獨逸では、政變後の事情が判らないので、シャハト氏の手引による外、餘り對人接觸を求めなかつたが、別の緣故で會見した一金融業者も、新政權の現在方針によれば金融上不安の懸念なしと語つた。ライヒスバンク重役ドライゼ氏（Dreise）は曩きの通貨價値崩潰時期の實歴者にして、其の說明により私の兼ねて抱懷せる疑問を解いた。當時は不可避の事情があつたに違ひないが、政府及び中央銀行の施爲により殊更らに之を激化したと云ひ得るやうである。拙著「金本位制離脫後の通貨政策」に於ける馬克崩潰の解說には此の時に聞いた所を取入れてある。今後は過去の經驗に鑑みて善處すると云ふのがドライゼ氏の談話の含蓄であつた。

日露戰爭當時日本の外債を獨逸に紹介したマックス・ワールブルヒ氏には、ハムブルグ通過のとき往訪の希望を通じたけれども祕書から不在と云ふ返事があつた。或は猶太人なるが故に時勢に憚る所があつて、遠慮したのかも知れない。

佛蘭西は本章の初めに述べた如き事情で、一般經濟狀態は比較的良好であつた。少なくとも英米獨程に惡くはなかつた。深く觀察すれば、産業の基礎は時勢の進展に伴はず、國内に政治上、社會上の不安もあり、外國資金の集來は强味であると同時に反動の禍因を包藏するものであつたけれども、國民は目前の順調なるに安んじ、各自職域の利害に沒頭して生活の樂易を求むるものゝ如くであつた。巴里街上の繁華と正貨保有高の激增とは此の國情を象徵するものであらう。新らしき大建造の目立つものはないが、市街は一般に戰後の修備を遂げて美觀を增し外國人誘引の爲めと稱する享樂の設備は一層豪奢になつた。要塞化された佛蘭西銀行の地下金庫室に金塊の充滿するのを私は目擊せしめられた。さうして佛蘭西が金本位制の無條件維持に熱中し、倫敦會議に於て之が變形改正の論議を喜ばなかつたのは、此の厖大なる正貨保有と關係のあることを私は實感的に諒解した。正貨保有高の增加も、現在の順調なる經濟狀態も、外國資金の集來に依る所が多い。外國資金の集來は貨幣制度に對する信用に起因するのであるから、佛國が其の動搖を避けるに努めたことは當然である。然しながら經濟の實體、卽ち旺盛なる生產力に立脚するにあらざれば、正貨の充實も貨幣制度の形體も賴むに足らない。モレー總裁の如きは決して正貨の豐富を誇らない。氏は正貨保有高增加の原因を考へて通貨の發行を愼重にしなければならぬと云ふ信念を持し、經濟力の擴大が財政の膨脹に伴はざるを憂ひて安んぜざる所あるものゝ如くであつた。

伊太利は、何處へ行つても、外觀の整備の著しきことを感じた。ファシストの統制は確かに行き屆いて居る。一般に活氣横溢と云ふ程ではないが、舊時の特徴たる街上漫歩漫談の群集がなくなつたのは產業の振興を象徴するものであらう。北歐諸國は、輕度の社會主義政策實施により、貧富の懸隔少なく、各自業に安んじ、生を樂しみ、四隣の事變に交渉を感ぜざる桃源境の如く見えた。

以上旅中觸目の感想は、其後の世界情勢の激動と照合して多少思ひ當る所の意義もあるから、茲に收錄したのである。

倫敦を出發したのが八月一日、ナポリで乘船したのが九月三日、途中埃及に上陸してピラミッドを見物し、十月五日神戸に歸著した。

歸朝後正式拜謁の外に、會議及び周圍に關する所感の單獨言上を仰付られ、御下問も受けて、一時間半　至尊に咫尺するの光榮に浴した。英蘭銀行ノルマン氏は之が新聞に報ぜられたのを見て、中央銀行關係者として同慶を感ずると云ふ手紙を寄せた。

第二十三章　日本銀行總裁として

倫敦國際經濟會議は、前述せる國內推移の途中に挿まれたのであるから、本章は第二十一章に接續するものである。只段々時勢の進行するに隨ひ、現今との關係が密接になるので、委曲を悉し難い點が多くなることを免かれない。

昭和十年六月四日私は土方氏辭職の後を承けて日本銀行總裁に就任し、理事淸水賢一郎氏が副總裁に進んだ。金輸再禁止後內閣總理大臣は犬養毅氏、齋藤實子、岡田啓介氏の三代を經たけれども、高橋是淸氏は昭和九年の數ヶ月間を除くの外續いて大藏大臣の地位にあり、日本銀行の職責たる通貨及び金融上の施爲は大體高橋氏の財政經濟上の方針と表裏を爲し、相互の趣旨諒解を以て進行し來つたので、日本銀行總裁の更迭により特に變化を生ずべき事情はなかつた。右の趣旨を要約再記すれば、金解禁の失敗による貨幣制度變更の際通貨價値の激動、及び通貨に對する信用の損傷を招かざるやうに努むることが最初當面の主要目標であつた。之と同時に萎靡沈衰せる產業の復興を誘致せんが爲めに、通貨の缺陷を補充し、金融の梗塞を解き、金利の低下を圖つた。國債引受發行は、金融上から見て、其の手段の一であつた。此くして一應金融疏通の達成された後は、適順なる國債の消化を誘導し、金融の放漫に流るゝを防ぐ爲めに市場の遊金を吸收した。然しながら妥當なる資金需要の爲めに不消化國債の殘ることは固より厭はない。產業の發達、取引の伸張に伴つて金融力の增加せんことを期したのである。又國債の消化により市場の遊金を吸收する上は、市場金繰の必要に應じて、國債擔保貸出等の方法により日本銀行資金を供與するの途を廣くしなければならぬ。之が爲めに日本銀行の取引方法を種々の點に於て改正した。以上は私の總裁就任前後を通じ日本銀行の施行した要項である。

通貨政策上の心構へ及び通貨政策の方針に就いては、今迄既に種々の關係に於て述べてあるけれども、斷片的にして意を盡さゞるの憾もあるから、總裁として如何なる趣旨を以て處理に當りたるかを明かにする爲めに、重複に亙るかも知れないが、玆に纏めて擧げて置きたい。

私は、金本位制離脫後に於て、通貨及び資金と生產力との間に妥當の均衡を保つことが通貨政策の要諦であると信じた。金本位制の下に於ては、中央銀行に金兌換の義務があるから、過度の兌換請求の起らぬやうに通貨の發行を抑制しなければならぬ。恰も普通の銀行が預金の取付を懸念して貸出を愼重にするのと同じである。金本位制離脱後に於ては此の理由より來る抑制の必要がない。隨つて非常の場合には通貨の發行を大にして之に對應し得るの便がある、又必ずしも之を回避すべきでない。然しながら金本位制の束縛なきに乘じて、常時無節制に通貨を發行すれば、嚴重なる一般經濟統制の伴はざる限り、物價の騰貴を誘致し、それが重疊して止まざれば窮極通貨價値の崩落となる。然らば如何なる規準によつて通貨の發行を節制すべきであるか。平時必ずしも理由を糺さずして中央銀行資金供與の途を專ら窮屈にし、事情已むを得ずと稱する場合にのみ通貨の增發を敢てすると云ふ受動的の態度を以てしても、一應通貨發行の節制となるであらう。然しながらさやうの盲目的施爲が何時までも社會に容認せらるべき筈がない。故に私は何等かの規準を求めたのである。生產力活動の伸張は物資の增加を意味するが故に、之と併行して購買力が增加しても需給の均衡を破らない。卽ち通貨增發は物價騰貴の原因とならない。勿論此の關係は例外なく的確に實現するものではないが、大體の筋道として依據し得るであらう。之に著眼して通貨政策の運營を工夫すべきであると、私は考へたのである。尤も是れは心構へに屬することで、直に形態を具したる實行的規準として決定し得ない。只此の心構へを以て諸般の案件を處理し、漸次適用を重ねて趣旨を顯現せんことを期したのである。

通貨及び資金と生產力との均衡を保つと云ふのは、中央銀行から直接に產業資金を供與するのとは別事である。生產力伸張の可能性あるに拘らず、一般金融梗塞の爲めに產業資金の缺乏を告ぐるが如き場合には、通貨の發行によつて金融疏通の端を開くのが妥當である。金解禁失敗直後の情勢は正にそれであつた。故に國債發行引受の經路によつて中央銀行の資金を放出したのである。然しながら生產力の伸張には他の條件もあるから、資金さへ出來れば必ず其の效果を擧げ得るとは限らない。又其の效果を擧げ得たとしても、直接の產業資金は概して長期に固定するものであるから、常道として之を累積すれば、通貨の發行によつて創造された購買力が回收されずに幾回も輾々行使せられる結果、窮極需給の均衡を破ることゝなるのである。故に產業資金は原則として國民の貯蓄による一般金融市場の資力に依らなければならない。中央銀行は其の疏通を便にする爲めに工夫を凝らし、必要の資金を放出すべきである。さすれば生產力の伸張に伴ひ、通貨の發行高も增加して兩者の間に均衡を保つことゝなるであらう。通貨には發行と共に囘收の途がなければならぬから、中央銀行資金の固定は避けねばならぬが、理由なく貸出の門戸を狹くすべきではない。日本銀行には從前の慣行により、取引の相手方、種類及び方法に就いて常規と云ふやうなものが出來て居たが、私は總裁に就任してから、其の合理的妥當性に付いて檢討を加へ、苟も長期に固定するの懸念なき貸出であるならば從來の慣行に拘泥せず、成るべく需要に應ずるの方針を以て、或は取引の方法を改め、或は新例を開いた。條例定款の改正も審議に附して置いたが、從來の儘でも解釋により實行し得る餘地は相當にあつた。幸にして過去の不況時代に精錬せられたる生產設備が其の效果を發揮し、輸出貿易の進展と相俟つて、順調に經濟力の伸張を見る時期に際會したるが故に、通貨及び金融の方面にも格別の波瀾なく、政策上の施爲も上記の如き方針の下に大なる故障なく進行し得た。金融は緩和し、景氣は堅調に好轉し、通貨發行高は漸增に傾きたるも、物價は微騰に止まり、爲替相場は低位ながら安定した。滿洲經營の負擔ありしに拘らず、生產增進の結果國民生活は幾分向上した。然しながら國家經營の前途には尙開拓の境地が廣い。而して資金の調達さへ出來れば經濟上何事でも達成し得ると云ふ感想の下に、日本銀行資金供與の擴大を希望し、通貨政策の飛躍的更新を主張する氣分が世間の一部にあることを私は覺知して居た。他の條件を顧念せざる資金全能の感想には贊同し得ないが、苟も資金によつて調達利用すべき物資勞力のある限り、非常時の對應策として多大の通貨發行に依據するの必要あるべきことは、私が著述等に於て幾度か言明した所である。金輸再禁止後數年間に於ける通貨政策の趣旨は前揭の如くであつたが、固より之を不動の鐵則として普遍的に適用せんことを主張するものではない。

昭和十一年二月二十六日高橋大藏大臣等の死歿より廣田內閣が岡田內閣に代つて成立するに至るまで、私は物情騷然の中に於て日本銀行の業務執行を常時と變ることなく平靜にし、必要の向きには資金の融通及び隔地送金に付特別の便宜を圖る用意を整へ、只管金融界の不安を惹起することなきやうに努めた。幸にして急迫の異變なく經過したが、其の間諸般の情報により時勢轉廻の氣運の到來せることを看取した。新時勢に處するに新政策を以てすべきことは首肯するが、其の下に於ける通貨の方面には過去との關係の濃厚ならざる人が當るべきだと思つたから、新內閣成立の翌日辭意を決して新大藏大臣馬場鍈一氏を往訪した。三月十日である。然るに馬場氏は私に口を開くの間隙を與へず、昂奮して大命拜受の經緯を語り、熱意を以て私の協力を求めた。政策に變化はあるが、其の推移に際し成るべく摩擦を避くる爲めに、日本銀行幹部の異動なきを望むと云ふ理由であつた。馬場氏は聲を震はせ、眼に淚を浮べた。此に於て私は、若し世情安定の爲めに一身が多少の役に立つならば、政變經過中の數日に於けると同じ心持を以て當面に微力を效すのが、公人としての義務だらうと思つた。それで辭意を表明することなく、何時まで勤まるか判らないが、段々政策の方針を聽取しつゝ最善を盡すべきことを約した。

爾來私は常に此の立場を保持し、政策の執行を圓滑にするに努めた。馬場氏の私に對する態度は慇懃にして、日本銀行の職責に屬する案件に就いては愼重に協議を遂げ、政府の施爲も日本銀行の職責に關聯する場合には必ず未定案を示して意見を求めた。日本銀行側の意見の容れられたのも尠なくない。國債利廻の低下を一應或る程度に止めたのは其の最も著しき例である。又昭和十一年末短期資金市場の引締りを緩和する爲め、日本興業銀行を經由して預金部資金を放出したことに就き、世間の一部では、日本銀行が疎外されたもの丶如く喧傳したが、實は最初の大藏省案は日本銀行より直接に預金部資金を放出するにあつた。日本銀行は預金部資金の出動には賛成したけれども、平生短期資金取引に直接關係なき日本銀行が之に乘出すのは、餘りに市場の視聽を驚かし、事情の切迫を思はしむるので却て面白くあるまい。且つ公定歩合を揭示して居る日本銀行が、自ら市場を相手として公定歩合に依らざる短資の取引を爲すのは、公定歩合の權威を薄くするものである。此の理由を以て日本銀行は表面に興業銀行を利用する方が妙味のあることを進言した。大藏省側には、日本銀行以外の機關を利用するの結果、資金固定に轉化するかも知れないと云ふ懸念もあつたが、馬場氏の裁斷によつて日本銀行の意見が容れられた。さうして預金部資金の取扱者たる日本銀行から資金を興業銀行に供與し、日本銀行監督の下に短期資金を放出せしめることゝなつたのである。只資金の出所は、市場が如何に想像しようとも、關係者からは發表しない積りであつたのに、眞相と違つたことが何處からか大きく新聞に傳へられたので、馬場大藏大臣は日本銀行と協議の上實行したるものなることを特に説明した。此の預金部資金放出の經緯は、以て他を類推すべきものであるから、小事ながら稍〻詳しく述べたのである。

馬場大藏大臣の態度は、上記の如く懇切であつたが、私は單に人心安定の爲めの緩和劑たる自己の立場を理解して居たから、進言はするが強く固執せず、大體政府の方針に順應した。其の間何處かに早く私の退場を誘致せんとする畫策もあつたらしく、私に辭意があるとか、馬場氏が私を排斥せんとするとか云ふ噂が新聞紙上を賑はした。私は固より快心の立場でないから、何時でも辭任すべき用意を爲し、寧ろ其の時期の早からんことを望んで居たけれども、機の熟せざるに漫に辭意を洩らす如きことはなかつた。又馬場氏は、私の進退に就き深刻なる新聞記事の出る都度、人を介して輕擧なきを望むの意を傳へた。それにも拘らず自ら進んで波瀾を起すのは當初の應諾に背く譯だから、ずる〳〵に時を過ごした。さうして苟も職に在る間は一日も最善を盡すことを怠らなかつた。世間には之をかじりつきの態度と解するものもあつた。貴族院議員に推薦されたとき、辭職を促がす謎だと書いた新聞もあるが、廣田總理大臣は辭令を私に交付するとき、日本銀行總裁として益〻努力せんことを期すると特に附言した。

然るに昭和十二年一月二十三日夕刻廣田內閣の總辭職となつた。是れで私の引受けた一幕は濟んだ。私は其の夜馬場大藏大臣を往訪して辭表の執達を請うた。馬場氏は、私の辭職すべき理由なしとし、少なくとも次ぎの內閣の成立まで待つが好からうと云つたが、私には何としても同じやうな役を二幕續いて勤める意思がない。次ぎの內閣の顏觸を見てから辭意を決したやうに思はれるのは迷惑であるから、廣田內閣の辭職と同日付の辭表を受理して貰はなければならぬ。現內閣の事務執行中に聽許されゝば尙結構であるが、それが出來なければ次の內閣へ引繼がれたい。私は之を强請して馬場氏の承諾を得た。二月二日林內閣成立の直後、既に前內閣に辭表提出濟なることを結城大藏大臣に報告して速に手續の進捗を請うたが、極祕にして置いて吳れと賴まれたので、相變らず職務を勤行し、二月九日に至つて聽許の辭令を受けた。私を日本銀行に採用した山本達雄男、斡旋者德富猪一郎氏にも事前に相談せず、事後最先に報告した。日本銀行在職は外形上三十六年餘にして玆に終を告げたが、私の心境から云へば、實行上在職の意義は昭和十一年二月に於て既に盡きたのである。

只昭和十二年一月二十七日、卽ち私の辭表提出が祕密にされて居る間に於て、東京手形交換所の新年宴會が催ほされ、例によつて日本銀行總裁が挨拶の演說を爲すべき機會があつた。私は其時最早比較的自由の立場にあつたから、自己の所見に立脚して、金輸再禁止後の我が經濟界の推移を概說し、情勢變化の徵候を指摘し、將來に亙る所の考慮を示唆した。其の要旨は、生產力の餘剩を利用し、又は容易に生產力を增進し得る時機は既に去りつゝあるが故に、今後一層生產擴充の爲めに奮勵努力すべきと同時に、總ての方面に亙る最も廣き意味に於て物資使用の節約を心掛けなければならぬと云ふにあつた。通貨政策の上に於ては、國家經營上必要の場合に通貨發行權による資金の創造を回避すべきにあらざるも、成るべく生產力と通貨及び資金との均衡を保つ爲めに、國民貯蓄を奬勵して、普通金融上の經路による資金調達力を增大しなければならぬ。生計上の消費節約も之が爲めに望ましいと云ふことになるのである。此の所說發表は當時世間一部の嘲笑を招いたが、私としては日本銀行在職中の最後の意義ある一場であつた。其の後久しからずして物資の上からも、資金關係からも、深刻に節約の必要なることが一般に認識されたのである。

第二十四章　貴族院から樞密院へ

私は元來計畫的進路によつて銀行業に就職したのではない。何か生業を必要とするのと、環境の許す場面に最善を盡すと云ふ實行的動機とによつて日本銀行に落着いたのである。それだから日本銀行勤務中と雖、專業專門の境地に跼蹐するを得ず、廣く社會及び思想の動向に關心を有つた。擔任の事務、業務を處理するに當りても、日本銀行が公的機關であると云ふ點に重きを置き、之を最も廣義に解し、限られたる取引關係者又は經濟界と稱する方面に對して便宜を圖るのみならず、國家の進運、社會の康福の爲めに廣汎の貢獻を爲さんことを期した。此の趣旨による施爲は時として目前の便宜と一致せざるが故に、理論倒れだと云ふ批評を受けたが、世間の私に對する批評に於て理論と實際との對立と看做した所は、實は廣汎の得失を主とするか、目前の利害を主とするかの別であつた。實際の利害得失を離れた理論なるものを認めるのではないから、常道として重きを置くべき所も、時機によつては別の考慮に譲ることを躊躇しなかつたのである。

此の如く私の視野は狭くなかつたと自ら信ずるけれども、三十餘年間單一の職務に從事して來た結果、知らず識らずの間に偏倚の傾向を生じて居たかも知れない。故に日本銀行退職後は、過去の殘滓を洗滌し、省察を新たにして一層廣く資性を修練せんことを希求した。是れは世間に別の立場を得んが爲めではない。日本銀行は公的機關ながら其の職能を遂行するには營業の經路を以てするので、私も勗めて之に當つて來たが、退職後更らに營利の事業に就くが如きことは思ひも寄らない。又倫敦會議を經てから數次政界に轉向するの誘引を受けたが、其の器にあらざるを自覺して、之に應じなかつた。さりとて高踏隱棲、徒らに閑を貪るも本旨でない。自己修養と共に、冷靜に時務、時勢、思潮を研究し、自然に機緣の熟したるとき、所見を以て妥當なる方面の參考に供し、或は立言を以て世論に問ふのが、國民の一細胞として晩年應分の奉仕を爲すべき途であると信じた。此の心境は日本經濟聯盟會が私の退職を送る爲めに催した午餐席上の挨拶に表白してある。さうして貴族院に席を有することは所期の實現に多少の便宜があるだらうと思つたのである。

貴族院議員に任ぜられたのは昭和十二年一月十二日で、翌年に亘り臨時議會を込めて四回の會期に臨んだ。表面に立つ氣はないから、貴族院の本會議に列するの外、衆議院の本會議及び貴族院の各委員會を出來るだけ多く傍聽し、各派の人々に交を求めて專ら議政の要目と體樣とを會得するに努めた。未知の世相に觸れて益を得たことは頗る多い。一度研究會の幹部から推されて、增稅案贊成の趣旨を演述する爲めに本會議の壇上に立つた。自ら好んで出たのでもなく、格別の意義もないが、短かく終つた在任中の思出として殘つて居る。

日本銀行退職後には講演又は新聞雜誌への寄稿を多く依賴されたが、特に所見の適切なるものなくして徒らに言議を弄するは好む所でないから、概して謝絕した。只前記の如く立言も亦奉仕の一途であると思つて居たので、適當の機會に二三度所見を發表した。大藏省顧問を仰付られ、其の立場に於ても最善を盡すことを期した。其他政務に關係ある方面から特殊の案件に付意見を求められたこともある。

然るに昭和十三年十二月近衞總理大臣及び平沼樞密院議長より樞密顧問官に推擧したきに付

內諾を求むるの交渉に接した。私は斯かる場合に即決即答を常とするのだが、餘りに思ひ設けざることなので、一日の猶豫を請うた。さうして考へて見ると、私が廣く世間を對手として志した所を轉じて最高の場面に捧げ得ることになるのだから、是れより大なる機縁はない。仍て、非材忸怩たるものはあるが、若し御下命を受くるならば、微力を擧げて任に當るべきことを回答し、六日親任を拜した。貴族院議員、大藏省顧問等は慣例に從つて辭した。官歴に依らずして樞密院に列せしめられるのは極めて珍らしいことださうである。

第二十五章　經濟學と哲學

私は二十歳代にして、眞理とは何か、人生價値の規準は何かと云ふ認識論上の難關に行詰り、強ひて其の解決を求むることを止め、環境順應の實行に力を注ぐ氣分になつたけれども、幼少時に發芽せる知識慾は減殺されずに殘つた。其の滿足を求むる爲めに、趣味として、過去現在に亙る人類の諸相を歷史科學的に概觀するの外、實行の補助として直接に役立つべき學問に心を傾けた。新聞に從事した頃には政治、外交、法律等に關するものを主とし、日本銀行に就職してからは、經濟學に重きを置いた。然るに少し深く考へて見ると、經濟學に於ては、統計觀測及び綜合推理の對象たる事實が比較的明瞭に把握される。此の點に於て人文學中最も自然科學に近似して居る。其處で同志社在學中下村孝太郎先生に教へられた所を想起した。哲學は同一の問題を圓線上循環的に反復して居るので、確たる成績が擧がらない、それよりも、直線に進んで、一尺でも、一寸でも成績を明かにし得る學問の方が效果的である。是れが下村先生の勸說であつた。先生は哲學上の造詣も深く、決して之を輕視したのではあるまい。只人文學に偏倚せる同志社の中に於て自然科學の研究を鼓吹する爲めに、自ら化學の專攻に轉じたる動機を說明したのであらうと思はれる。而して私は先生の勸說せる方針を應用し、經濟學を自然科學的若しくは準自然科學的に硏究して見たいと云ふ希望を起した。實行の補助を主とすることは依然變らないが、學問としての經濟學に聊か關心を深くし、單に貨幣論や、金融論ばかりでなく、經濟原論にまで及んだのである。

曩きに政治、法律等の研究に就いては、全く見當が着かないので、新聞記者たる地位を利用し、先輩大家の指導を受けたが、經濟學の大綱は旣に同志社に於てラーネット先生から教へられて居た。それも上滑りの教科書的ではなく、簡單ながら相當徹底して居たと思ふ。卽ち先生は主としてミルを祖述し、所謂正統派經濟學の要領を教ふると同時に、計畫經濟の理念を紹介して、兩者を對立せしめたのである。此の下地のある上に、流石がは日本銀行で、經濟學上の談論も同僚の間に行はれて居たから、讀むべき書を撰ぶに別に手引を必要とせず、考ふべきことは獨りで考へた。元來如何なる題目に就いても、事實は之を知る人から學ばなければならぬが、思索は自ら爲すべきものにして他人の見解は參考として聽くべきものに過ぎずと云ふのが、一貫せる私の流儀である。書を讀み、說を聽くは示唆刺戟を受け又は練磨訂正の契機を得んが爲めにして、一たび其の用を濟ませば必ずしも記憶に殘すを要しない。殘すべきは自己思索の結果である。經濟學硏究上の態度も亦此の如くであつた。學說も涉獵したが、それよりも對象たるべき事實を精査し、自ら思索することを重しとしたのである。何人の指導にも依らなかつたが、世界戰爭開始の直後、東京手形交換所の戰時經濟調査會に於て山崎覺次郎氏、鹽澤昌貞氏等と相識り、山崎氏の推薦によつて經濟學攻究會の會員となり、我國に於ける斯學の專門家と意見を交換する機會を得たのは私の仕合とする所である。思索の上で最も多く益を受けたのは、山崎氏の外、福田德三、左右田喜一郎の二氏からである。高田保馬、小泉信三、舞出長五郎、高垣寅次郎、高橋龜吉等諸氏の所說も參照した。マルクス說の流行に際し、私は兼ねて涉獵せる原著により疾くに其の哲學的根據なるものに反撥し、社會機構上に於ける其の應用は人情に適合せざるものと思つて居たのだが、日本に於ける所傳に應接する爲め河上肇氏の言論に注意を拂つた。

經濟原論上に於ける私の見解は、纏めて發表したことはないが、通貨政策上の心構へにも影響し、又公刊の著作、論文等の背景にもなつて居る。玆に詳述すべきではないが、經濟學の性質に關する考へ方だけを擧げて置きたい。經濟學が果して自然科學として成立し得るやは、未だ論爭の盡きざる所であるが、私は少なくとも準自然科學的に考へて見たのである。自然科學たり得ることを決定的に主張する譯ではないが、試みに自然科學の方法を經濟學に應用したのである。自然科學の特徵は、實驗觀測の上にもあるが、綜合推理を比較的嚴格に爲し得る點にもある。個々の事實を整理列擧する所の歷史科學と區別されるのは主として此の點にある。然るに人間の性情は複雜微妙にして綜合推理の對象とするに適しない方面もある。只經濟動機は比較的單純にして綜合推理の對象たり得べき可能性が多く見える。それで經濟學に自然科學の方法を應用せんとする計企も生ずるのであるが、それには人間の性情の一部たる經濟動機を切離して思索の對象としなければならぬ。隨て其の結果として構成される理論又は法則なるものは固より一種の假設的想定にして必ずしも其の通りに實現すべきものではない。況んや之を以て行爲を命令し又は許容する所の規範とすべきではない。個人の行爲、社會の動向は人間性情の全部の發露であるから、性情の一部を抽象せる想定が必ずしも之と吻合せざるは當然である。實際動向の觀測及び行爲の規範には、經濟動機の外、倫理、奉仕、感激等の要素を加味しなければならないのである。經濟學上の想定が實際觀測又は行爲規範の部分的參考として役に立つならば、其の部分の大小により經濟學の效果が判定せらるべきである。若し其の部分が相當大きければ準自然科學としての經濟學が成立すると云はれるだらうし、餘りに小なれば駄目だと云ふことになるだらう。ラスキン等が企圖したる如く、人間性情の全部を綜合して實際の經濟的動向を律すべき想定又は規範が構成されるならば、實に人類の爲めに大なる慶事であらう。然しながら徒らに思索の對象を擴大して結果が散漫に了るよりも、學問としては寧ろ範圍を限定して出來るだけ明確なる結果を把握するに如かない。規範及び政策は固より人間性情の全部を對象としなければならぬが、自然科學の方法を應用する學問としては、對象の範圍を限定することも已むを得ないのである。但限定せる對象の範圍に於て得たる結論が假設の想定に過ぎざることを忘れ、之を以て直に現實の社會人事を蓋掩せんとするに至つては、學問上の錯誤であるのみならず、實際上に弊害を生ずる。所謂經濟法則を其の儘に行爲の規範たらしめんとする末流の正統派經濟學者及び之を利用して經濟動機を恣に發揮せんとする營利業者、並に社會の動向が專ら經濟的因子により宿命的に規定されると主張する唯物史觀論者の如きは、其の錯誤又は弊害に陷つたものである。私は自然科學の方法を經濟學に應用すべく試みると同時に、それによつて得る所の結論の效用が無條件的にあらざることを認め、實際上の處理には他の條件を併せて考慮しなければならぬと云ふ立場を執るのである。さやうに效用の曖昧なものならば、其の思索は徒勞ではないかと云ふ反問も起るであらう。それは全然理由のないことでもない。一層適切に實用的なる經濟學が構成されるならば此の上もなく、若しそれが出來なければ、經濟學に自然科學の方法を應用せんとする計企を拋棄し、歷史科學的に事實を探求整理するだけに止めて、之を規範及び政策の參考に供するも亦一の有益なる研究方法である。只私は限定されたる範圍に於て綜合推理を試み、一應事理を把握したる上、それに囚はれることなく、それを參考として實際問題に當る方が比較的有效ではないかと思ふのである。私は貨幣理論の研究も通貨政策の處理も此の心構へを以てしたのである。經濟動機を分離して一學科の對象とするのは、單に思索上の便宜によることとで、之を至上とし、又は之を偏重するの意味でないことは云ふまでもない。

實行補助の爲めの經濟學は一應上記の程度で濟むのだが、既に原論にまで首を突込んで見ると、更らに其の奥に疑問が涌起する。經濟理論又は所謂經濟法則は無條件的に社會に實現するものでないとしても、それが實行上の參考として役に立つには限定されたる抽象の範圍に於て正當なるものであらねばならぬ。然るに理論又は法則として主張されるものに就いて必ずしも意見は一致しない。何れが正當なりやは如何にして鑑別さるべきであるか。此に至つて、眞理とは何かと云ふ認識論上の問題に還元するのである。單に經濟學上の問題ではない。總ての學問に共通する問題である。更らに進んで人生觀に關する一般の問題である。人生價値の規準も其の內に含まれる。定義の下し方によつては、哲學の根本問題だとも云はれるであらう。私は宗教々義の方面から此の問題に逢著し、一旦之を抛擲し去つたのであるけれども、經濟學の門戸よりして更らに之に對する關心を禁じ得なくなつた。萬古の謎題を解決すると云ふが如きは企及すべからざるも、自己の立場をもう少し明かにしたいと思つた。登る途は異なつても、頂上の景は一に歸する。子供のときに堤先生によつて鼓吹された學問上の初戀が四・五十歳になつて再び燃え上つたのである。後進の畏友左右田喜一郎氏が經濟學から出發して哲學上の思索に勇猛精進するのを知つたことも、大に私を刺戟した。爾來私は絶えず此の問題を念頭に置き、機に觸れ、事に卽して、實務の間にも商量を續けた。相變らず主として獨自の思索に耽つたのであるが、力の及ぶ限り先覺の示唆を求め、博通は望む所でないが、古今東西の大思潮の源泉に觸れんことを心掛けた。曩きに一旦哲學的思索を斷念した後も、趣味として此の方面に多少の關心を續けたのであるが、再び自己商量の資料として重きを置くことゝなつたのである。人生觀として哲學を考へるには、我國古來の傳統を知らなければならぬと思つて、本居宣長の解說を學んだ。支那思想に於ては易、論語、中庸、老子、莊子、王陽明を復習した。印度思想に於ては主として華嚴系統の經と論とを窺つた。其の漢譯の釋義に就き高楠順次郎氏に負ふ所が多い。西洋哲學史の大綱は基督教々理と共に嘗て學んだ所であるが、關心を新たにするに至り特に經驗派及び主觀派の代表としてロック、ヒューム、カント、ヘーゲルに潛心した。近頃の人では、ニーチエの奔放と、ジエームス等の實效說と、ベルグソンの直觀省察とに最も感興した。我國では西田幾多郎氏に獨創の見地があると聞いて、其の思索進行に注意を拂つた。理論物理學の新傾向はエッディントン及びプランクの解說によつて方向を察したに過ぎないが、物理學者の側に於て哲學に援用されることを嫌ふものもあるに拘らず、認識論の思索に一の新角度を提示したと思ふ。私は是等の思想を充分咀嚼し得たとは云へないが、自己の商量に刺戟と營養とを受けたことは頗る多い。

商量思索の途中には紆曲が多かつたが、之を通過して一種の平明なる境地に辿り着いた。哲學上擧げて云ふべき新奇の所得はない。只自家受用の爲めに形を整へたと云ふべきのみである。矢張下村先生の云へる如く、循環圓線の上にある。然しながら哲學は、人間の經驗を一部づゝ明確に整理せんとする科學と異なり、人生の綜合的心構へを出來るだけ合理的に基礎付けんとする試みであるとすれば、思索の對象が常に同一である故に、寸進尺進にあらずして、圓線上を循環するも亦已むを得ない。或は人生觀と云ふ如き問題に觸れずして只目前の衝動に反應する人もあり、或は獨斷的の人生觀に立脚して他を顧みざる人もあるが、他方人生觀の合理化を希求して止まざるも亦人情の一部である。さすれば圓線上の思索も亦全く徒勞ではあるまい。

私の到達した一應の境地は、哲學上の結論にあらずして、哲學より拔け出でたる人生觀である。敢て悟迹休歇とは云ひ得ないが、環境に對處して實踐し來りたる所を裏付け、自信を强めた。明眼達識の人には無用の葛藤であらうが、私の一個の行路として囘顧の中に入るのである。簡單に要領を擧げたいと思ふけれども、多少順序を整へる必要があるから、別に章を設ける方が便宜である。

第二十六章　人生觀の歸趨

（一）　本體論と現象界

私は初め本體論の門戸よりして哲學に關心し、神を萬象の本源とする基督敎の教理に於て一應足溜りを得たけれども、其の教理の合理的解說を求めて得ず、現象以外に本體的實在を探求せんとして混迷に陷り、一般的に思索の效果をさへ疑ふに至つたのである。

然るに時を隔てゝ再び哲學上の思索に戾り、現象以外に本體的實在を探求すると云ふ設問の元來不妥當なりしことを覺つた。現象とは、知覺、推理、感情、意志等の心的作用に現はれる諸相である。其の奥に本體的實在があるべき筈だと思はれるけれども、心的作用の媒介を經ざる實在の姿を把握すべき途はない。認識は畢竟現象の外に出で得ないのだから、本體的實在を探求して眞否を論ずるのは、富士山を目擊したことなくして、其の描寫の眞否を判斷せんとするに等しい。現象は本體的實在によつて規定されるのだらうと考へざるを得ないけれども、認識は心的作用に現はれる所を受くるのみにして本源に遡り得ない。

一切諸法唯心造とか、天下又有心外之事心外之理乎とか、總ての存在は自我なりとか云ふのは、何れも現象を心的作用の所產とする見地を强調したものであらう。現象は自我の所產なるが故に自我の意の儘に爲し得るとすれば、思索の標準はなくなる。正處正色を知らずして是非殽亂すと云ふ狀態に陷るであらう。或は小我を規定するものとして別に大我又は絕對心なるものを想定し、時としては小我と大我とを同義とするもの丶如く、時としては別義とするもの丶如く、便宜使ひ分けて唯心的構想を纏めんとするものもあるが、此の如きは面白い詩的修辭と云ふべきのみにして、合理的思索の上に益する所は少ないと思ふ。私は自我を所謂小我に限定して思索を進めた。

現象は自我の所產であるけれども、必ずしも自我の意の儘にならない事は否定すべからざる實驗である。卽ち唯心造にも因緣があると云ふ。因緣とは現象生起の條件であらう。其因緣は全然自我に內在するか、將又自我以外から來るのであるか。之を解決せんとすれば、再び本體論を蒸し返すことゝなるが、既に本體的實在を把握し得ずと斷念した上は、因緣の內在か外來かを問ふに及ばない。只因緣のあることを認めれば、其處に思索の立脚地を發見するのである。

認識上から云へば、自我は現象界に於ける第一次的存在として諸相を包容する。我れ考ふるが故に我れ存すと云ふのは此の見地の表明であらう。包容するものは自我であるが、包容される諸相中には、他人及び他物がある。他人とは自我の同類と見える他の自我である。是等は現象界に於ける第二次的存在として認めざるを得ない。自我を獨在とし、他を迷妄とすべきではない。他人の觀點に於ては、彼れが第一次的存在にして、我れが第二次的存在となる。第三者から見れば對立である。第一次的存在たる自我と第二次的存在たる他人及び他物との交渉が現象界の諸相である。其の交渉に於て自我は避くべからざる制限に逢著する。自律の超ゆべからざるものもあり、他力の排除すべからざるものもある。それが現象生起の條件である。此くして生起する諸相の間には矛盾の觀を呈するものが多い。之を解消する爲めに如何に認識を調整すべきかと云ふことが、本體的實在を探求する代りに、思索の課題となるのである。全然矛盾を克服することは期し難いが、成るべく之を解消すべく工夫するのが、思索の進展、人生の向上である。本體論の設問から此の設問に轉向して、私は好んで迷宮に入り、苦しんで迷宮を出た如き感がある。

（二） 認識の調整

現象生起の條件とは、別語を以て云へば認識成立の軌道である。其の體系を構成するのが認識論である。然しながら詳悉を期すれば、容易に見解の一致に達しない。私は之に關して商量する所もあるが、人生觀の立場に於ては、成るべく議論の紛糾を避ける爲めに、內容は稀薄でも應用の廣い一應の標準を立てゝ置くことが寧ろ望ましい。それは成るべく矛盾のないやうに調整すると云ふだけで宜しいと思ふ。矛盾の有無に就いて對立の殘ることは已むを得ないが、苟も理性を無視せざる限り、矛盾の明かなる命題を固執するものはあるまい。玆に論爭なき廣汎なる共通の標準が成立するであらう。少なくとも獨斷專恣の許されざることが認められるであらう。獨斷とは、單に自見を立つるの意味にあらずして、他の點との矛盾を顧みずして一の點を固執することを意味する。此の如く理性を無視するものとは固より談合の餘地がない。

茲に云ふ所の矛盾解消は、或る流派が眞理の標準として主張する所の理念整合と混同されるかも知れないが、それよりも大に廣い意味に解すべきである。矛盾の調整は、推理、直觀、實驗、感情、意志、行動等の諸相を蓋掩して爲さるべきものである。其等諸相の內には推理のみを以て律すべからざるものもある。又概念は個物の特徵を漏れなく包含し得ざる故に、概念に卽する推理の形式が正しくとも、個物に卽して起る實驗と吻合せざることがある。理念整合も、推理以外の諸相を無視するのではあるまいが、方向として偏倚の嫌なきを得ない。認識の調整は推理の作用に依る所が多いけれども、整合せらるべきは理念のみではない。理念の外の種々相にも重きを置き、之を總括調整するのが、廣き意味に於て合理的である。

反對の方向に於て實驗依據の偏倚も亦警しめなければならぬ。實驗とは、普通の見聞遭遇及び特殊の科學的研究法による事實の認定である。それは、云ふまでもなく哲學史上に云ふ所の本體的實在とは別にして、現象界の樣相として認識の對象となるものである。本體的實在の探求を抛棄すると云ふのは、現象界に於ける實驗を顧みざる意味でない。想像の如きに比し實驗の重視すべきは勿論であるが、無條件に之に依據せんとするのは早計である。複雜なる實驗は推理を交へなければ出來ないし、簡單なる實驗には錯覺もあり、錯覺ならずとも他の實驗と綜合し推理によつて調整すべきものもある。例へば太陽が日々東より西に動くは目擊の實驗であるけれども、天體力學上の構想に從ひ、地球自轉說が現代の通念となつて居る。社會人事には之に類する複雜の關係が多い。推理と實驗とを照合し、綜合するのが認識の調整である。

認識の調整に、他人の見解、感情、意志、行動等を、或は對手として、或は參考として取入るべきことも亦云ふを俟たない。現象を自我の所產と看ることは、自我獨善を容認する理由とはならない。現象生起の條件たる相互交涉の間に於て矛盾の解消を試むべきである。我必非聖、彼必非愚と云ふのは此の關係を道破したものであらう。

認識の調整は矛盾の解消だけで濟むべきではない。思索の題材を豐富にすることを併せて工夫しなければならぬ。視野を狹くすれば、矛盾は比較的容易に解消されるが、それでは所謂象牙の塔に入るので、思索の進展ではない。擴大される視野に於て新たに出現する矛盾を逐次解消して、新たなる綜合に進むのが思索の進展である。科學も、哲學も、認識の調整を目標とすることは一であるが、若し其の間に差別を立てんとするならば、科學はそれ〴〵の分野を調整し、哲學は諸相の全部を掩蓋せんことを希求すると云はれるだらう。哲學は此の意味に於て認識統一の思索である。

妥當に調整されたる認識は眞理だとも、現象界實相の把握だとも云ひ得るだらう。然しながらそれは必ずしも最終的に固定するものではない。視野の擴大と調整の精錬とによつて進展すべきものである。諸相の内に、久遠の歷史を通じて動かざるものもあるが、時代により、場所により、社會の通念にも、思索研究の結果にも變化のありたることは否定し得ざる實歷にして、不動の何物かを探求の目標としても、何が不動であるかに就き矢張論爭は盡きない。各自不動を主張すれば、却つて紛糾を激化するであらう。認識の調整を目標とする方が、寧ろ紛糾を緩和して思索を冷靜公平にすべき途であらう。久しく不動の典據たるが如くに認められたユークリッド幾何學の公理にも、ニュートン力學の原理にも、或は疑義を生じ、或は修正を必要とするに至りたるを思へば、理論、學說又は自然法則なるものを想定するに當り、必ずしも之を普遍最終の結論とせずして、適用上に裁量の餘地を殘し、更に將來に向て進展を待望するの態度を以てすべき筈である。私は此の態度を以て經濟學を商量し、通貨政策を掌理した。

矛盾の解消は認識調整の目標であるが、必ずしも其の完全なる達成を期し得ないことは前言の通りである。自我所見の內に於ても、他人の所見との關係に於ても、矛盾の觀を呈する樣相を解消し得ざるときは、暫く對立併存の儘で出來るだけ協和を試みるか、或は一方に從つて進行するの外はない。玆に直觀、信仰、典據、傳統等の力が發揮される。日常社會人事の動向は概して之に依る。久遠不動の信念は、推理よりも寧ろ直觀又は傳統に立脚する場合が多い。殊に行動の必要に迫りては、認識調整を待たずして邁進せざるべからざる場合もある。推理と直觀との關係は尙深き檢討を要する問題であるが、兎に角認識調整を徹底するは容易ならざるが故に、人生觀上他の發動力の重要性を認めなければならぬ。之を認めるのが、廣き意味に於て合理的人生觀である。只成るべく調整を工夫すると、他を顧みずして獨斷を强調するとの間には、態度に於て異なる所がある。私は一般の心構へとして前者に就きたいと思ふ。狹き視野に於ける獨斷を恣に强調すれば、社會の秩序を害するに至るだらう。之を抑制するのが認識調整の效果である。

(三)　宗教に對する態度

私は基督教の信仰を脱したものであるが、其の後も宗教に對し關心を以て商量を續けた。徒らに用語に囚はれて理義を紛糾することなきやうにして置きたい。宗教の意義に就て幾多の解説があるが、認識論上より看れば、宗教は直觀及び傳統による信念の一種として廣汎なる認識調整の中に取入れらるべきものである。擬人的にして超人的なる大能者を漫に想定し、之に對する交渉を以て禍福の因とするが如き、通俗に宗教信仰の內容と解せらるゝ所のものは、恐らく合理的思索の首肯し得ざる所であらう。萬有の本源を倫理的存在に歸する宗教の信仰は社會秩序の推進力として有效である。證明は難かしいが、解釋の仕方によりては必ずしも之を否定せざるべからざる理由はない。大我に對する小我の關係を宗教だとするが如き言ひ廻はしは、其の説明であるかも知れないが、私には意義が明瞭に判らないから、暫く措く。又人間本分の正覺、又は感激ある生活が宗教だと說くものもある。之を宗教に限りたる特徵と看做すべき理由は明かでないが、それは用語の問題である。目標としては固より申分がない。活動的なる基本の人生觀が直觀の所產たることを强調したものとすれば、それは廣汎なる認識調整の題材として重視せらるべきである。只認識の對象としては、調整の趣旨を適用して正覺及び感激の內容を商量しなければならない。又祖先及び古偉人の傳統を崇敬して情操行動の源泉とすることは人性の自然である。殊に民族發展の原動力として之に重きを置くべきである。此の崇敬の表現を宗教と云ふべきや否やは、是れ亦用語の問題である。精神の服膺すべきは何人も首肯する所であらう。傳統による表現は精神發揮の途として之に從ふべく、名稱に就ては人生觀上必ずしも執一の見を固持するには及ばない。

要するに、宗教が人生觀の基調たらんとするものであるならば、其の點に於て哲學と目標を同じくするものにして、只其の態度に於て、宗教は主として直觀傳統に立脚し哲學は思索推理を重視するの別がある。然しながら宗教も所念開展の爲めには推理に依り、哲學も統合調整の爲めには直觀を取入れる。玆に兩方面の交涉を生ずるのである。

(四) 認識と行爲

認識と行爲とは判然と分離し得ないが、知は接受に傾き、行は發動に向ふ。之を心的作用の二方面と看るのが穩當であらう。知而不行、只是未知と云ふ程に知行一致を必然視し得べきや、否やは疑問である。然しながら兩者の間に交互推進の關係があることは明白である。知つて行はざることはあり得べきも、行の目標を示すものは知である。それは知が行を推進するのである。知は接受に傾くけれども、全然所動ではない。此の意味に於て知は行の一種だとも云へる。少なくとも視野の範圍、注意の方向、思惟の精粗等は、或る程度まで意志によつて能動的に決定せられる。それによつて認識の所産が異なる。それは行が知を推進するのである。行の推進による認識の所産は、更らに行の目標を精しくして之を推進する。此くして交互に重疊進行するのが知行の樣相である。直接には行に關係なき知識の欲求も、他の趣味の如く人間性情の一部であるけれども、概して云へば、行は目的にして知は手段である。認識に能動的の因子があるから、如何に之を調整すべきかと云ふことが問題となり、目的たる行の方向により認識調整の方向が影響される。實效ある認識を眞理と看るのは、此の見地の表明である。實效說も實行の爲めに認識を歪めることを是認するのではない。實效ある認識と妥當なる認識とは窮極歸一することを意味するのであらうが、之を淺薄に理解し、認識の能動的因子を餘りに强調して思索を進めるときは、恣に視野を限定し、目前便宜なる偏見に自得するの弊に陷る。それは實行の見地から云つても窮極望ましからざることである。矢張認識には、能動的因子と共に、超ゆべからざる自律のあることを認め、其の範圍に於て妥當の所得を期すべきである。

（五）善の規準

善の規準は、人生の價値として何を希求せざるべからざるかの問題である。玆に云ふ所の價値とは、生きて甲斐があると云ふことに當るものにして、經濟學上の交換價値と混同すべからざるは云ふまでもない。藝術上、趣味上等の價値は各人の隨意に決定する所にして、若し其の規準を立てんとすれば、多數人の希求する所を實驗的に歸納するの外はない。善にも此の方法を適用し得る。然しながらそれだけでは異議者を承服せしむべき根據とならない。藝術等の場合には反對を固執するものがあつても差支ないが、善の規準に就いて一般の了解がなければ社會は存立し難い。且つ善の希求は、藝術等に於ける隨意選擇と趣を異にし、自己命令の形を以て發露するのだから、其の內容に就いても何等かの共通的規準がなければならぬやうに思はれる。然るに古來それに就いて簡單明瞭なる見解の一致がない。忠孝、忠恕、仁愛、信義と云ふが如き個々の條目に就いては實驗的に大體の歸嚮が窺はれ、普遍不動なるものもあるけれども、異議のある場合、疑惑の生ずる場合に之を解決すべき總括的理念は確定しない。それで、一方には傳統の權威又は先覺の指導を强調することゝなり、他方には善惡の差別を超越すべしと放言するものあるに至る。

私は初め專ら推理によつて一般の規準を把握したいと思つたのであるが、飜て惟ふに、狹義の推理は前提を必要とするから、認識の發端となり得ない。發端は無前提の直觀又は經驗であらねばならぬ。常智無緣とは之を云ふのであらう。人生價値と云ふが如き本源の問題に至つては、其の發端を直觀に委するの外はあるまい。直觀は立證し得べきものでないが、一般規準となるには、他の樣相と矛盾することなきやの檢討を受けなければならぬ。然らざれば放縱專恣に陷る。此に於て前述せる認識調整の標準が善の問題に適用せらるべきことゝなる。

個人は具體的存在にあらずして社會の一面を抽象したものだと云ふ見方もあるが、其の檢討は暫く措き、集團生活を望ましいとするのは一般の直觀である。强ひて其の理由を推究せんとすれば證明可能の範圍を超えるかも知れないが、眞に孤獨を欲するものありとしても、それは稀有の變態的例外として看過し得る。根本的に矛盾と云ふべきものではない。此の直觀を發端とし、之を前提として推理を進めれば、集團生活卽ち社會の存立、發達に寄與することが善だと云ふ結論に達する。尤も何を社會の發達と看るべきか、社會と個人との關係を如何に考定すべきかと云ふ問題は、次で生起するであらう。先づ之を解決するにあらざれば、内容空疎にして規準たる效がないと云はれるかも知れない。然しながら上記の見解は、社會性を第一次的に重視する點に於て特徴がある。單純なる個人本位の見地から善の理念を引出すことは難かしい。實驗的に歸納される道義の條目中にも之を以て說明し難いものがある。個人を基本としながら、社會を個人生存の方便として取入れる構想もあるが、それでは自己命令たる善の特異性を沒却する。又人間本分の發揮を善とすると云ふやうな言ひ方もあるが内容の空疎なることは一層甚だしい。本分の何たるかに就き異見の對立が限りなく起るであらう。社會性の直觀を基本とすれば、世間の通用語にもある如く、世の中の爲めになるか、ならぬかと云ふので、異見對立の限界は縮小される。實驗的道義の條目も之を以て一貫する如く見える。此に人生觀の基礎たるべき廣汎共通の規準が成立する。人と人との間に於ける接觸交渉の種々相に始まり、家族の如き小集團より國家の大組織に至るまで、之に照らして認識の調整を進め得る。國家は最高の有機的集團組織なるが故に、以下の集團及び個人は窮極之に奉仕すべきことゝなる。

社會發達の意義及び之に對する個人の關係に就て更らに檢討を要することは勿論であるが、今は廣汎なる基本的規準を考定するに止めて細かに言及しない。只個人は社會の內に生存するのだから社會に對立すべきものでない。換言すれば、社會の發達は個人の發達に資し、個人の發達は社會の發達に寄與する。此の有機的關係より見て、社會の構成分子として個人の發達に努めるのも亦善である。普通の場合に於て各人の特長を充實發揮するのは社會に貢獻する所以である。只何を個人の發達と看做すべきやは、社會發達の意義と共に問題となるであらう。必要の場合に個人を滅却して社會に捧げるのは更らに高度の善である。背私向公の根本義は固より普遍的に服膺せらるべきである。然しながら其の具現の樣相に就いて云へば、社會も個人なくしては成立しないから、常時個人の存立發達を輕んずるは社會に奉仕する所以でない。其の間の裁量を如何にすべきかも亦問題となるであらう。廣汎なる規準の下に於て適用上の疑義を生じ、矛盾の觀を呈することあるを免かれない。興隆する國家は、傳統、感激等により是等の問題を實行的に解決し去るのであるが、其の依據する所を出來るだけ合理的に把握する爲め、社會と個人との有機的關聯性を商量して矛盾の解消を工夫するのが認識の調整である。

(六) 精神と物質

物心の關係は、古來哲學上及び人生觀上の問題として重視されて居る。現象を自我の所產とすることは、唯心論の確認なるが如く解せられるかも知れないが、實はさやうに問題を解決したのではない。自我を第一次的存在とするのは、本體論上の意味を以て云ふのではなく、認識の順序を云ふのである。現象界は第二次的存在として精神と物質とに分かれる。其の間の關係が尙問題として殘つて居る。兩者の特徵を明確精細に擧げることは容易でないが、大體別種の樣相として知覺せられる。然しながら其の間に微妙の交涉がある。其の樣相は諸般の觀點から有の儘に檢討せらるべきである。私は本體論に沒頭して居る時、唯心か唯物かの商量に重きを置いたが、今では深く之に關心しない。物心交渉の統一的認識は思索の一目標とすべきであらうが、其の達成せられるまでは併存で差支ない。卽ち人境俱不奪の見地である。物心を本體的存在の二屬性だとする如き言ひ廻はしは、形が統一らしく見えるだけで、兩者の交渉を說明する役に立たない。只物心が併存すると云ふに等しい。

人生觀上の問題としては、精神が物質を支配するか、物質が精神を支配するかの點を重視すべきであると私は思ふ。此の意味に於て精神を主とするのが奪境不奪人で、物質を主とするのが奪人不奪境だと云ひ得るかも知れぬ。是れも畢竟程度の問題となるであらうが、考へ方によつて心構への上に方向の別を生ずる。何れにしても超ゆべからざる限界があるけれども、工夫と意志と努力とによつて物質を克服し又は驅使し得る程度は增大する。是れは明白なる實相である。精神を以て物質を支配する程度の多くなることが人生向上の一端である。物心交渉の經路を徹底的に說明し得ずして、早計なる唯物論に立脚し、漫に物質の特徵を以て精神の作用を律せんとするに至つては、甚だしき思索上の僣忞と云はざるを得ない。良心、義俠、感激、奉仕等の如き精神の作用は、生起の因由如何に拘らず儼として存在する。假りに物質から精神が派出するとするならば、精神作用の本源が既に物質に潜在したと看るべきである。猿から進化しても人は人である。人を猿に引下げることは決して許さるべきでない。

(七) 因果律と意志の自由

因果律と自由意志とを如何に調和すべきやは、古來思索を悩まし來りたる謎題であるが、私は是れも亦自ら好んで迷宮に入るものではないかと思ふ。

此の問題に就いても萬一の誤解を防ぐ爲めに、先づ意義を明かにして置きたい。意志の自由と云ふのは、經濟上の統制に對立する自由放任主義、又は政治上、社會上の權威に對抗する個人自由主義とは全く別である。又其等の主義の思想的根據となつて居るものでもない。一般に大小行動の目標を決定するのが意志である。自己の欲求を充たさんとする場合のみでなく、他の指導に服從する場合にも意志の發動はある。卽ち服從を決定するのも亦意志である。其の意志は、目標の如何に拘らず、自己の發動だとするのが人間の自覺である。それを意志の自由と云ふのである。行爲の實現には超ゆべからざる制限があるけれども、目標の決定には制限がない。而して可能の範圍に於ける實現の樣相は意志の方向及び强度によつて決定せられる。意志を自己の發動とするが故に、行爲の責任を生ずるのである。若し意志の自由がないならば、倫理道德は成立しない。良心なるものは無意義となる。然るに此の普通の自覺と對立して、萬象は因果律によつて支配され、人間の心的作用も其の外に出で得ないとする理念がある。此の理念も經驗の一方面に立脚するのだが、之を强調すれば、意志の決定は自發にあらずして他動だと云ふこととなる。それで、因果律と意志の自由との間に矛盾が起る。是れが思索上の謎題となつたのである。

先驗的認識論上の深奧なる推究は暫く別とし、此の謎題を普通の理詰に解かんとする考へ方は、意志發動の原因が遠く且つ廣きに互つて、其の全部は到底自覺の圈内に入り得ざる爲めに、人間は因果律に支配されながら、意志の自由あるが如き感想を生ずるのだと云ふにある。而して之を人生觀に延長すれば、自覺の圈内に入らざる因子を度外とし、現實の感想に從つて行爲の責任を執るべしと云ふこととなる。それでは迷妄を人生觀の基礎とするのである。且つ此の考へ方は、因果律の不動を固守せんが爲めに、自由意志の體驗を感想に過ぎずとするものであるが、それには果して合理的根據があるだらうか。私から見れば、寧ろ因果律の方が感想に過ぎないやうに思はれるのである。

人事に於て宿命的に決定されると見えることは頗る多い。然しながらそれは無例外でない。否な、偶發と見えることも亦中々尠なくないので、實驗に於ては寧ろ兩者併存と云ふべきである。然るに實驗の一部を强調し、宿命觀を以て人事を蓋掩するのは感想に過ぎない。此の感想を更らに强調して不動の理念とするのは獨斷である。物質界に於ては、因果律の支配と見えることが、人事に於けるよりも更らに多い。然しながら實驗に於ては是れ亦全然無例外ではない。只例外が一層尠ないだけである。因果律を研究方法の前提とする物質科學は、有らゆる樣相に因果の關係を把握せんとして精進し、偉大なる效果を擧げた。それで因果律の理念を强調し、人事までも蓋掩せんとするやうになつた。未だ把握し得ざる點のあるのは、研究の到らざる爲めだとする。研究の態度としてはそれで宜しからう。然しながら實驗に重きを置く科學の立場に於ては、殘る隈なく因果の關係を實證し得るまで、因果律を假定として置かねばならぬ筈である。近時物質科學者の間に於ても因果律の普遍を疑ひ、因果は高度の確率に過ぎずとするものもある。又假令物質界に關して因果律が徹底的に實證されても、之を援用して宿命的人生觀の根據と爲し得べきや否やは、別に商量されなければならない。人事に於ては、自由意志及び之に立脚する道德的良心の自覺あるが故に、之と矛盾する普遍的宿命觀を輕々しく容認することは出來ない。兩者の矛盾を調整するには、自由意志を抹消するよりも宿命觀の方を緩和するのが合理的であらう。根據の薄弱なる因果律の普遍を不動の理念とするが故に謎題に逢著するのである。之を自ら好んで迷宮に入ると云ふ。

一切の樣相を偶發だとすれば、認識及び行動の規準はなくなる。現象生起に因緣なしと云ふことゝなる。私が宿命觀を緩和すると云ふのは、固より此の如きことを意味するのではない。實驗に於ける因果と偶發とを有の儘に調整せんとするのである。卽ち必然の理念に代ふるに確率の理念を以てする。必然は不動だが、確率には程度がある。無限大の高度に至つて必然と合致するのである。大勢の歸嚮に高度の確率があると看れば、因果の實驗は說明される。現象生起の因緣は其の大勢である。然しながら確率は必ずしも不動でないから、偶發と見ゆる樣相とも矛盾しない。人間に於ける自由意志の發動の餘地は其處に存する。不動の因果律よりも確率の理念の方が實驗の様相を忠實に表示するものゝやうに思はれる。それが廣き視野に於ける認識の調整である。

現象界の實相として、人間は大勢の線に沿うて動くの外はない。意志の自由があると云ふのは、固より意志の儘に環境を左右し得るとの意味ではなく、只意志の發動が自主的の機能たることを意味するのである。其の機能の效果は、無制限ではないが、或る程度に發揮せられる。それだけ環境に影響を與へ得る。其の程度は意志及び之に伴ふ認識と實行力とによって伸縮する。妥當の方向に意志の效果を擴大するのが人間の向上であらう。此の平明なる實驗實相を紛殺する所の偏倚せる理念は徒らに事を好むものと云はざるを得ない。大勢の秩序を體認すると共に、自主の機能を發揮して大勢の進展に寄與し、可能の限界を諦觀して隨處に安住する。是れが私の人生觀である。

第二十七章　言論の契機

私は一生の大部分を日本銀行の勤務に過ごし、思索研究も多くは實行上の資益を得んが爲めにしたのであるが、其の間多少世間に向て言論を試みた。其の契機も亦回顧の內に入つて來る。國民新聞に從事せる前後の著述及び譯述は數多あるが、概して一時の用を充たしたに過ぎない。今から見れば汗顔すべきものである。只「國際法要論」は、私が一時政治法律に心を傾けたことの記念として殘る。附錄の日本條約改正史には、日本の國際的地位に就き多少獨自の見解もある。

大正五年八月の國家學會雜誌に揭載せられた「國際經濟上より看たる在外正貨」は、經濟に關する最初の論文にして、山崎覺次郎氏の勸めにより經濟攻究會に於てしたる講演の案稿である。在外正貨に關し世間の誤解が餘り甚だしいので、其の訂正を期したのである。當時はまだ發表し得ざる點が多かつたので、之に觸れずして趣旨を說明するには頗る苦心した。後に「通貨調節論」の中に敷衍詳述したものゝ骨子である。此の論文が出てから、講演又は寄稿の依賴を受くること多く、適當の機會には之を利用して日本銀行の施爲を解說した。日本銀行に居る人としては、井上準之助氏の外、例の尠ないことであつた。

昭和三年出版の「通貨調節論」は、前年金融動亂後の特別融通施行中、私が少しく閑散の立場にあつたので、其の暇を利用し、多年の所懷に體系を立てることを試みたのである。最初の動機は聊か時流に對して憤慨する所を漏さんとするにあつたが、中途計畫を變じて輪廓を大にし、最初の動機は含蓄に止めた。論旨は一時の事相を對象とするものでないから、昭和十三年に制度及び事實の推移を追補して版を新たにした。私を出版界に紹介したのは土方成美氏であつた。

昭和四年の「通貨問題としての金解禁」は金解禁問題を中心とせる講演、論文等の集錄である。其の內、金本位制再建の爲めに病軀を犧牲にしたと云ふべき紐育準備銀行總裁ストロング氏の評傳は、今尙折々讀み返して異國の亡友を偲ぶこともある。

昭和十二年貨幣學者アーヴィング・フイッシャー教授の七十歳を祝する論文集（Lessons of Monetary Experience）に載せてあるRecent Monetary Policy of Japan. は、私が日本からの寄稿者として選ばれ、依頼に應じたものである。

「通貨調節論」は金本位制を必須の前提としたのではなく、廣汎に通貨制度及び政策の據るべき所を檢討したのであるが、現實の情勢に對する應用としては、當時一般の希求する所に從ひ、金本位制の再建維持に必要なる條件を重視した。然るに再建の失敗を經て、金本位制への復歸は實際問題の圈外に去つたので、前の一般論旨を新らしき情勢に應用したのが、昭和十三年の「金本位制離脱後の通貨政策」である。其の中には主要國の實歷を詳述した。昭和十二年五月東京日日新聞に寄せた「今の時勢に於ける生產・消費・通貨」と題する一文も附錄として收めてある。

昭和十四年出版の「人物と思想」は主として講演、論文等の集錄であるが、題目は經濟問題以外のものが多い。其の中、「高橋是清の外債募集事蹟」は、追悼演説の案稿を敷衍したるものにして、發行條件等の細目には重きを置かず、私が隨伴者として關知せる所により、機略及び覺悟の如何なりしかを洞察したものである。此の點に於て高橋氏自傳の盡くさゞる所を補ふべきものがあると思ふ。「經濟學上に於けるラスキンの著想」は昭和七年經濟俱樂部に於ける講演の案稿を整理したるものにして、論評の間に經濟原論上に於ける私の見解の一端を挿んだ。尙我國金解禁の末期に於て行はれたる資本逃避を辯護するものが、所謂經濟法則に藉口せるに對し、類似の論法を痛擊せるラスキンの所説を引いて諷示したのである。「獨逸興國史上のフリードリヒ大王」は昭和十二年日本評論に揭載されたるものにして、私は大王が資性を矯めて天職に從ひ、行動の根據を理性に求めて苦悶せる複雜の內面生活に對し、久しく深き感興を有つて居たのだが、偶〻國際情勢の進展に伴ひ、其の事蹟の大に參照すべきものあるを思ひ、兩方面を併せて所懷を纏めたのである。「唯物史觀の批判」は、德富先生の爲めに「知友新稿」に寄せたるものにして、マルクス説流行の尙盛なりし頃、其の哲學的根據に反對して批判を加へたものである。東京手形交換所及び東京銀行集會所聯合會並に日本經濟聯盟會に於ける「日本銀行總裁退職の辭」も「人物と思想」の中に收めてある。

言論の契機を述べた序でに、筆名の由來を擧げて置きたい。私が同志社入學の爲めに受けた米國の奬學資金には、ウヰリアムと云ふ名を本名に加へて社交上に用ふべき條件が附いて居た。米國には例のあることらしいが、日本で其條件を果たすには、どうしたら好いかと考へた末、ウヰリアムに當る音便の漢字維廉を筆名とした。尙私の家は上野國白井の城主長尾景仲の末流にして、武州鴻巣の土豪たりし深井景吉から分れたと傳へられて居る。私は必ずしも信じないが、系圖の上では平氏に緣があるから、維と云ふ字は私の名乘としてもふさはしい。「これやす」と讀んでも宜しい。今一つの筆名を無緣生と云ふ。私が人生觀の目標を失つて混迷に陷つたとき、郷里にあつた無緣堂と云ふ廢寺の荒凉たる情景を想起し、自分の心境を表はす積りで一時筆名に使つたのである。久しく棄てゝあつたが、後年摩訶止觀を繙いて常智無緣の句に到り、無前提認識の意義に當るのではないかと感興し、新らしい含蓄を以て舊名を復活した次第である。

■岩波オンデマンドブックス■

回顧七十年

1941年11月15日　第1刷発行
1998年9月25日　第6刷発行
2014年10月10日　オンデマンド版発行

著　者　深井英五《ふかいえいご》

発行者　岡本　厚

発行所　株式会社　岩波書店
〒101-8002　東京都千代田区一ツ橋2-5-5
電話案内 03-5210-4000
http://www.iwanami.co.jp/

印刷／製本・法令印刷

ISBN 978-4-00-730149-0　　Printed in Japan

索　引

ウ

エ・ヱ

オ・ヲ

カ・クワ

キ

ク

ケ

コ

ス

セ

ソ

タ

チ

ツ

ヌ

ネ

ノ

ハ

ヒ

フ

ム

メ

モ

ヤ

ユ

ヨ

ラ

リ

ル

レ

ロ

ワ